北京西城老城文化研究

北京市西城区社会科学界联合会 编著

北京联合出版公司
Beijing United Publishing Co.,Ltd.

《北京西城老城文化研究》编辑委员会

目　录

导　言　001

第一章　北京西城老城地理环境与城址变迁　005

一、从蓟城到唐代幽州　005

二、从辽南京到金中都　012

三、元大都时期的西城　017

四、明清时期的西城　024

五、民国时期的西城　033

第二章　北京西城老城文化的孕育条件与发展阶段　041

一、孕育条件　041

二、发展阶段　059

第三章　北京西城老城文化的基本类型　075

一、皇家文化　075

二、坛庙文化　078

三、王府文化　084

四、园林文化 096
五、胡同文化 108
六、会馆文化 113
七、宗教文化 120
八、商业文化 139
九、金融文化 148
十、教育文化 152
十一、戏曲文化 161
十二、书肆文化 170
十三、报业文化 181
十四、什刹海文化 187
十五、天桥文化 194

第四章　北京西城老城文化的基本内涵 203
一、忠贞报国 203
二、崇礼重道 207
三、聚贵尚雅 211
四、经世济民 215
五、兼容并包 220
六、开放进取 224

第五章　北京西城老城文化的典型特征 229
一、帝都气派 229
二、首善境界 232
三、多元共生 235
四、雅俗并存 238

五、豁达大气 241
六、绵延不绝 243

第六章 北京西城老城文化的当代价值 247
一、全国文化中心建设的有力支撑 247
二、首都文化形态的显著标识 251
三、西城文化自信的重要源泉 255
四、西城文化创新的丰厚土壤 257
五、西城建设与发展的坚实基础 260
六、“红墙意识”的深邃基因 264

后 记 269

北京西城老城文化，是中华人民共和国成立之前北京市西城区的官民在悠久的历史长河中孕育、创造并普遍遵崇的价值观念、行为规范及其物质成果所构成的有机体系，其基本内涵是忠贞报国、崇礼重道、聚贵尚雅、经世济民、兼容并包、开放进取。帝都气派、首善境界、多元共生、雅俗并存、豁达大气、绵延不绝是其典型特征。北京西城老城文化的孕育和创造离不开特定的地理历史条件，丰沛的水系为西城老城文化的形成提供了良好的环境基础，自古以来众多民族人口的迁入不断丰富着西城老城文化的内涵。伴随北京从一个边陲军事重镇发展成为大一统王朝的政治中心，北京西城老城文化形态日益成熟、内涵日益丰富、特征日益显著，展示了北京的气度与精神，是首都风范、古都风韵和时代风貌的重要基石。作为北京的首善之区，北京西城的文化价值超越了地方层面，历经了千百年的锤炼和传承，成为名副其实的中华文化结晶。

导 言

在绵延的历史长河中，文化犹如一个生命体，孕育着一个民族的根和魂。中华文明延续至今仍生机盎然，一个重要原因就是一脉相承的精神追求以及牢不可破的文化自信。

作为一座拥有3000多年建城史、800多年建都史的古都，北京文源深、文脉广、文气足、文运盛。其历史延续性之长，不仅在中国首屈一指，在世界上也无出其右。早在元世祖忽必烈时期，来到大都城的意大利人马可·波罗就推崇它“宏伟壮丽，气势轩昂”。经过数百年的扩建与更新，当康熙年间俄国公使尼·斯·米列斯库来到北京城时，更惊叹北京“皇城之瑰丽与雄伟，使欧洲所有皇宫都相形见绌”[1]。中国建筑学泰斗梁思成无比自豪地指出：“北京对我们证明了我们的民族在适应自然，控制自然，改变自然的实践中有着多么光辉的成就。这样一个城市是一个举世无匹的杰作。”[2] 2014年以来，习近平总书记多次视察北京，高度评价指出，“北京历史文化是中华文明源远流长的伟大见证，要像爱惜自己的生命一样保

1 尼·斯·米列斯库：《中国漫记》，中华书局，1990年，第70页。

2 梁思成：《梁思成文集》(四)，中国建筑工业出版社，1986年，第51页。

护好城市文化遗产。”

北京西城位于首都核心区域，从古蓟城、唐幽州、辽南京、金中都的所在地，到元、明、清三朝国都的西半部，是最能体现北京建城、建都历史变迁全过程的区域，3000 年历史文脉连绵不断。西城的宫殿、坛庙、王府、衙署、堂馆、园囿等，珍藏和陈设着北京历代遗存的艺术珍宝，诸如龟甲卜骨、钟鼎彝器、秦砖汉简、书法绘画、陶瓷珐琅、漆雕玉器、秘珠宝笈，其数量之多、价值之大，在北京各区中最具代表性。另一方面，历史上中国各地区、各民族、各方面的杰出人物——文学家、艺术家、科学家、学者鸿儒、高僧名道、能工巧匠等，大多荟萃京师，或在京任职，或在京旅居，其中很大一部分人就居住在今天的西城区域。传统的戏剧、曲艺、杂技、民间舞蹈，传承百年的昆曲、天桥中幡、北京内画鼻烟壶等非物质文化遗产，也为西城老城文化增加了极强的历史厚重感。

故园一梦，沧桑百年。北京西城发生过很多影响中华民族历史发展的重大事件。这里是戊戌变法的策源地，是五四运动的发生地，是民国初年北洋政府总统府与国会的所在地，是近代北京的行政中心、金融中心、商业中心和教育中心。1949 年中华人民共和国成立之后，西城作为党中央与众多中央国家机关的所在地，成为首都功能核心区，在政治、经济、文化、科技、教育、城市建设、公共服务、民生保障、生活环境等方面均取得了巨大成就，焕发出经久不息的活力。

北京西城老城有绵延几千年未曾中断的文化积淀，有四平八稳、严谨有序的街巷格局，有温和敦厚、洒脱大气的人情风貌，有丰厚的人文底蕴，有海纳百川、吸纳八方的气度胸怀。西城有高耸的城门楼，金黄的琉璃瓦，笔直的街道胡同，恬静的四合院落，五方杂处的商业区，货真价实的老字号，独具特色的民情习尚，俚而不俗的方言土语，京腔京韵的戏曲艺术。

历史上的北京西城地区，是皇室、贵戚、官僚、士大夫及其附属阶层聚居之地，同时也是普通百姓世代生活的地区，他们是西城的主体，自然也是文化的主体。北京西城地区承蓟城之文统，继汉唐之风骚，续辽、金之雅绪，堪称京城文薮、京城士乡。从总体上说，各阶层的士大夫进京时都抱着积极入世的态度，敢于进取。他们是政治上最活跃的阶层。他们所操之术、所执之道，也是儒者的初衷。他们有忧国忧民的情怀、富国强兵的抱负，敢于为民请命，抗颜直谏，甚至奔走呼吁，上书变法，但终归不会成为“叛逆”。清末，面对“三千年未有之大变局”，京城士大夫公车上书，组织强学会、保国会，要求变法图存，保国保种，掀起戊戌变法的热潮。六君子血染菜市口，慷慨成仁，以鲜血唤醒国人，展现了传统士大夫最后的风采。

从文化谱系分析，北京西城老城文化各个发展阶段之间是一脉相承的。它与北京历史文化之间，是局部与整体的关系，二者同频共振，一直处于同一轨道之中，西城老城文化涵容于北京文化这一庞大的体系之中，构成了北京老城文化的主体。在不同的发展阶段，北京文化的精华特质都在西城得到了生动而鲜明的体现。

北京西城老城文化中许多优秀的文化思想、传统仍然吸引、影响着当代西城人。虽然很多人并非生于此地，但在西城生活一段时间之后，经过老城文化的浸润，通过语言、街巷、建筑、风俗习惯、观念、行为方式等，建立起对当地的归属感与自豪感。正如出生在西城的老舍在《三年写作自述》中所述：“我生在北平，那里的人、事、风景、味道，和卖酸梅汤、杏仁茶的声音，我全熟悉。一闭眼我的北京就完整的，像一张色彩鲜明的图画浮立在我的心中。”“求木之长者，必固其根本；欲流之远者，必浚其泉源”，老城文化是当代西城人文化认同的重要源泉、文化自信的重要源泉。他们扎根于这片土壤，形成了深厚的文化积淀与特定的文化认同，进而获得长久的精神动力。

作为古都北京的首善之区，北京西城老城文化的价值超越了地方层面，历经千百年来的锤炼和传承，不仅是中华智慧的瑰宝，也是人类文明的结晶。概而言之，北京西城老城文化的形成，建立在首都核心区基础之上，与北京老城文化你中有我、我中有你。京城政治上号令四方，文化上就会影响四方；经济上九州一统贡京城，文化上自然是各地文化聚京城。但北京西城老城文化不是各种文化要素简单的排列组合，在不同的历史阶段，均有不同的主体文化发挥引领作用。

北京西城老城既是首都历史文化遗产的集中地区，也是北京首都“四个中心”功能的主要承载区、国际一流和谐宜居之都建设的重要区域。党的十八大以来，北京市西城区加大老城文化保护工作的力度，把老城保护与疏解非首都功能、提升城市品质、创造城市美好生活结合起来，加速推进历史街区风貌整体改观，为强化“首都风范、古都风韵、时代风貌”做出了重要贡献。在这样一个历史背景之下，深入研究北京西城老城文化，不仅是为了弘扬中华优秀传统文化，而且可以为北京全国文化中心建设提供坚实的学术引领和智力支持。

第一章

北京西城老城地理环境与城址变迁

在北京几千年的发展进程中，北京市西城区一直位于其核心地带。从早期的蓟城，到隋唐时期的幽州，作为整个中央王朝的北方军事重镇，承担“屏藩王室”的重要功能。至辽金时期，北京从少数民族政权的陪都逐渐升格为大一统王朝的国都，政治地位有了极大提升，城市格局也随之发生较大变化。辽南京和金中都的城市中心均在今北京市西城区宣武门、广安门一带。元朝定都北京以后，以什刹海水域为中心营建大都新城，城址向东北方向移动至高梁河水系，城市发展也进入了一个新的时期。到明代，北京城市格局再次发生变化，城市整体南扩北缩，并基本定型。北京西城位于皇城右翼，此后历经清代、民国，一直持续到当代。

一、从蓟城到唐代幽州

北京西城是北京城市文明发展的重要源头——蓟城所在地。至晚在殷商时期，作为自然方国的燕与蓟就存在于华北大地。后蓟微燕盛，直到燕取蓟而代之，并以蓟国首都蓟城为都城。西周初年，周王分封召公于燕地，封黄帝之后于蓟，今北京地区进入诸侯王国发展序列。蓟在北，燕在南，两国各自建有都城。蓟为武王所封，代表当地旧族。燕为成王所封，时间略晚于蓟，范围主要在永定河以南，代表周人北进势力。蓟城与燕城的并存、对峙，构成今北京地区最早的城市地理格局。

西周所封的姬姓燕国，尽管在名称上十分古老，但它实际上所代表的政治势力和文化面貌在北京地区都是新的。它的出现是有计划、有目的的政治行为，而不是自然发展的结果。召公封燕代表着在中原兴起、日益强盛的国家政权对今北京地区的正式统辖。

周王把代表关中势力的召公分封在燕地，正是要在这一带巩固并扩展周人势力。燕国在当时南北交通上的重要性虽不如蓟国，但是它的腹地辽阔，又接近文化先进的中原地区，因此它的势力先于蓟国日益发展起来。到了西周中期，燕国已跨过永定河，继续向东北方向扩展自己的势力。大约至西周晚期，燕国开始沿着北进的大道向北方发展，兼并了蓟国。燕国虽在政治上强大一时，但因交通地理条件所碍，后将都城从距今北京西南 43 千米的房山区董家林一带迁到蓟城，开启了以蓟城作为燕国都城的新时代，北京地区遂出现了以一座中心城市为主的格局，此后一直为历代沿用，并不断发展壮大。同时，周文化与燕地文化相结合，形成了燕国多部族、多地域的文化形态，确立了北京城市文化的最初源流。

《礼记·乐记》记载，周武王在取得讨伐商纣王的胜利之后到达殷商故地，“未及下车而封黄帝之后于蓟”。《史记·周本纪》称：“武王追思先圣王，乃褒封神农之后于焦，黄帝之后于祝，帝尧之后于蓟，帝舜之后于陈，大禹之后于杞。”关于褒封，《周本纪》中说的很清楚，其对象为先圣王之后，他们是各地的旧有部族，本有人民、土地，只需在名义上“嘉之”，确认其在当地的权力。相对来说，周王朝对它们的直接控制力则不会很强。蓟国是褒封出来的，是周人对尚不可及之地进行的名义上的分封。蓟代表的是当地旧有势力，不是周王室的亲嫡力量，最终被代表周王室的燕国灭掉也属必然。

考古发现证明，蓟城在今北京市西城区广安门内外一带，燕国都城在今房山区琉璃河董家林。[1]燕国迁都于蓟之后，在蓟都旧城基础上扩展重建。考古工作者在今西城区广安门外桥南约 700 米处，护城河西岸的考古遗址中发现了战国与战国以前的文化遗迹，包括细绳纹陶片、碎绳纹砖、陶鬲腿、饕餮纹残半瓦当等，其中后者被公认为燕国宫殿常用构件。[2]同时，还在今西城区西南部陆续发现了为数不少春秋战国至西汉时期的陶井及墓葬。据此可以推断，西周蓟都及春秋战国燕都均位于今西城区宣武门、和平门及白云观东西一线的南北两侧，其中西周蓟都城就位于广安门外护城河一线东西两侧；而燕国迁都于蓟，则在此基础上向北、向东开拓，形成一个东西长南北宽的大城。

北魏郦道元《水经注》记载，蓟城西北隅有蓟丘。20 世纪 50 年代在北京西便门外白云观西侧，还残留着蓟丘的遗迹。北宋沈括出使契丹时看到，此地生长的菊科草本植物“大蓟”，张开的叶子像车盖一样巨大，中原地区难得一见。他在《梦溪笔谈》中推测，这可能就是以“蓟”作为地名的原因。唐人张守节《史记正义》中有如下记载：“蓟燕二国，俱武王立，因燕山、蓟丘为名，其地足

1 岳升阳、苗水、徐海鹏：《北京古蓟城城址古地貌环境演变研究》，《北京大学学报（自然科学版）》，第 47 卷第 5 期，2011 年 9 月。

2 赵正之、舒文思：《北京广安门外发现战国和战国前的遗址》，《文物考古资料》，1957 年第 7 期。

自立国。蓟微燕盛，乃并蓟居之，蓟名遂绝焉。”1995 年为纪念北京建城 3400 周年，曾在广安门外滨河公园建立蓟城纪念柱，上面镌刻着当代著名历史地理学家侯仁之先生写定的铭文：“北京城区，肇始斯地；其时惟周，其名曰蓟。”

在此需要重点关注的是，从实力比较而言，虽然燕强蓟弱，但因蓟城位置更优，燕国迁都至此之后，保障了其在一段时间内得以雄踞北方的重要地理条件。燕国原有都城在迁都之后被逐渐废弃，而蓟城则在此之后不断发展壮大，逐渐发展成为中国北部的政治中心，也使北京城的发展逐渐趋于稳定。正是因为蓟城地理条件的优越性，后人在同一地点反复修建城市，导致早期蓟城的遗址很难保存下来。而房山琉璃河董家林的燕城遗址废弃之后再没有在这里建立大型城池，故遗址得以保存至今。董家林地区自身的历史说明，这里并不是城市发展的优越地点，西周封燕之前这里并没有城市出现。而燕国在此立都也历时不长，不久便放弃此地，迁都北去。燕都迁走之后的 2000 多年，这里再无城市出现。[1]

如果久处和平环境，位于中国塞南塞北两大自然经济区（即畜牧业区和农业区）接合部的蓟城，是很可以发展为像长安那样的大型商业城市的。但由于燕国北部受困于东胡部落联盟，同时也久受制于南邻齐国和中山国，始终战乱不断，这种局面未曾出现。战国后期，作为重要诸侯国之一，燕国周旋于列国之间，直至被秦始皇吞并，纳入大一统社会发展秩序之中。在此期间，蓟城始终处于北方方国首府的地位。

公元前 223 年，燕王被秦将李信所擒，传世 800 余年的燕国灭亡。秦于燕地置上谷、渔阳、右北平、辽西、辽东五郡，仍以蓟城

1 唐晓峰：《蓟、燕分封与北京地区早期城市地理问题》，《中国历史地理论丛》，1999 年第 1 期。

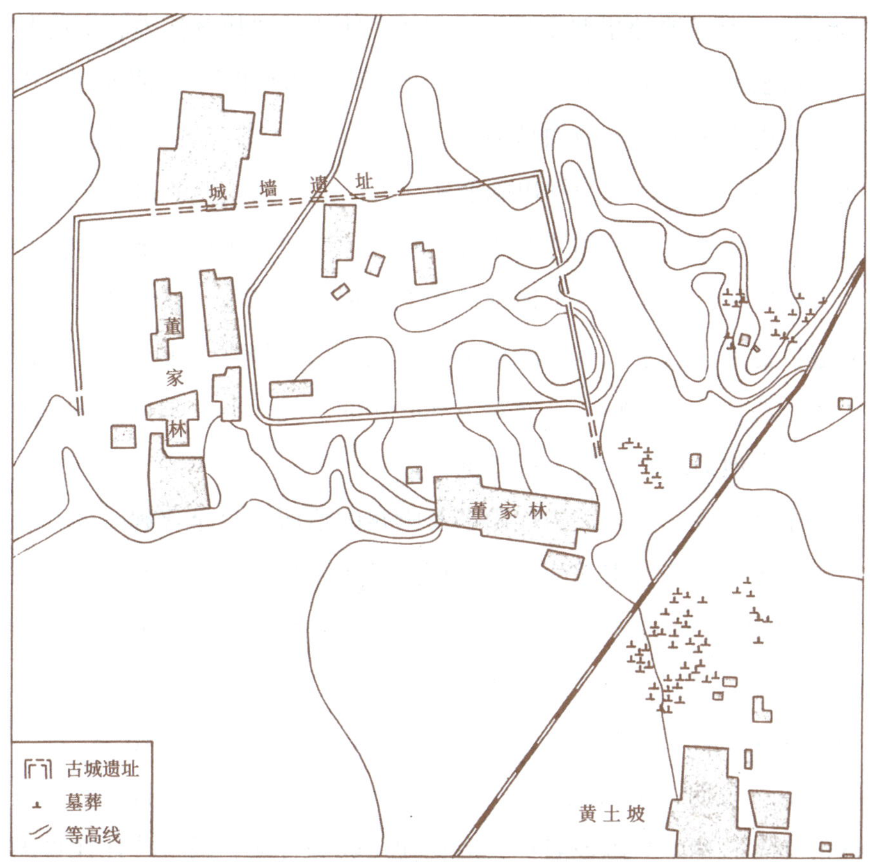

琉璃河商西周遗址及墓葬位置图

为郡府。此后，蓟城经历了漫长的朝代更迭。汉代分封制与郡县制并行，蓟城既作为诸侯王的封国所在，又是政府管理幽州的治所。秦朝占领蓟城只有 17 年光景，自秦亡后 400 多年的历史中，蓟城曾四度为地域性王国的都城、四度为州郡首府，其间一直是中国北方的政治、文化中心。

西汉初期，汉高祖于东北边陲建立燕国。汉武帝时，全国被划分为十三个州部。幽州位于西汉东北边境，是十三州部之一，辖地与春秋战国时期燕国之境大致相合，因此该地又被称为“燕地”或

“幽燕”。幽燕地处华北平原北边和东北地区，“却背沙漠，进临易水，西至军都，东至于辽，长蛇带塞，险陆相乘也”[1]。清人顾祖禹在《读史方舆纪要》中如是描述：“东滨海，南控三齐，西阻太行，北届沙漠。”[2] 明晰地勾勒出幽燕东、西、北三面险要的地势。

由于地处西汉王朝北部边境，幽燕逐渐成为中原内地北方门户的天然屏障。也正是由于地理位置上与匈奴、乌桓等草原游牧民族靠近，更加突出了幽燕的战略地位。北方勇武剽悍的民族常常入侵边境，劫掠人口与物资。面对虎视眈眈的游牧民族，幽燕之地守护着中原大地的北方大门，责任重大。

东汉时代，蓟城仍为广阳郡及幽州的治所。直至曹魏时期，蓟城仍属幽州。魏晋南北朝时期，历经长年不息的战乱。蓟城扼守华北平原的北部门户，既是从中原地区沿着太行山东麓交通大道北上，穿过居庸关、山海关等燕山孔道与塞外来往的交通枢纽，也是中原政权经略北方的基地、防御游牧部族内侵的军事重镇。

隋唐时期，蓟城改称幽州城。“幽州”一词，并非唐代北京地区的专有名称，只因该名称在唐代使用较为普遍，后世才往往将幽州与唐代并提。唐代幽州城，是从商周时期的蓟城，经过春秋战国、秦汉、魏晋、南北朝及隋代，不断开拓发展而成。唐代幽州城在北京城市发展史上地位极其重要，《太平寰宇记》所引《郡国志》和《元和郡县补志》均记载，蓟城城址南北 9 里，东西 7 里，是长方形状，周长 32 里，折合今约 23 里。城垣位置除载于文献资料外，近年来北京地区唐、辽墓碑石刻陆续出土，可以佐证为据。唐太宗饬命修建的悯忠寺，迄今原址没有迁徙，也最能说清蓟城的方位，

---

1 张华：《博物志校正》，中华书局，1980 年，第 8 页。

2 顾祖禹：《读史方舆纪要》，中华书局，2005 年。

并由此可以探寻当时全城的形制特征。

贞观十九年（645），唐太宗凭借强盛的国力亲征辽东，大将李世绩会集陆军主力于幽州。当年四月，唐太宗在蓟城南郊誓师进兵，五月渡过辽水到达辽东前线，九月退返蓟城。为了悼念出征阵亡将士，安抚军心，下令在蓟城东南建悯忠寺，即今法源寺的前身，并在幽州城西十余里建哀忠墓。这座寺庙历经宋、辽、金、元、明、清均得到保护，至清雍正初改名法源寺，其位置成为推定幽州城址的重要依据。

依据20世纪50年代以来出土的唐代墓志、房山石经山的唐代石经题记等材料，唐代幽州城主体基本位于今西城区域，其“四至”大体可以推测为：东垣在今烂缦胡同稍偏西；西垣在会城门稍东；南垣约在陶然亭以西的姚家井以北，白纸坊东、西街一带；北垣应在头发胡同一线。唐太宗虽然仅在幽州城内居留月余，却洞悉幽州城形制布局建设及主要建筑，选定悯忠寺的地址，可以认为是他在对全城总体有明确认识的情况下做出的决定。幽州城也是效法隋大兴城，即首都长安而改建的。

从隋唐开始，蓟城虽地处北部边陲，地位却不断上升。李渊对此战略要地极为重视，对幽州的管理不断加强，置幽州总管府，后又升为大总管府。幽州最多时下辖幽、易、平、檀、燕等三十九州。幽州的行政设置从唐代始曾多次发生变化，这与汉族和少数民族的战争有关。唐太宗贞观十九年（645）誓师于幽州，征高句丽；开元二十年（732），幽州节度使击契丹大捷。蓟城作为幽州的治所，到唐代中期已经开始了东西分别设县管理的模式。蓟城东部设置有蓟县，蓟城西部则设置有幽都县。这种模式，此后一直被辽、金、元、明、清各朝代所遵行，只是行政单位的名称不断发生变化。

二、从辽南京到金中都

唐朝灭亡后，后唐河东节度使石敬瑭以割让幽、蓟等十六州（俗称“燕云十六州”）为条件，在契丹扶植下建立后晋政权。此后，幽州即归入契丹政权的辖区。会同元年（938）冬月，辽主耶律德光升幽州为幽都府，并将其提升为陪都，建号南京，作为“五京”之一，又曰“燕京”，由此拉开了历史上的北京从北方军事中心向大一统王朝政治中心转变的序幕。《燕都丛考》曰：“北京建都，实始于辽。”“南京”城作为辽朝陪都之一，其过渡意义不可忽视。

以南京城为中心的南京道，是辽王朝的重要农耕地区，汉族与北方民族杂处而居，辽王朝在这里实施“一城分制”的统治方式。辽南京城是在唐幽州城基础上形成的，城内大体按唐代幽州城街市坊巷分布，名称也大多沿用唐代旧称。现代学者通过深入研究，从更大范围完善了这一认识。杨宽在《中国古代都城制度史研究》中指出：“这是沿用唐代幽州治所的格局，这种子城设于外郭城西南隅的格局，也还是沿用战国时代燕国建都于蓟的传统的制度。”文献和考古资料显示，南京城北城墙在今白云观北侧东西一线；南城墙在白纸坊东、西街一线；东城墙在烂缦胡同与法源寺之间；西城墙在会城门至莲花河东岸。整体而言，辽南京城的城墙范围都在今北京市西城区域内。

辽南京皇城即原幽州城内子城，城门也多承袭唐五代旧名，坊市布局基本承袭唐五代幽州城之旧，无所改易。受到汉族“天子面南而立”观念的影响，所有宫殿都以南门为正门。但是，皇城四门只有东面的宣和门可以出入，其余三门设而不开，以此体现契丹族崇拜太阳、以东为尚的文化观念。宣和门之上修建五凤楼，标志着它实际上具有皇城正门的地位。

南京城的北部有市肆区，南来北往的货物都集中在这里进行交易。史载，辽南京“城北有市，陆海百货，聚于其中”，而且设有专门的商业管理机构，“命有司治其征”。[1]这一商业中心大体相当于今天北京市西城区东起菜市口、西至广安门外甘石桥以北区域。在宋辽缔结“澶渊之盟”以后的和平岁月里，辽南京逐渐发展成一座居民众多、商业手工业发达、宗教兴盛、多民族杂居的城市。虽然自唐中期以后，由于商业经济的发展，幽州城的封闭格局已有所改变，个别商铺已越出市门，甚至深入坊里，但在辽朝统治的180余年间，这座城市仍基本保持着坊里旧制形式。

更为重要的一点是，辽南京城的性质相比以往有了很大不同，从唐代城内“家家自有军人”的军事重镇，演变成为一个区域性政治中心。辽朝皇帝每年驻跸在此的时间很长，因此辽南京城内出现了众多军、政、财赋衙署和专为皇室服务的各种职司衙署，以及诸亲王、公主的府第，构成了城市建筑中与汉唐以来不同的中央统治枢纽的特点。可以认为，北京在辽代已初步具备了作为京师政治、文化中心的功能。北京城从军事重镇向政治、文化中心城市的演变过程，始于辽代，至金中都时期始具雏形，至元大都时期最后完成。这一历史进程，进一步验证了西城在北京城市发展进程中的特殊地位。

辽朝末年，东北女真族崛起，建立金朝。而后继续向南扩张，进入中原地区，于1126年灭北宋，迫使宋室南迁，北京成为控御整个北方地区的大本营。1141年，宋金签订“绍兴和议”，以淮河一线为界形成南北对峙的局面。金天德五年（1153）三月二十六日，海陵王颁布《迁都诏》，改元为贞元元年，将首都由上京会宁

1《辽史》卷六十《食货志下》。

府（今黑龙江省哈尔滨市阿城区）迁到燕京并改称中都，定名为“中都大兴府”，称为“中都”。除了南京开封府（今址河南开封）、北京大定府（今址黑龙江阿城县南白城子）、东京辽阳府（今址沈阳）和西京大同府（今址山西大同）四个陪都，“中都”意谓天下之中。这是中华文化史上第一次对北京地区以命名的方式进行的政治文化中心定位。从边地进入中心，入主中原，“中都”之称便带上了占据中心的自豪感。金朝时期，“五京制度”得以进一步完善。伴随着这个具有划时代意义的重大事件，北京上升为中国北部的政治中心，并为随后在元、明、清各朝以迄当代基本连续地成为全国首都，奠定了坚实的基础。

迁都之前，海陵王派遣画工到北宋汴京，描绘那里的宫室形制、建筑布局，交给左丞相张浩等人，在辽南京城的基础上扩展而建成新城。扩建后的燕京仿照北宋都城开封府的规制，在辽南京旧城基址上，向东、西、南三面扩展，将原来偏在西南一隅的皇城位移到都城的中间。经过考古工作者的实地测量，得出比较精确的数字：北城墙长约 4486 米，南城墙长约 4065 米，东城墙长约 4325 米，西城墙长约 4087 米，总周长约合 16.5 千米。根据考古资料，金中都西北角在今军事博物馆以南的黄亭子，西南角在今右安门外的凤凰嘴，东南角在今北京南站以南的四路通，东北角在今宣武门内的翠花街。这是在蓟城旧址上崛起的一座大城，其中心位于今北京城区的西南部，其中今西城区涵盖大部分、丰台区占有局部。

金中都的建造，效仿北宋都城规制，宫殿居于全城中心，宫城之外围以皇城，皇城之外围以大城，并仿照中原王朝配齐各种国都“标配”，如与宫殿配套的皇家园林、举行各种重要礼仪活动的坛庙场所、从中央到地方的各级官僚衙署，以及在城郊建皇家陵寝等。这些都表明了金朝政治重心的转移以及对正统地位和王朝气派的追求。这种格局，一方面继承了传统的国都规划理念，吸收了汉朝都城建造的精华，三重四围，布局方正；前朝后市，中轴对称；坊巷划分，状如棋盘。另一方面，依水势建宫苑，逐水草筑园林，把不规则的水面纳入方正的皇城宫墙中，又反映了游牧民族的风格特点，显示出很强的文化包容性和融合度。这在中国都城规划及建设史上具有承上启下的作用。

由于商业和手工业迅速发展，金中都城内坊墙被拆除，形成开放型街市。其中的街道分为两部分：一部分是辽南京即唐幽州的旧街巷，当时坊墙在逐渐拆除中；另一部分为扩建后形成的新街巷。

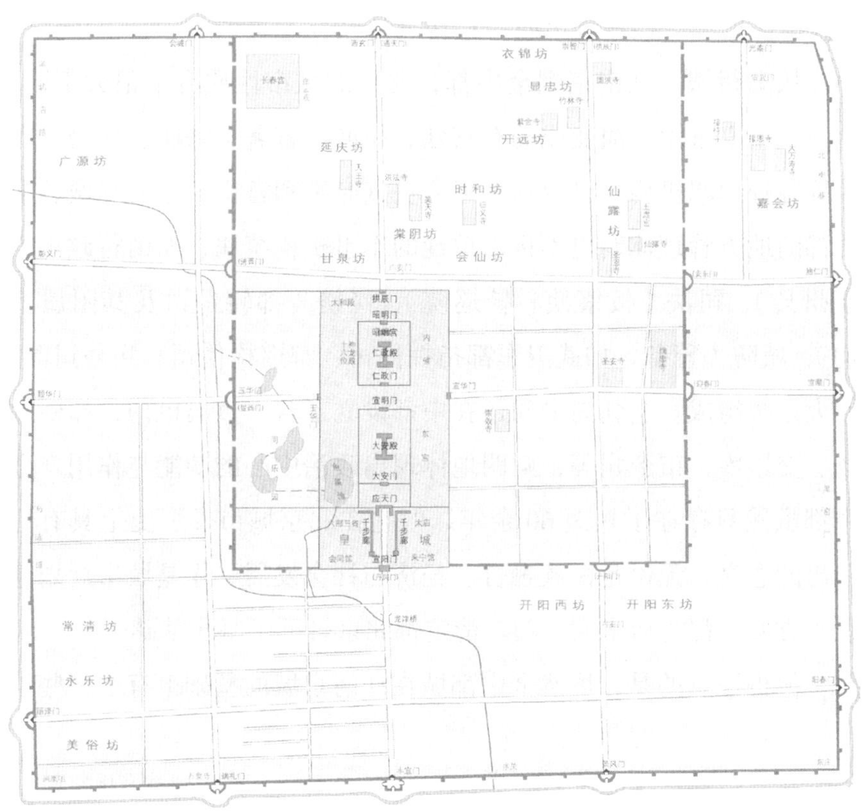

金中都城图

今菜市口东西两侧辽金时期的街巷胡同，正是北京从封闭的市里制走向开放的街巷制的见证。

金中都作为中国北部的商业中心，四方客商纷至沓来，各种货物云集。时人称："居人市易，井肆连络，阛阓杂沓。加之河渠运漕，通于海峤，篙师舟子，鼓楫扬帆，懋迁有无，泛历海岱、青兖之间，虽数百千里之远，徼之便风，亦不浃旬日而可至。其稻粱黍稷、鲗鱼虾鲊，不可胜食也；虽斧斤不入山林，而林木亦不可胜用也。"[1]延续自辽代的城北市场（位于今菜市口以西、牛街北口一带），此时更加繁荣。由于商业市场的发展，周边还出现了不少经营性的歌馆舞台瓦楼。如，"明义楼在燕市东，大安楼在西；仁风楼在南。以上三楼在燕市西，瓦楼三是也[2]"。

从幽州城、辽南京到金中都，北京的城市性质有了很大不同，由一个军事重镇，演变成拥有宫廷、苑囿、官署、宗庙、学府、寺院等各种司职机构，以及众多王公贵族府第和官宦世家的都城。金中都的地方管理体制也不再由单纯的军事机构统属，而由行政（路府州县）、司法（按察使、警巡院）、经济（都转运司及其附属机构）、城防（警备，如武卫军都指挥使司、都巡检使司、兵马司等）四大系统组成。金朝尚书省还在中都设立了若干直属机构，如榷货场、交钞库、市令司等，鲜明地体现出政治中心的功能与作用。金中都虽然只存在了短短60余年，但它在北京城市发展史上具有里程碑的意义，无论是民族融合、经济与社会发展，还是城市规划建设等方面，都为后来元、明、清定都北京打下了坚实基础。

值得注意的是，虽然金中都城在辽南京城的基础上有了一些扩

1《日下旧闻考》卷一百二十七《京畿》。

2《析津志辑佚·古迹》。

展，但是，其城市的主城区范围仍然是在今西城区域内。因此，迄今为止所能够保存的金代珍贵历史遗迹，也大多在西城区内。

三、元大都时期的西城

在北京城长达3000余年的历史中，城址位置一个最大的变化，发生在元世祖忽必烈迁都燕京之时。从西周蓟城、汉唐幽州到辽南京、金中都，前后相继的城垣虽有扩展，城市选址却基本不变。元朝是幅员辽阔的大一统帝国，其都城是泱泱中华的帝都，规模建制显然不能因袭仅仅统御了半壁江山的金中都。加之中都城在金朝末年遭受了严重破坏，金朝皇宫已被付之一炬，蒙古人又有不在废弃营地上设营的传统，因此另建新城势在必行。

当时在金中都城东北郊外不远处，有一座位于今北海琼华岛一带的金朝离宫，称万宁宫，是金帝每年夏季避暑的地方。早在中统五年（1264）初，忽必烈就下令修复万宁宫的广寒殿，作为他每次来燕京的驻跸之所。这一带有大片天然湖泊，湖中遍植莲花，内有瑶光台（今北海公园团城）、琼华岛、广寒殿等建筑，水源充沛，风光绮丽。经过反复踏勘，元都城的新址就选定以万宁宫为中心向外

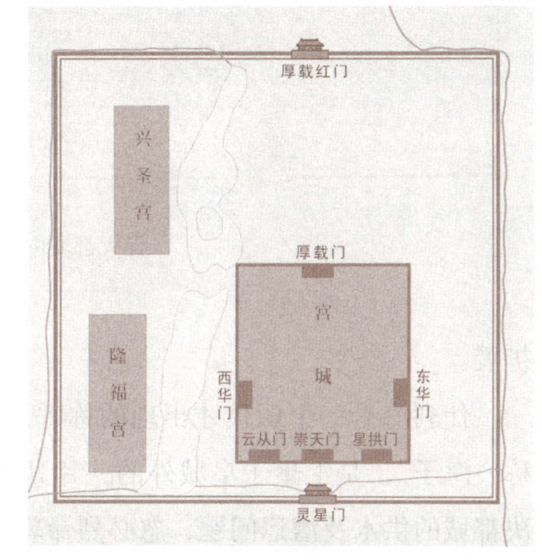

元代皇城示意图

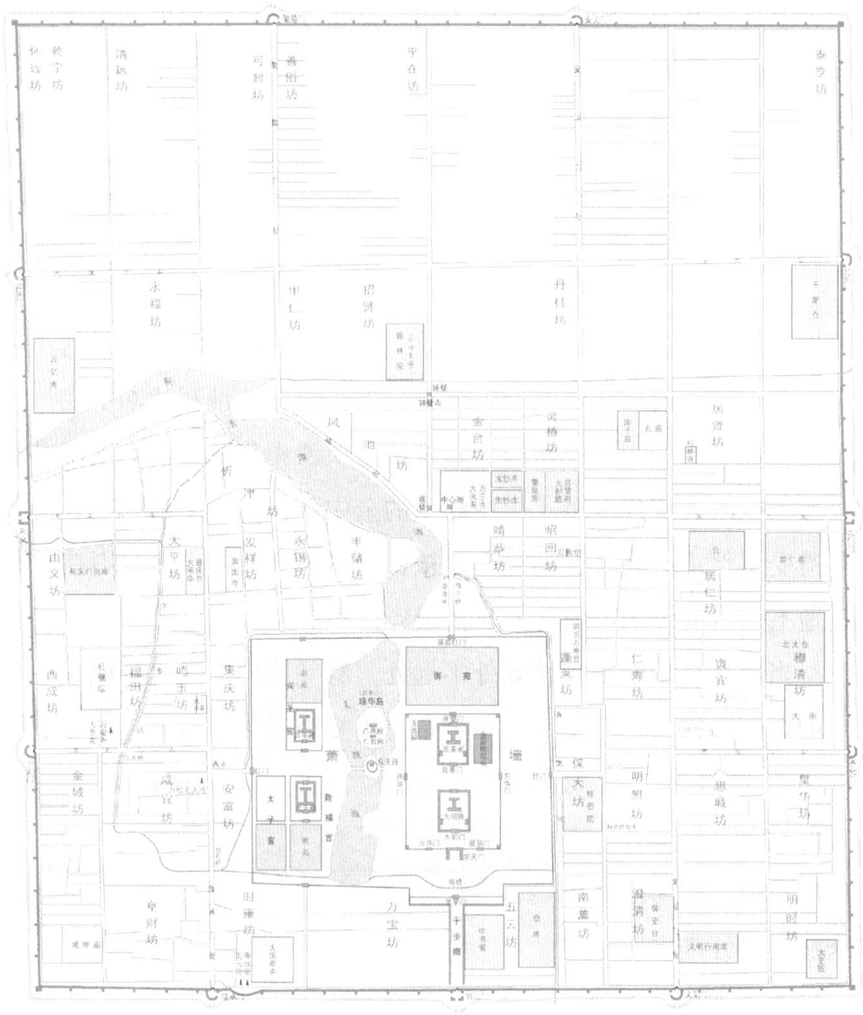

元大都城图

扩展。

什刹海是一个明代才出现的称呼，元代这里称“积水潭”，亦称“海子”，是汇聚于皇城外的一片湖泊。元大都落成后，为了解决都城的供水及漕运问题，忽必烈命郭守敬修建通惠河，又引西山白浮泉等诸泉水，汇集于积水潭，并使河水从南水门出，与旧运粮河沟通，直达通州。如此一来，南来的漕粮便可沿通惠河溯流而上，直通京城。积水潭不仅成为大运河北端的终点，也是南北漕运的中枢，其水体面积也因多条水流的注入而不断扩大。

大都的兴建历时20余年，完成了宫城、宫殿、皇城、都城、王府等工程的建造。与游牧民族“逐水草而居”的传统习惯和深层意识有关，元大都规划最具特色之处，是皇城以太液池水面东岸为中心确定布局，京城水域的走向决定了环水建设新城宫室的位置。按照“逐水草而居”的思路，大都的皇城以太液池为中心，周围布置了大内、隆福宫和兴圣宫三座宫殿，环绕三宫修建皇城。将湖光山色纳入城市核心区域，使宫殿建筑与自然景色巧妙地融为一体，这与以往历代都城明显不同，是城市规划设计思想的重大突破。

漕运关系到都城的粮食供应。为了确保漕运河道安全，维持水上交通线的畅通，至元二十八年（1291），丞相完泽奏置都水监，以治理水道。其管辖范围大致为“南至河，东至淮，西泊北尽燕晋朔漠，水政皆归之”。然而，长长的水道不利于实时监管。鉴于此，元政府以十里为单位，将漕运河分为若干段，每段设置一闸，并委派专门的闸官负责管理。这一系列措施，大大改善了南北往来的交通条件，不仅使出行方便了许多，也使得该水路开通前“驴畜死者，不可胜计”的糟糕局面不复出现。据一位官员记载，忽必烈乘车驾回上都路过积水潭时，见水面上舳舻千里，“天颜为之开怿”，当即赏赐主持修建运河的郭守敬钱一万二千五百缗。而作为运输中枢的积水潭，终元一代都保持着对它的修缮和改进。除了定期清淤，还将水门的木闸换成了石闸。泰定元年（1324）七月，又在积水潭南岸修建了一条长约385米的石道，并设置赤色的护栏，以代替原有的光秃秃的土路。改进后的堤岸，即便是狂风暴雨、水湍浪急，也不会崩坏，更不会变得泥泞不堪。可以说，便利的交通条件奠定了什刹海繁荣的基础。而其作为进京水路的登陆口岸，在一定程度上代表着首都和国家的体面。[1]

元朝第一位宰辅、忽必烈的重要谋臣、中书省官员刘秉忠是大都城的主要设计者，他依据大都城所处的地理形势，将积水潭的东北岸选定全城平面布局的中心，设石刻的测量标志，名为“中心之台”，并以此中心台为基准点，确定四周城墙以及都城、皇城、宫城的相对位置。又在中心台附近建造鼓楼与钟楼，作为中轴线的最北端，向南延伸，直达都城正南门，即丽正门（今天安门南）。都城中所有的重要建筑，如皇城正门、宫城正门、皇宫正殿大明殿、皇后正寝延春阁等，皆坐落在这条中轴线上。

至元九年（1272）中都改名为大都，突厥语“汗八里”，意为“大汗的居处”，将上都作为陪都。元大都的规划和建设开辟了北京作为大一统王朝国都的新纪元，也是北京城市规划史上具有深远影响的重大转折，影响了整个北京西城地区的历史走向。

郭守敬担任都水监，修治元大都至通州的运河，并以京郊西北各泉作为通惠河上游水源。通惠河的开通使海子（积水潭）成了南北大运河的终点码头，沿海子一带形成繁荣的商业区。至元二十二年（1285），大都的大内宫殿、宫城城墙、太液池西岸的太子府（隆福宫）、中书省、枢密院、御史台等官署，以及都城城墙、金水河、钟鼓楼、大护国仁王寺、大圣寿万安寺等重要建筑陆续竣工。元大都的营建工作至此基本完毕。此后元朝各帝陆续又有添建，如孔庙、国子监、郊祭坛庙和佛寺等，但元大都总体布局没有变动。同年，元世祖忽必烈发布了旧城（金中都故城）居民迁入新都的诏

---

1 周尚意：《发掘地方文献中的城市景观精神意向——以什刹海历史文化保护区为例》，《北京社会科学》，2016 年第 1 期。

书。从至元二十二年到三十一年（1294），有 40 万至 50 万居民自金中都故城迁入大都城。

元大都平面呈南北略长的长方形，《元史》记载大都“城方六十里，十一门”，根据考古勘查，已探明元大都城垣四至：北面的城墙即今北京北三环外的北土城遗址处，东西两面城墙与明清北京城东西城墙一致，南面城墙在今东西长安街南侧，南北长约 7600 米，东西宽约 6700 米，实测大都城周长约 28600 米，面积约 50 平方公里。[1] 以目前行政区域归属来说，皇城的大部分区域位于今北京市西城区内，包括景山、内三海（北海、中海、南海）及先农坛、月坛、历代帝王庙等皇家祭祀场所。

元大都共十一座城门，东、南、西三面各三门，北面二门。东面三门，自南至北分别为齐化门（今朝阳门）、崇仁门（今东直门）、光熙门（明毁）；南面三门自东至西分别为文明门（今崇文门北）、丽正门、顺承门（今宣武门北）；西面三门自南至北分别为平则门（今阜成门）、和义门（今西直门）、肃清门（明毁）；北面二门分别为安贞门（今安定门北）与健德门（今德胜门北）。

大都城的建造，是按照传统儒家经典《周礼·考工记》的理想模式来规划的，即所谓的“面朝后市，左祖右社”，打破了汉唐以来的封闭型坊式建筑，城市面貌为之一新，在中国都城建设史上占有极为重要的地位。在新建的大都城里，皇城前面是中书省衙署，后面是钟鼓楼周围的诸多商市，东面是太庙，西面是社稷坛。这种理想模式的都城，第一次经大都城的营建变为现实。其皇权至上、天人融合的营城思想，中庸对称、严谨规整的布局体例，以及由此

---

1 中国科学院考古研究所元大都考古队、北京市文物管理处元大都考古队：《元大都的勘查和发掘》，《考古》，1972 年第 1 期。

形成的皇宫帝苑、自然水系、胡同街道和民居四合院，一直深刻地影响着后来北京的城市发展。

大都城建成后，逐渐发展为全国的政治和文化中心。全国统一带来的南北文化大交融，使得大都城的文化发展空前高涨；海运和漕运的开通，也使全国经济合为一体。

元大都虽然变换了位置，但与金中都城南北相连，两者间仅相隔数百米，彼此还有门道相通，无异于同一座城市的新旧两城。事实上，中都城作为居民区在元代也确实沿用不废，称为“南城”，是元朝大量涌入元大都的阿拉伯商人的聚集地。特别是今牛街一带，阿拉伯商人不仅在此生活居住，还在这里交易开肆，相当热闹也相当繁华。更重要的是，中都城内有不少历经唐、辽、金的寺庙和道观，它们早已闻名遐迩，经过修葺后在元朝依然香火旺盛，游人如织。可以说，中都城当时仍然行使着城市职能，和大都新城一道组成了当时世界上首屈一指的超级大都市。值得注意的是，大都新城以中轴线为基准，自然地分为东、西两部分，这是后来“东城”“西城”的雏形。

元大都城内设有50坊，由左、右警巡院管辖，坊之划分当以城内街道为界。某些坊设坊门，门上署有坊名，如《日下旧闻考》卷三十八引《元一统记》所载，五云坊东、万宝坊西设有坊门，在御街千步廊两侧相向而立。但大部分坊已不设坊墙，酒楼茶肆开始遍布于街头巷尾。《元一统志》载，元大都共49坊，与《析津志》所言50坊之数不合，或为遗漏所致。大都城居民分布大致有四个区。

东城：是各种衙署与贵族住宅的集中区，元代中书省、枢密院、御史台三大机构都设在这一区，其他如光禄寺、侍仪司、太仓、礼部、太史院等，也在东城区。达官显贵纷纷在此区建宅，便于就近上朝和相互结交，如昌童府第在齐化门内太庙前，哈达王府在文明门内等。这一区域人口密集，商业也很繁盛。

北城：皇城北面的海子是南北大运河的终点，水运便利，是繁华的商业区，歌台、酒馆、商市、园亭及生活必需品的商市多会聚于此。钟楼北面有全城最大的穷汉市，表明钟楼以北地区多为下层民众聚居的地方。

西城：这里的居民也较密集，但稍逊于东城。顺承门一带是连接新旧两城的交通枢纽，酒楼、茶肆特别集中，且设有都城隍庙、倒钞库、酒楼等。

南城：包括金中都旧城城区与新城前三门关厢地区。南城旧居民区以大悲阁周围居民最为稠密，集中了南城市、蒸饼市、穷汉市三处商市。这里居民多为既无份地又无财力的下层民众。

元代，伴随着商品流通的发展及国内交通体系的不断完善，北京作为全国范围内最大的消费中心的地位不断巩固。元大都时期，今北京市西城区域位于皇城右翼，地理位置十分重要。它是连接中都故城与大都新城的中间地带，新建皇城有很大面积也位于此区域内。同时，西城还是大都城内非常重要的商业中心，元代黄仲文《大都赋》云："华区锦市，聚万国之珍异；歌棚舞榭，选九州之秾芬。"位于今西四一带的羊角市是通往京西方向的必经之路，"城中内外经纪之人，每至九月间买牛装车，往西山窑头载取煤炭，往来于此。新安及城下货卖，咸以驴马负荆筐入市"[1]。周边店铺、戏馆、酒楼林立，百货云集，与鼓楼斜街、枢密院等市场连成一体。此外，还有多处物流集散之地。

位于今西城鼓楼西侧的斜街因设有南北大运河的终点海子码

1《析津志辑佚·风俗》。

头，南北货物多在这里吞吐，是元大都非常繁华的商业区，皇亲国戚、功臣大将、中外巨商、达官贵人所需要的高档商品，像金银珠宝、玛瑙、沙剌（蒙古语“珊瑚”）及贵族炫耀佩带的昂贵镔铁腰刀等奢侈品，应有尽有。普通居民所需要的盐、粮、油等日用百货也琳琅满目。

当时北京西城区域的“国际化”程度也很高，聚集了大量来自波斯、阿拉伯，欧洲和其他一些亚洲国家的商人，他们主要从中国输出布匹、绸缎、茶叶、糖、瓷器、皮货、中草药材、纸墨、马匹、铁制品和手工艺品；同时，带来外国的毛织品、珠宝、香料、地毯、铜器、象牙以及稀奇古怪的高档奢侈品。《马可波罗行纪》描述：“大都城像是一个商品的大商场，世界上再没有城市能运进这些少见的宝货……凡是世界各地最有价值的东西也都会集中在这个城里，尤其是印度的商品，如宝石、珍珠、药材和香料。契丹和帝国其他地方，凡有值钱的东西也都要运到这里，以满足来京都经商而住在附近的商人的需要。这里出售的商品数量比其他任何地方都要多，因为仅马车和驴马运载生丝到这里的，每天就不下千次，我们使用的金丝织物和其他各种丝织物也在这里大量生产。都城附近有许多城墙围绕的市镇，这里的居民大多依靠京都为生，出售他们所生产的物品，来换取自己所需的东西。”[1]

四、明清时期的西城

明、清两朝的北京城是在元大都的基础上发展起来的，城址方位与城市格局大体保持原状。为了加强对北方的防卫，明朝初年

---

1 马可·波罗：《马可波罗行纪》，冯承钧译，中华书局，2004 年。

缩减了北城，将原在今健德桥至安贞桥一线的元大都北城墙南撤 5 里，缩回到今德胜门、安定门一线。明成祖决定迁都北京后，于永乐十七年（1419）将今长安街沿线的元大都南城垣向南推进 2 里，延伸到今宣武门、正阳门、崇文门一线，并将太庙和社稷坛南移到天安门城楼的左右两边。明中叶以后，正阳门外人口增多，为了防止外部侵扰，明世宗于嘉靖三十二年（1553）颁旨修筑北京外城。后因财力不足，仅完成了南部外城的扩建，使城市南缘扩展到今右安门—永定门—左安门一线。至此，古代北京城终成定局，整体略呈凸字形，总面积达 62.5 平方千米，当时的城市范围大致就是今北京二环以内地区。

元、明更替之际，大都虽遭战火荼毒，宫殿被毁，但城市未遭彻底废弃。明洪武元年（1368）八月，徐达统率明朝军队占领大都，改名北平。明初 50 年间四次营建、改建都城。在此过程中，城市有所继承，也有所发展，在元大都已有格局的基础上，先后经历了北墙南缩、南墙外拓、增筑外城三次重大变迁，由此奠定的城市轮廓与街巷格局被清代北京城全面沿袭。

与辽南京城、金中都城和元大都城相比，明北京城整体向南迁移，面积大增，城市布局更加合理，特别是突出了以紫禁城为坐标的中轴线布局，帝王威严得到了空前彰显。

明永乐年间营建北京时期，为使皇城布局具有足够空间，南城墙由今长安街一线向南扩展大约 2 里，城门名称仍然沿用元朝旧名，北京内城（北城）的轮廓由此被固定下来。永乐十八年（1420）宫阙告成，朝廷正式迁都北京。明英宗正统元年（1436）开始修建九门城楼，经四年完工，改称丽正门为正阳门、文明门为崇文门、顺承门为宣武门。同时又把东西城墙的齐化门与平则门分别改称为朝阳门与阜成门，九门名称遂定，保留至今。

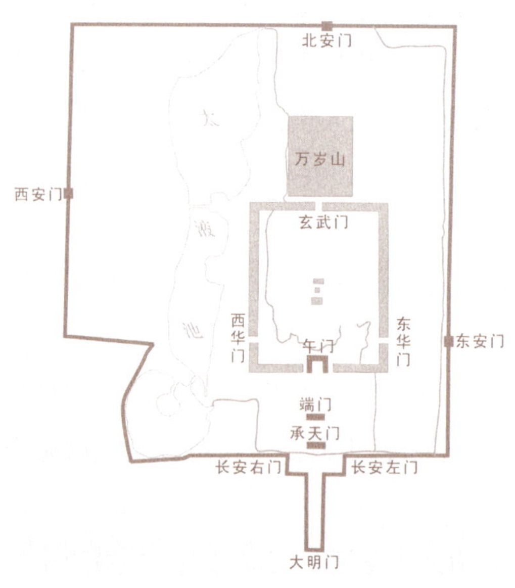

明北京城皇城宫城示意图

明朝中叶，由于蒙古部落骑兵多次南下，甚至迫近北京城郊进行扰掠，朝臣屡有加筑外郭城的建议。到嘉靖四十三年（1564），终于筑成包围南郊一面的外罗城。原议环绕京城四面，一律加筑外垣，后由于财力所限，只修成了正南一面，使得北京城在平面图上构成了一个特有的“凸”字形轮廓，城市空间进一步得到扩展。原北京城又被称为“内城”，新扩展的南城则被称为“外城”。北京城的建筑格局从此基本固定下来。

明朝北京城在永乐年间已经明确出现“五城”的概念，即中城、东城、西城、南城和北城。孙承泽《天府广记》记载：“京师之地分为五城……明洪武初，因元制置五城兵马指挥使司，设都指挥、副都指挥、知事，后改兵马指挥司，设指挥、副指挥，革知事，增吏目，选於吏部。永乐迁都北京，仍遵旧制。”[1]具体划分可见下表：

1 孙承泽：《天府广记》，北京古籍出版社，1984 年。

明代的“五城”

城	位置	所辖坊
中城	在正阳门里，皇城两边	南熏坊、澄清坊、明照坊、保大坊、仁寿坊、大时雍坊、小时雍坊、安富坊、积庆坊
东城	在崇文门里，街东往北，至城墙并东关外	明时坊、黄华坊、思城坊、南居贤坊、北居贤坊、朝阳东直关外、郑村坝
西城	在宣武门里，街西往北，至城墙并西关外	阜财坊、咸宜坊、鸣玉坊、日中坊、金城坊、河漕溪、朝天宫西、阜成西直关外
南城	在正阳、崇文、宣武三门外，新城内外	正东坊、正西坊、崇北坊、崇南坊、宣化坊、宣南坊、白纸坊
北城	在北安门至安定、德胜门里并北关外	教忠坊、崇教坊、昭回靖恭坊、灵春坊、金台坊、日忠坊、发祥坊、安定德胜关外

明代北京划分的五城是参考南京城而为之。其中“西城”的范围，按照《京师五城坊巷胡同集》的记载：“在宣武门里，街西往北，至城墙并西关外。”[1]也就是说，明代的西城是指北京内城的西部及关厢地区。

现今西皇城根东边的西什库大街，就是因明代皇宫内府的甲、乙、丙、丁、戊、承运、广惠、广积、广盈、赃罚10个仓库而得名，又因库址在皇城的西边，就称为西什库。这10个库中曾分别存放皇家御用的银珠、奏纸、纱绢、盔甲、水银、桐油、生漆、硫黄等物品。清末把南半部改为天主教堂，南邻的监国摄政王府到民国时期改为北平市政府办公用地，安排了工务局、卫生局、社会局

1 张爵：《京师五城坊巷胡同集》，北京古籍出版社，1982年，第11页。

及财政局等行政管理机构。在西什库南边不远处，还曾有一处明代专管宫廷里用柴用炭的衙门惜薪司，并留下了一条胡同，名为惜薪司胡同。清代曾在北长街设会计司衙门，专管皇庄地亩和征收钱粮等事项。在府右街路西，设有掌管御马和畜牧的衙门太仆寺。

在元末战乱的影响下，明初北京城内经济一度十分萧条。永乐年间迁都北京之后，随着明政权的稳固及迁都之后的一系列政治调控措施，北京城市的经济才又逐渐发展起来。明代中后期，北京城内呈现出“百货充溢，宝藏丰盈，服御鲜华，器用精巧，宫室壮丽”的繁荣景象。永乐迁都之后，外地货物除了可由水路经东边朝阳门进城，还可以经陆路由西北边从西便门进城，并集聚在今西直门及阜成门附近，由此造就了西四牌楼商业区的繁荣。永乐年间，在羊市路口，即今西四北大街和阜成门内大街的十字路口，每个路口修建四个牌楼：均为三间三楼式。由于之前在朝阳门内十字路口修建的四个牌楼被称为“东四牌楼”，因此此处称为“西四牌楼”。自此，阜成门大街出现了四牌楼这一重要的街景元素，西四牌楼也成为此区域的重要地标性建筑。

清代北京城市格局基本沿袭明代。不过与明代相比，清代初期对城内的居住制度以及人员流动等进行了更为严格的规定。至清代中后期，随着各种限制的逐渐放松，北京城内不同区域的人口流动性有了显著提升，东城、西城、南城、北城的概念被越来越多的人所认知。

清初定鼎北京以后，于顺治五年（1648）下令圈占北京内城，汉官、商人、平民等，除了投充八旗者及衙属内居住之官吏、寺庙中居住之僧道，尽迁外城，将满、蒙、汉八旗军民按照不同地域，分别安排在内城居住。同时，随着很多喇嘛寺庙的建立，不少藏族僧人也遍布西城区域，形成多民族聚居，对文化形态的影响非常深远。“自顺治元年，世祖章皇帝定鼎燕京，分列八旗，拱卫皇居。”[1]八旗的具体方位：镶黄旗居安定门内，正黄旗居德胜门内，并在北方；正白旗居东直门内，镶白旗居朝阳门内，并在东方；正红旗居西直门内，镶红旗居阜成门内，并在西方；正蓝旗居崇文门内，镶蓝旗居宣武门内，并在南方。其中，居住在今北京西城区域的主要是正红旗、镶红旗、正蓝旗和镶蓝旗。

清统治者基于保证八旗军队战斗力的考虑，对他们在内城的居址做了严格规定。《八旗通志》载：“都城之内，八旗居址，列于八方。”这里所说的“八方”，就是八旗各自的旗界。查慎行的《人海记》中：“八旗官兵内城分驻之地，国初各有地界。”[2]清初北京八旗各居一定区域，彼此不相混淆，首先应是基于对旗人自上而下严格管理和控制的需要。当时都统是各旗的最高长官，各旗均设有都统衙门，举凡军政、户籍、铨选、司法、婚娶丧葬、稽查不轨等事务，各有所司。八旗管理体制的完善与管理职能的正常履行，显然离不开同旗人的集中居住。

当时在北京内城，不仅八旗分布各有界址，在每个旗的地界之内，满、蒙、汉军旗间，乃至旗下各佐领人户，都有一定的居址规定。不过，尽管清统治者采取了一些措施，却难以维持旗人居址的长期稳定。经过顺治、康熙六七十年的光景，八旗间泾渭分明的居住界线已经逐步被打破，越来越多的民人涌入内城，造成了旗人与民人混居的局面。随着八旗官兵的居址由有序到无序，由聚居到散居，严密的组织不复存在，军纪也日益松弛。加之享乐游嬉之风渐染，骁勇善战的传统几近不复存在。八旗军队不堪一击，成为清朝

1《八旗通志》初集卷一。

2 查慎行：《人海记》，北京古籍出版社，1989 年，第 1 页。

统治衰朽的先声。

清朝处心积虑地制造旗民畛域，意在利用八旗官兵拱卫皇帝的宝座。但数十万八旗官兵携眷居住内城，职业仅限于当兵做官，不士、不工、不农、不商，衣食日用无不依赖民间，进一步强化了城市的消费性质。因此，尽管顺治初年已将汉人"尽归之外城"，却无法阻止从事商业贸易、手工业、服务业的汉人进入内城。这种交流的发展，最终成为内城旗界瓦解的一个重要因素。

不仅京师内城旗界瓦解，内外城之间的界限也逐渐被打破。清代北京以正阳门、宣武门、崇文门一线为界，北部被称作"内城"，南部称作"外城"。内城正南面不仅有明永乐年间迁都时已经建成的天坛和山川坛（今先农坛），也是都城居民的稠密居住地。特别是正阳门和宣武门外的关厢，有众多百姓在此居住。拓展南城后，这些百姓也就从城外转入城内。只是这些包入外城的居民区，大多是曲折狭小的街巷，并未经过统一规划，与内城街巷的井井有条相比，有较大差别。

清代北京外城是一个以汉人为主体，包括官僚士绅、商贾、匠人、手工业者等在内的社会各阶层的集中居住地。在其居住区域重新组合的过程中，可以清楚地看到居民等级的排列与不同文化圈的碰撞较内城更为鲜明和剧烈。夏仁虎《旧京琐记》曰："旧日，汉官非大臣有赐第或值枢廷者，皆居外城，多在宣武门外，土著富室则多在崇文门外，故有东富西贵之说。"[1]即北京外城东部多为原住士绅与富商大贾的住宅区，外城西部则为内城乔迁官僚住宅区。所谓京朝官"所居皆宣武门城南，衡守相望，曹务多暇，互相过从，流连觞咏"[2]。但这种组合到清末多少有些变化，清人震钧记载："京

1 夏仁虎：《旧京琐记》卷八。

2 杨寿枏：《觉花寮杂记》卷五。

师有谚云，东富西贵。盖贵人多住西城，而仓库皆在东城……而今则不尽然，盖富贵人多喜居东城。”[1]

清代北京城，有比较明显的区域功能。就内外城而言，处于政权中枢的满族人为了自身的政治利益，将普通汉族人全部逐出内城，包括朝廷大臣等高级官员在内的汉人只能居住在外城。内城与外城之间，以明代增筑北京城时原有的城墙和护城河相隔。内城的主要职能在政治与军事方面，八旗按区住、守，拱卫皇室。外城为内城及全城居民提供日常社会生活服务，主要职能表现在居住、容纳外来流动人口等经济、商业及社会服务方面，像煤市胡同、米市胡同、草场胡同、鲜鱼口、菜市口等地名所显示的那样，各个区域的社会经济功能各有偏重。

清代中后期，随着国家中枢治理能力的下降，对京师的管理也逐渐松弛，部分制度形同虚设，内外城的限制也逐渐消除。商贩是最先进入内城的群体，至少在康熙初中期，已有不少商贩进入内城从事买卖活动。成书于康熙二十三年（1684）的《金鳌退食笔记》描述：“紫禁城外，尽给居人……凡在昔时严肃禁密之地，担夫贩客皆得徘徊瞻眺于其下。”最初入城的以小商小贩为主，主要分布在城市西部。他们白天进城，走串于各旗人居住的街巷，挑担推车叫卖蔬果、烟酒，以及各种生活用品；到傍晚闭城前返还，歇宿于各关厢附近。随后逐渐发展为租宿旗人房舍，不再在外城、内城间往来奔波。既然商贩们可租房停留歇宿，那么进一步便可开铺设店了。

康熙五十二年（1713）的《万寿盛典图》描述了当时开设于内城的铺市。在今西城区域，仅西直门至西华门之间，就有杂货铺、

1 震钧：《天咫偶闻》卷十。

烟铺、药铺、香料铺、蜡烛铺、颜料油漆店、点心铺、酒店、菜局（即菜铺）、布店、洗染店、成衣局、钱庄、银局、首饰金店、古董店、当铺、大车店、刻字铺、木匠铺、箍桶铺、车铺、煤铺、熟皮铺、毡子铺、粮店、肉店、水果店、鞋店、棉丝店等各种行当的铺号。很多还标明了店号名称，如大兴号、泰和号、正元号、新丰号、天成号、广源号、正源号、广聚号、通裕号、仁德堂、萃生堂、杏仁堂、聚宝斋、胜兰斋、天宝斋、露香局、甘露局、华国楼等。除了坐商，沿街还有挑担、推车的小商贩。[1] 据此可知，此时西城区域商铺林立、旗民杂处，与清初禁卫森严的景象已有很大差异。

清代北京，由于内城和外城的居民身份不同，管理模式也不一样。外城范围相当于明代北京的南城。按明制，合京师内、外城，分中、东、西、南、北五城，“故前三门外俱谓之南城”。清制则是“内城自为五城，而外城亦各自为五城”。也就是说，内城与外城，其内部又分别划分出“五城”。其中，内城的“五城”按照东、西、南、北、中的方位排列；而外城“五城”的划分，并非完全依照方向，“正阳门街居中则为中城，街东则为南城、东城，街西则为北城、西城”。[2] 其中，南城和北城，与其他三城是并列的，而非一个在南，一个在北。

明清北京城的空间设计，奉行“左文右武”原则。北京西城历来与武有关。如明代的武定侯府邸、广宁伯府邸，清代的顺承郡王府、德公府等，都督府、刑部、三法司、太仆寺、京畿道御史衙门及济州卫、藤牌营、铁匠营等，均择址于西城。明代在西城设官府衙门众多，在今金融街区域，就曾设有巡察按院、提学察院、屯马察院等，分别留下了按院胡同、察院胡同、屯绢胡同等地名。明代

1 刘小萌：《清代北京旗人社会》，中国社会科学出版社，2008 年，第 84—89 页。

2《日下旧闻考》卷五十五。

为维护治安，在京城设有五城兵马司，其中的西城兵马司署即位于西四南大街以西。从明代起，每逢皇帝上朝或有重大庆典，仪仗中总爱用象征吉祥的大象。明弘治八年（1495）还在内城西南角太平湖旁僻静处修建了御用驯象房。该地由此得名象房街（即后来的象来街）。

五、民国时期的西城

近代以来，北京西城区域内发生过很多影响中华民族历史走向的重大事件。这里是戊戌变法的策源地，是民国初年总统府与国会的所在地，是近代北京的行政中心、金融中心、商业中心、教育中心，是北京走向近代化的重要引领力量。

1912 年 3 月 10 日，袁世凯在铁狮子胡同的陆军总部宣誓就职“中华民国大总统”，随后将“总统府”设在中南海的海晏堂，并更名为居仁堂，将南海南岸的宝月楼改造为门楼，对外开门，取名新华门。新华门前街道更名为府前街（今西长安街）。了解详情的陈宗蕃对此记述：“民国初元，袁项城任总统，即由铁狮子胡同陆军部署迁居西苑，于是而有总统府之称。时项城办公之室，在居仁堂，而以怀仁堂为延见外宾，举行典礼之所。秘书长办公室，则在丰泽园之崇雅堂。黎黄陂（黎元洪）卸湖北督军职入京，就副总统任，项城饰瀛台以居之，是为总统府最盛时代。民国八年，徐东海（徐树铮）入任总统，以曾为清室重臣，不敢僭居宫禁，乃与国务院互易其地，于是以春耦斋为总理之办公室，崇雅殿各处，均为院属各局办公之所。黄陂再起，乃复迁回。十二年国民军入京，曹总统（曹锟）被幽于延庆楼。段合肥执政，仍于陆军部旧署治事，于是而新华门以内，气象稍稍衰矣。十五年，班禅来京，居于瀛台。

20 世纪 20 年代的新华门

十六年，张作霖就大元帅之职，复居西苑。十七年，国军入都，乃改为公园。”[1]

1912 年 4 月，北京临时政府开始筹建国会建筑，当时，法律学堂东侧（即南沟沿路东、象房桥北的旧皇宫象房）为度支部，于宣统元年（1909）奏办，同年 9 月开学的财政学堂，被选定为众议院基址。后来，众议院东侧的胡同因此改名为“众议院夹道”，两院前的街道改名为“国会街”，沿用至今。[2]京都市政公所位于新华门对面偏东，是民国北京城新的管理机构。在北新华街北口的西边不远处、长安街路北，还有北洋政府的财政部和交通部。

当时新华门的东、西两侧已经打通了长安街，使其逐渐成为横

1 陈宗蕃：《燕都丛考》，北京古籍出版社，1991 年，第 110 页。

2 张复合：《北京近代建筑史》，清华大学出版社，2004 年，第 186 页。

贯京城中心区的新兴大道。长安街南面原有清真寺（1915 年拆毁）和一片贫穷不整的居民区，另有一条肮脏的排水沟，称为化石桥大沟。这一景观与“总统府”壮观的大门很不协调。于是在民国初年，便提出了一系列计划：在新华门的南部，拆除清真寺，修建临街高墙，填平排水沟，开辟新的城门洞，改造南城区，并以一条新辟的宽阔街道贯穿这一改造区，这就是新华街。

为改善北京的城市面貌、繁荣商业，京都市政公所于 1914 年选择宣武门外的香厂地区作为城市改造的示范区域，其地理位置虽然偏于外城西南，但仍然吸引了不少市民前来游览。对这一区域的改造，市政公所有着很高的期待，如“全市模范”“力求完备”“垂示模型”“有整齐划一之观”“具振刷日新之象”等。

香厂地区是民国初年京师改造的一个重点区域，经过 5 年时间，至 1918 年初步建成。其建设工程包括改建道路、疏浚沟渠、招租土地、振兴商业，加设现代设施（如安装电话、设立交通警亭），还特别在中心区修建了东方饭店和新世界商场两座新式大厦，最终将一个肮脏、衰败的旧街区打造成一个充满现代气息的新市区。从当时报刊的报道中，可以感受香厂地区的繁华。

新世界商场

香厂商业区开辟之后，1918 年相继建成了新世界和南城游乐园综合商场。新世界内设有女戏场、电影场、茶楼、京津杂耍场、说书场等；南城游乐园内设有剧场、文明戏场、电影场、魔术场等，还建有新明大戏院。《晨钟报》1918年4月5日刊登的《新世界演新艺术》中描述："新世界请欧洲独一无二的艺术大家克浪配君与美丽夫人合演惊人绝技，如平步刀梯、巧过刀桥、长针刺身。最新之催眠术、身上发火吸烟、玻璃屑上裸体柔术、三双台上大显身手、小犬演戏、离奇幻术等技艺。诚游戏场中特别异彩，自星期二起演一星期（即由旧历三月初六日起）每日四点起五点止，夜九点起十点止，门票照常不另加。"

香厂新区的繁华，必然调动起周围大街小巷的人流与活力。而在这些街巷中，新华街是北面最重要的干道。香厂地位的提升，无疑增强了南新华街的地位，二者的关联性也愈加明显。如果单独看香厂，它只是一个新型商业区，但因为与新华街的衔接关系，又成为带活新华街的一个重量级的城市单元。街道与城市单元相连接，形成高一级的城市单元。对于新华街来说，"北则与总统府新华门相值，南则直达香厂"，足够显赫了。从这个意义上说，北京西城对于近代北京的城市化进程起到了重要的引领作用。[1]

1928年6月8日，国民革命军进入北京，宣布废除京兆行政建制，改北京为北平，定为特别市，直属南京国民政府。今西城区位于内右、外右诸区界内。北平市政府建立之后，也选址在中南海内部。北京城从这时起，短暂失去都城的地位，不再是全国的政治中心，却仍然保留了全国文化中心的地位。

众多学校分布于此，为西城带来了浓厚的文化气息，其中也体现在北平图书馆的建设上。20世纪初，一批曾游历海外的有识之士力奏清政府兴办图书馆和学堂，传承民族文化，普及公共知识。

---

1 唐晓峰、张龙凤：《新华街：民国北京城改造个案述评》，《中国历史地理论丛》，2016年第3期。

北平图书馆

北平图书馆文津楼

1928年6月北伐军进入北京，南京国民政府大学院改“京师图书馆”为“国立北平图书馆”，迁至中海居仁堂。中华教育文化基金董事会主办的“北京图书馆”亦更名为“北平北海图书馆”。1929年8月，两馆合并，仍称为“国立北平图书馆”，接受中华教育文化基金会的资金支持，归国民政府教育部领导。1929年3月，国立北平图书馆在文津街开建新馆，1931年6月25日，举行新馆开馆典礼。这不仅是当时国内规模最大的图书馆，也是远东地区最先进的图书馆，与美国国会图书馆相比亦不逊色。

良好的文化氛围可以产生比较广泛的辐射作用，北海公园就因临近众多大学以及北平图书馆，“所以在清晨，时有大学教授等等名流雅士，手提文明杖，漫步在荷叶青青、藕花艳艳的海岸”[1]。相

1 水心：《北平的三大公园》，《大公报》，1933年7月25日第4版。

20 世纪 30 年代的北平图书馆大门

对于当时北京城其他公园的热闹，北海公园比较安静，作家高长虹在《北海漫写》中曾如此形容："平庸的游人们当然是最好到那平庸的中山公园去写意了！因为一切都是对的，所以三海留给诗人和艺术家以不少的清净。"谢冰莹也在《北平之恋》中描述北海的游客，"他们有的偕着女友，有的带着全家大小，有的邀集二三知己，安静地坐着，慢慢地喝着龙井香片，吃着北平特有的点心豌豆糕、蜜枣，或者油炸花生；他们的态度是那么清闲，心境是那么宁静。年轻的男女们，老喜欢驾一叶扁舟，漫游于北海之上"。

20 世纪 30 年代中期，清华大学的一位学生对北平东、南、西、北四城的繁荣程度，有一个具体描述：

> 大概所谓东城者，即指正阳门之北一带街市，如东、西交民巷，东长安街，王府井大街，东单及东四牌楼等。西城则指西长安街、西单及西四牌楼、宣武门大街一带。南城指正阳门附近及正阳门外一带街市。北城指地安门、鼓楼大街、安定门

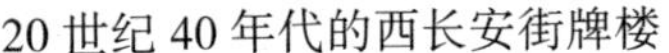

20世纪40年代的西长安街牌楼

北海公园泛舟

> 外一带之街市。各城之情形不同，如东城为北平市最繁荣之区域。各国商店汇聚于东交民巷，西交民巷亦为各大银行麇集之所，王府井大街、崇文门大街为中外饭店旅馆商店集中之地，形成北平市最热闹之地带。西城亦极热闹，但较东城略逊一筹耳，西单至西四绒线胡同宣内大街，商廛云集。北城以鼓楼大街一段为繁盛。南城以正阳门大街商店甚多，大街两侧之街巷，如廊房头二条又皆为巨贾营业之所，此区在民国初年时为北平市金融中心，现之金融中心已移至东城，前外已呈腐旧落伍之象，所有之娱乐场，如劝业场及天桥亦皆为下等娱乐场。[1]

正阳门大街东西两侧以及大栅栏是繁华的商业区，包括粮食、燃料、生鲜食品、衣料、鞋帽、百货、珠宝，以及典当、钱庄等在内的商业、金融服务设施林立，既面向北京内外城居民，也瞄准南来北往的商贩和行旅，每天流转着大量的金钱，吞吐无数商品。琉璃厂一带则集中了中国最大的书店和古董商店，是全国书籍、文具等文化商品的集散地，同时带动了大量容纳外地行旅和流动人口的

1　刘昌裔：《北平市电影业调查》，葛兆光主编：《学术薪火——三十年代清华大学人文社会学科毕业生论文选》，湖南教育出版社，1998年，第326—327页。

位于东交民巷核心区的六国饭店

旅馆、饭店以及娱乐业的兴起与繁荣。可以说，这片区域不仅是北京市的商业中心，也是华北区域的重要商品流通中心。

民国时期，北京西城出现了我国第一所由中国人自己修建的现代综合性西式医院——中央医院，在中国医疗史上具有划时代的意义。1907 年，医学博士伍连德应袁世凯的邀请回国，曾任天津帝国陆军军医学堂副监督、外交部医官、总统特医等职。1915 年，北洋政府财政总长周学熙和伍连德商议，计划拨出 10 万元在西山建五座肺结核病疗养院。伍连德认为，北京较完善的医院都是外国人所设，最需要的不是一个疗养院，而是一所现代化的医院，服务百姓和政府，同时也做推广医学的用途。伍连德的建议被采纳。1916 年 6 月，医院奠基开工。由于经费有限，伍连德决定先建主楼，再逐渐扩建。1917 年 12 月，医院主楼落成，为钢筋混凝土结构，坐北朝南，地上四层地下一层，平面呈蝴蝶状，背后有三个短翼。1918 年 1 月，中央医院正式开诊。同时，中央医院也是西四北头条街区中第一座近现代建筑，打破了原有街区格局和建筑尺度规律，展现出中西合璧的外观风格。自建成之日起至中华人民共和国成立，医院附近除平民中学和白塔寺外没有高层建筑，主楼具有非常开阔的视觉。

第二章

北京西城老城文化的孕育条件与发展阶段

北京西城老城文化的孕育离不开特定的历史条件，丰沛的水系为西城老城文化的形成奠定了良好的环境基础，自古以来多民族人口的迁移不断丰富着西城老城的文化内涵。伴随北京从一个位于边陲的军事重镇逐渐发展成为大一统王朝的政治中心，北京西城老城文化也逐渐走向成熟，形态趋于多元，内涵日益丰富，特征日益突显。从这个意义上说，北京城市地位的持续提升也是西城老城文化持续演变、升华的过程，可以说，西城老城文化与北京历史文化相互成就。

一、孕育条件

北京西城老城文化的孕育离不开北京整体的地理环境。北京坐落在华北平原的北缘，濒临渤海，是一座地处欧亚大陆东端的城市。在地形上，它背靠群山，连接着一望无垠的大地。它的西部是太行山余脉，“太行八陉”之一的居庸关就雄踞于此。居庸关是北京西北部的门户，也是通往内蒙古高原的天然通道。北部是燕山山脉的军都山，八达岭是其主峰。燕山从这里向东直抵渤海，构成了华北与东北的天然屏障。古北口雄踞于燕山中段，扼守着通往承德及东北地区的要冲，是京师的北大门。京西的东灵山是北京的最高山，海拔 2303 米，山峰险峻，谷深坡陡。北京西部和北部的群山在南口关沟处相交，形成了一个向东南方向展开的半圆形，称为“北京湾”。在其环绕下，北京小平原一马平川，向南连接着平畴万里的华北大平原。

丰沛水源是滋养北京西城老城文化的环境基础

水系是城市发展的生命线。世界上伟大的古代文明都无一例外地诞生于大河巨川之畔。尼罗河流域诞生了古埃及文明，恒河流域诞生了古印度文明，幼发拉底河及底格里斯河流域有古巴比伦文明，黄河、长江流域诞生了中华文明。每个城市、乡镇、人口聚落点都有自己的“母亲河”“母亲泉”，甚至“母亲井”。

历史上的北京城，河道纵横、水源充沛，共分布有大小河流 60 余条，比较重要的有永定河、潮白河、拒马河、温榆河（北运河）和蓟运河，合称“五大水系”。源于桑干河的永定河切穿西山的重峦叠嶂，流经北京西部，注入渤海；源出内蒙古高原的潮白河，切穿燕山的高山深谷，经北京东部注入海河，其形成的洪水冲积平原对北京湾的形成起到了至关重要的作用。可以说，永定河是北京城市文明发源的母亲河。永定河改道后，故道上形成了潜流和众多漫流，原始状态的漫流又汇成了莲花池、高梁河两大水系。这两大水系不但解决了蓟城的供水问题，也滋养了生态环境，塑造了北京西城老城文化的基本形态。

从自然地理位置上看，今北京西城的前身——蓟城，正好处在古代永定河洪水冲积扇脊背的一侧。这里地势平缓，土壤肥沃，水源丰沛，便于凿井汲水。蓟城曾为蓟国都城。公元前 7 世纪，燕并蓟而居，蓟城成为燕国的政治、经济、文化中心。此后经历了秦汉、魏晋、南北朝、隋唐等历史阶段，一直到金朝在此建立都城，莲花池水系（古称“西湖”）的清流源源引入蓟城城区，是蓟城供水系统的主脉。三国时期魏国文豪曹植在《艳歌行》中曾描述当时蓟城北部的田园风光：“出自蓟北门，遥望湖池桑，枝枝自相依，叶叶自相当。”如果说古代北京是华北平原上的水乡，蓟城则是华北平原上的水城，充沛的水源自城边缓缓流过，带来了生命的灵韵。

隋唐时期的蓟城，在当时北方的军事地位更加突出，城市的交通枢纽及物流集散功能也大大增强。隋炀帝大业四年（608），在黄河以北开凿了自洛阳北通涿郡（今北京）的运河，史称永济渠，将中原地区的大量物资运抵蓟城（当时改称涿郡），目的就是通过漕运将大量的物资和军队调集于此，以平定辽东的叛乱。永济渠的开通，强化了中央政府与幽州的联系，对北京城的历史走向产生了深远影响。

金海陵王完颜亮迁入燕京，仿北宋都城开封扩建北京城，并改称中都。金朝积极利用中都城郊的水源打造行宫别苑。位于高梁河水系的白莲潭水域成为“北宫”——大宁宫的选址，在此基础上，进一步扩大湖面，浚湖筑岛，用开挖湖泊的土石堆筑了日后被称为“琼华岛”与“瀛洲”（或称“圆坻”）的两个岛屿，形成了集亭台楼阁、湖光山色为一体的宫殿园林区（今北海公园为其部分遗址）。

著名学者侯仁之先生曾指出：“从中都旧城迁移到大都新城，实际上也就是把城址从莲花池水系迁移到高梁河水系上来。”[1] 忽必烈在金中都故城北垣营建大都新城，因素很多，其中之一便是当时

1 侯仁之：《历史地理学的理论与实践》，上海人民出版社，1984 年，第 164 页。

远眺北海五龙亭

莲花池水系的供水量已难于满足都城发展的需要。而高梁河水系的流量可以承担起大部分新城的用水需求，同时，玉泉山、西山诸水也可引入城内，再加上靠近昌平白浮神山泉、北沙河、东沙河等诸多水源，有效保障了超级大都市的生活用水，故形成了有元一代“南北二城”的格局。

元世祖至元二十九年（1292），都水监郭守敬主持开凿通惠河，截温榆河源头泉水，循西山山麓注入瓮山泊（今昆明湖），穿过城南后东流到今通州，由此汇入白河。这道河渠全长160余里，分置坝闸20座，漕运船只可直达大都城内的积水潭。

元代大都城水系的变化塑造了北京西城老城的文化风貌。受忽必烈之命，刘秉忠依据积水潭（当时的海子）东西之距，确定元大都的中心和半径。郭守敬在开凿通惠河以后，将积水潭、太液池及漕运渠道划于都城之内，并在现在的什刹海及其周边地区形成了当时物流转运、贸易往来、欢聚宴乐的繁华中心区。从此，江南的漕粮、茶叶、蔗糖、棉布、丝绸、竹漆等源源而至。什刹海是大运河北端的终点，其与运河、“海上”相连，成为元大都的漕运码头和外部交通之枢纽，是大都的繁华胜地，亦是其生存、繁华的生命线。元人黄文仲的《大都赋》对什刹海的盛景如此描述：“扬波之橹，多于东溟之鱼。驰风之樯，繁于南山之笋。”[1] 滨水鼓楼斜街上

1 陈元龙编：《历代赋汇》，江苏古籍出版社、上海书店，1987年，第150页。

商贾云集，南北、胡汉、中外之人聚于一衢，新奇之货集于一市。商业的发展为文化的繁荣创造了条件。斜街上勾栏、瓦肆、茶楼、酒舍招幌相接，笙、管、笛、箫相和相闻，唱出了阳春白雪，也唱出了下里巴人。

元代，大都城中的人们迎送亲朋、南来北往之人登船或上岸皆在什刹海。诗人杨载的《送人》中即有“金沟河上始通流，海子桥边系客舟”的描述。该文虽是描写人们在送友离别时的心情，也提到了海子桥这一人文景观。元代画家和诗人王冕所作的《送人上燕》写道：“燕山三月风和柔，海子酒船如画楼。丈夫固有四方志，壮年须作京华游。”身处江南的王冕在诗中描画出对什刹海景观的想象：大都以燕山为靠，城中海子画舫如织，友人将在那里登岸，游历当时世界上最宏伟的都城。

历史发展至明代，由于大运河终点在东便门外的大通桥下，城市商业中心也相应地从积水潭码头向东南转移。积水潭附近樯橹连云的盛况和碧波万顷的水境不再，开始由喧闹的商市转变为居住区。什刹海、南太平湖等河湖水域周边增加了诸多王府、寺庙、宅第和歌楼等设施，王公贵族和文人学士在此聚集，赏景、论学、集会，成为各个社会阶层活动的大舞台，留下了无数有形的和无形的文化印迹，包括园林建筑、民俗风情、文学艺术等。具有代表性的有茶陵诗派李东阳的“西涯”咏怀、公安派袁氏三兄弟的士人结社、进士米万钟的漫园营建和游园集会等。

水乡胜境，人之所趋。半日之游、长年定居，皆怡皆宜。官僚显贵在三海之滨营建宅邸。儒、释、道三家“智者乐水”，必然环水而居，同聚于此。这一精英群体的思想观念、审美品位、生活方式、日常举止对周边人们的社会生活具有重要的引领与示范作用，对北京西城老城的文化氛围产生了重要影响。什刹海地区由元代的商业区演变为明代的文化区，系形势之使然，水文化之使然，时代之使然。

随着北京城址的逐渐迁移，城市主要水脉也从莲花河水系迁到高梁河水系，并开拓西山水源加以补充，将玉泉山水，经积水潭、什刹海，引入北海、中海，逐渐演变成“玉泉—六海”水系，构成了北京城完整的水系格局并延续至今。

所谓“六海”，是指明代利用高梁河水系加以拓展而形成的六块水域。明朝在修筑皇城时，将积水潭的南部水域揽入城内，又加筑南海，形成了北海、中海、南海，被称为“内三海”；皇城以外的水域则称为“外三海”，即今“什刹海”（前海、后海、西海）。清《宸垣识略》载：“元时既开通惠河，运船直至积水潭。自明改筑京城，与运河截而为二，潭之宽广，已非旧观。今指近德胜者为积水潭，稍东南为十刹海，又东南为莲花泡子，其实一水也。”[1]其中积水潭、十（什）刹海和莲花泡子，即分别指西海、后海和前海。明沈德符《万历野获编》称：“（京城）惟城西北净业寺侧有前后两湖，最宜开径。”[2]

“六海”水域全部位于北京西城腹地，奠定了北京800年帝都历史的重要水源基础。作为明、清北京都城规划的重要坐标，“六海”为城市生活增添了巨大活力。正是这些水域，优化了本地生态环境，改变了人们的生产和生活方式，进而影响了元代以来北京都城文化的整体走向。

清代以玉泉山水为源头，汇聚西山诸水积聚昆明湖，通过长河河道连接高梁河、积水潭以及北、中、南三海，再注入三层护城河

1 吴长元辑：《宸垣识略》，北京古籍出版社，1983年，第150页
2 沈德符：《万历野获编》，中华书局，1959年，第609页。

系统及内外金水河，最后沿通惠河流出城外。这一水脉与“凸”字形的城市空间格局动静呼应、相得益彰，给方正、严谨、沉稳的北京城带来了隽秀、灵动、飘逸的气质和品格，给大气、厚重的北京文化带来了自然、清新的生机与活力。这些特征集中展现在今西城区域，从而确立了西城在北京的核心地位，成就了其无可取代的文化价值。

政治变革塑造北京西城老城文化核心取向

北京位于华北平原北端，素以地势“险固”著称，战略地位十分突出，是兵家必争之地。从地理空间上考察，相对于拥有广阔腹地的中原地区，历史上北京偏于北陲，立国于胡汉交处之区，虽系武王所封，却不可能原原本本实行西周的典章制度；从位置上来说，蓟燕之地与中原比邻而居，且“中无险阻”，但从文化角度来说，两地存在较大差异，传统儒家文化与礼仪在此影响不大，汉武帝曾如此感叹：“生子应置于齐鲁之地，以感化其礼义；放在燕赵之地，果生争权之心。”这是他厌恶第三子——燕王刘旦时的感言，认为燕赵之地，尚未被礼义感化。

西周时“学在官府”；春秋时“礼崩乐坏”，学术下移；战国时“士”阶层崛起，成为文化主体，以七尺之躯承载着儒、道、墨、法、兵、纵横诸家之道、之术，展开百家争鸣。燕国多方士，并曾妄言有“不死药、成仙术”。这也和蓟燕的地理位置有关，由于其东临渤海、北接朔漠，浩浩沧海之上、茫茫大漠之中，均有海市蜃楼的奇观。这种“仙境”成为世人有缘目睹的“现实”。可望而不可即、可见而不可求的景观，为“神仙”说提供了依据，使方士的理论有了对号入座的市场。所以许多古代著名的方士，如宋毋忌、正伯齐、羡门高等皆出自燕地。齐国的邹衍提倡阴阳五行学说，来到燕国受到燕昭王的重视，很快就发展起来。其结果，则是燕地的方术之士大行其道，成为显学。此后秦始皇东巡，造成“焚书坑儒”，在一定程度上就是受到燕地方士的影响，并延续到汉代。

先秦时，为了满足边防需要，燕国的武器制造十分发达。考古工作者在燕下都遗址曾发现了铁胄和铁甲片等铁质兵器，将之和《考工记》的记载相结合，不仅说明燕地兵器制造的发达，还可知当时燕地民间武器制造也十分普遍。幽燕民众尚武，也皆因边防需要。

战国燕昭王时期，燕国国力大大增强，“位列七雄，其地足以王”。经济、政治、军事上足以立国，文化上自然有其形成、发展的基础。蓟城不仅为燕地政治、经济与文化中心，也是南北各民族文化交融与商业贸易的中心。地理位置临沧海而接大漠，颇能激发人的进取精神和冒险精神；燕昭王具有开拓意识；燕国的经济、人口、文化均系多元；又有召士、养士、用士、尊士的传统，士也颇能为燕所用，前有乐毅不谋燕，后有荆轲不惧死。在此基础之上形成了包容、进取，刚毅、淳厚的文化传统。

秦国崛起，攻灭六国，燕国是仅次于齐国、倒数第二个被秦灭亡的国家。秦始皇统一六国之后，分天下为三十六郡。而“诸侯初破，燕、齐、荆地远”，为了加强对新征服地区的统治，秦王朝急切需要构建交通路网以巩固统一。这一时期，北边建有邯郸广阳道，通达燕赵地区；又因长城施工与抵御北方匈奴游牧部落的需要，沿长城出现了横贯东西的交通大道。蓟城成为长城沿线的军事重塞，扼守着华北平原的北部门户，既是从中原地区沿着太行山东麓交通大道北上，穿过居庸关、山海关等燕山孔道与塞外来往的交通枢纽，也是中原政权经略北方的基地、防御游牧部族内侵的军事重镇，主要控制北方草原的匈奴部落和东北一带的其他民族部落

（如乌桓、鲜卑等）。这些民族经常往来于蓟城及其周边地区，使蓟城逐渐成为各民族之间相互融合的一处重要场所。这也奠定了北京西城老城多元文化的重要基础。

蓟城北临燕山，西靠太行，南接中原，属于边境之地，西汉时期常受到北边民族南下侵扰的威胁。《史记·货殖列传》称："夫燕（蓟城）亦勃碣之间一都会也。南通齐赵，东北边胡。"这种地理位置决定了它在历史上所扮演的角色，除了作为一方都会，或作为中原王朝经略东北的军事重镇，或作为北方民族南进的基地。交通条件是支撑都会地位的重要因素，如果不具备交通枢纽的职能，则难当"都会"之名。

秦汉时的蓟燕文化风格带有浓重的军事化特征。这一特征之由来，则与其战略地位密不可分。出于国防的需要，两汉政府在此一方屯兵驻防，"作为民族英华的青壮年军人，和作为农耕成就的精良粟米，都曾经以空前的规模向北边区集中"[1]。同时，政府又在这里制造武器，设置武库，将之作为出击入侵者的基地。作为军事冲突和军事活动后方主要地区之一，幽燕民众在备受战争之苦的同时，军事文化的氛围对其也产生了深远影响。那些因建军功而一夜之间改变命运的普通军人的事迹，大大激发了人们入伍、参战的热情，对幽燕民间尚武风习和"轻疾"之风的流行具有助推作用。

三国、魏晋、南北朝时期，中原动荡，战争频仍，幽燕地区更是悲苦雄阔的大战场。后赵、前燕、前秦等政权，先后占有幽州地区，在互相攻战中，官学、私学俱废，社会文化、教育陷入低潮。而据有幽州的少数民族政权，大多能和汉族豪门世家进行合作，致使幽州文化在北方处于领先地位。不管是否到过幽燕，边地、征

1 王子今：《秦汉区域文化研究》，四川人民出版社，1998 年，第 145 页。

人、游子、侠者、剑客、思妇等文学形象均成为对幽燕地区文学想象和文化憧憬的重点。北魏统一北方长达一个多世纪，魏文帝旨在“汉化”改革，使幽州文化教育事业得到了恢复和发展，卢玄、高闾、郦道元、平恒、梁祚等人均成为名显一时的巨子，幽州也逐渐成为北方的文化教育中心。

隋唐时期的幽州城处于中国农业文化与游牧文化交接、过渡、转换期，使得这一地区的经济、社会、文化和民族构成呈现多元化的特点。辽、金时期，北京地区相继脱离了中原王朝的疆域，逐渐发展成为北方游牧民族王朝的都城。在文化形态方面，北京受到契丹文化的进一步浸染，又始终保持着中原儒家文化的韵味。位于辽南京核心之地的西城区域在本地传统农业文化基础之上，也伴随着新的文化元素的传入，呈现出农耕文化与游牧文化二元并存、互融互通的局面。辽太宗耶律德光时期，在城市东北郊的小岛“瑶屿”（今北海琼岛的前身）上建“瑶屿行宫”，这是西城出现皇家园林的开始。此后，西城北部因水土俱佳逐渐成为重要的宫苑之地，其文化中也不断添加渗入皇家文化元素并日益浓厚，并由此派生出众多内容。

元代建立之后，大都成为全国的统治中心，文化发展出现一个大飞跃。作为长期生活在游牧文化环境中的元朝帝王，在遵行农耕文化主题的情况下，又特别显示出对游牧文化的眷恋之情。因此，在他们的主要生活区域内，展示出与农耕文化截然不同的游牧文化风格。元代大都城里有一个非常重要的文化现象，就是由频繁的民族融合带来的深度文化融合。中原地区的农耕文化、北方草原的游牧文化、流行于西域的伊斯兰文化，以及盛行于欧洲和西亚的基督教文化，在这里相互交流与融合，这一现象在北京西城区域表现得最为明显。

明清时期，西城相继出现了大量的王府、名人故居、会馆、戏院，历代帝王庙和民间的城隍庙，外来的教堂南堂、北堂、西堂以及牛街礼拜寺等，直接或间接地为文化的交流和传播提供了场所和机遇，进而对全国乃至世界的文化发展都产生了不同程度的影响。此时，西城文化形态呈现出非常鲜明的皇家文化特征，并与东城一起，构成了都城文化的中心。

民族融合丰富北京西城老城文化的基本内容

北京位于内蒙古草原、东北平原及黄土高原等几大地理单元的交接地带，处于农业文化与游牧文化衔接过渡的特殊区位，是历史上经受各种民族文化冲突、融合最为剧烈的地区。这种地理特征使其社会文化呈现出北方各少数民族文化与中原文化密切交流融合、非常多元的文化形态。

北京特殊的地理位置导致民族间的纷争与交融成为本地区历史发展的主线。当中原王朝统一、强盛时，这里是繁荣的军事重镇和民族交往中心；当中原王朝内乱、衰落之际，这里就成为北方少数民族政权入侵中原的通道和踏板。但不论哪种状况，北京都是民族交流、文化融合的舞台。从早期的山戎、匈奴、乌桓、鲜卑，到隋唐五代时的突厥、靺鞨，再到辽代的契丹、金朝的女真以及后来的蒙古等，都从这里打马走过并逐步发展、兴盛。也正因如此，不同民族的文化元素在这里慢慢积累、融合、沉淀到北京的文化基因之中。北京西城作为元代以来国都的核心之地，受此影响非常明显。

两汉时期，北方少数民族政权频繁侵扰边关。由于边患，边疆郡国在国家安全中的地位自然大别于内地，其军事意义亦因此不同一般。有了良好的武器、军需物资和驻军基础，两汉中央政权对北方少数民族进行军事打击的行动多以幽蓟为基地展开，其军事地位

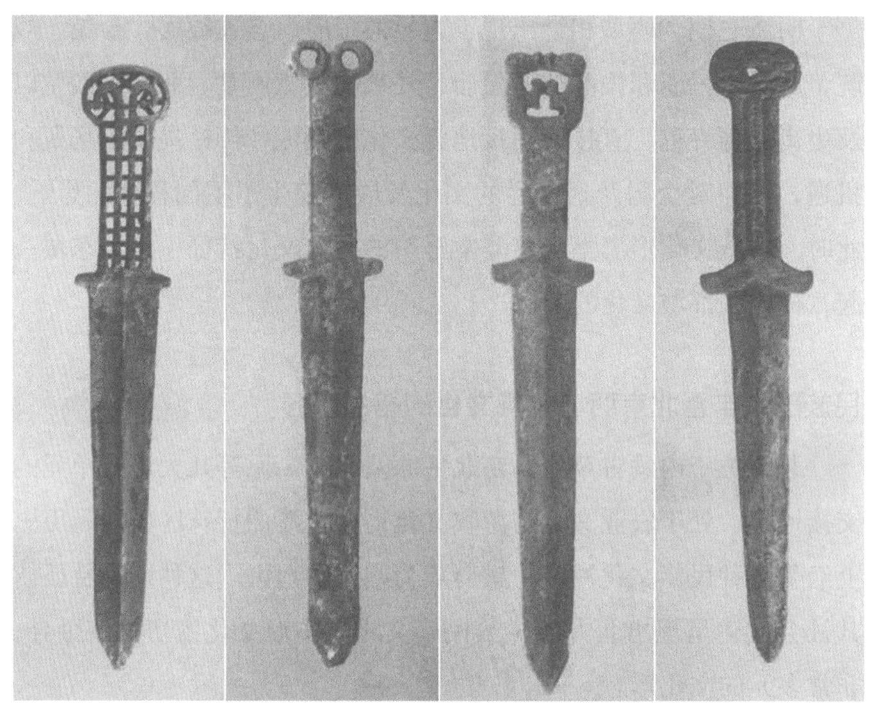

山戎文化短剑

十分突显。

作为一方都会的幽州城及其辐射的邻近区域，在中原农业文化与北方游牧文化长期对峙、交往、碰撞、融合的过程中，社会风尚不断发生变化。春秋时期其东为孤竹，东北是肃慎，北为山戎；战国时期，北有东胡、山戎，东有濊貊、肃慎，西北与匈奴为邻，西南有白狄建立的中山国；秦汉时，北、东北为匈奴、乌桓、鲜卑等；魏晋、五胡十六国时期，活跃于此的少数民族有鲜卑、羌、氐、柔然、契丹、库莫奚、突厥等。正由于幽州城长期处于汉族政权与北方善战民族的争战之中，使其形成了勇武任侠的区域特色和尚武传统。《汉书·地理志》称“其俗愚悍少虑，轻薄无威，亦有所长，敢于急人，燕丹遗风也”，古称“燕、赵自古多慷慨悲歌之士”。《隋书·地理志》述及各地风俗时称：“离石、雁门、马邑、定襄、楼烦、涿郡、上谷、渔阳、北平、安乐、辽西皆连接边郡，习尚与太原同俗，故自古言勇侠者，皆推幽、并云。”从《史记》《汉书》《隋书》的记载来看，幽州社会风俗中蕴含着久远的“尚武”传统，具有鲜明的区域特色。

从先秦始，燕地就是“外迫蛮貉”；两汉时期，燕代“无北边郡”。地处两汉北方边陲的幽燕，西北方和北方为匈奴，东北为乌桓等以游牧为主的少数民族。在游牧民族看来，可以用流血的方式获取的东西，如果以流汗的方式得之，就是“文弱无能”。因此，受游牧经济和生活方式的影响，幽燕文化又具有流动迁徙、勇武剽悍等显著特征。如《史记·匈奴列传》载，匈奴“儿能骑羊，引弓射鸟鼠；少长则射狐兔：用为食。士力能弓，尽为甲骑。其俗，宽则随畜，因射猎禽兽为生业，急则人习战攻以侵伐，其天性也”；《汉书·韩安国传》称，“匈奴，轻疾悍亟之兵也，至如风，去如收电”；《后汉书·乌桓鲜卑列传》云，乌桓“男子能作弓矢鞍勒，锻金铁为兵器”；等等，无不显示了游牧民族“剽疾”“尚武”的文化特色。因此，受游牧文化和生活方式的影响，蓟城也自然而然融合了勇武剽悍等因素。当时北边一带，常有军队驻扎以御外族，文化风格带有浓重的军事化特征，蓟城当然也不例外。

两汉时期，受当时气候变化、利益驱使和文化差异等多重因素的影响，勇悍、剽疾、尚武的匈奴和乌桓等北方少数民族政权对两汉周边地区发动了十余次大规模战争。这对当地生产和民众生活造成了极大的负面影响，导致人口频繁迁徙。不过，事有两面，战争在促进缘边地区与少数民族的文化交往方面，也起到了一定的推动作用——地处边疆地区的幽燕民众的尚武等社会风习，就是在与北方少数民族的长期战争中逐渐形成的。

人是文化的载体，一定规模数量的人口迁移势必会带来文化的传播与交融。隋唐五代是边疆民族内迁的重要时期，幽州在安史之乱前是突厥、契丹等族以及中亚胡人的重要迁入地，幽州城相当一部分居民是少数民族。幽州社会风尚的变迁正是异族风貌与幽州原有文化的融合。

这些少数民族与北魏不同，他们不是以征服者，而是以依附者的身份进驻，所以他们对当地社会风貌的影响有赖于唐王朝对他们的态度。从时间来看，少数民族大量入驻幽州是在武后及玄宗时期，到安史之乱前，唐王朝一直对异族、异域文化采取兼容并蓄的政策，认同和吸收异族、异域文化是当时社会的普遍行为，所以少数民族的一些风俗习尚在幽州得以广泛传播。如源于西蕃、流行于北方各游牧民族之间的“马上波罗球戏”在幽州非常盛行，在当时幽州节度使的衙府后面，就设有一处著名的球场。集聚于幽州的诸多民族虽背景各有不同，但游牧民族的劲悍刚勇之气是其共同的显著特征。这种特质与幽州原有尚武之风的传统组合再塑，形成一种新的社会风尚，进而成为幽州的主流社会风尚，使原有的崇儒之风逐渐衰弱。居于幽州的各少数民族，或部落合居，或个别杂处，因劲悍善战，相当一部分人得以进入军队供职。边地之需使得幽州地位日益重要，才能够吸收、容纳大量的少数民族。

安禄山成为节度使之后，更助长了胡风的盛行。《安禄山事迹》载：“每商（胡商）至，则禄山胡服坐重床，烧香列珍宝，令百胡侍左右。群胡罗拜于下，邀福于天。禄山盛陈牲牢，诸巫击鼓歌舞，至暮而散。”安禄山用这种独特的胡族宗教仪式来笼络胡商，在安禄山成为幽州节度使之后，胡族的风俗信仰在当地流传得更为广泛。胡风盛行的同时，则是朝廷礼仪的淡漠和儒学的衰微。

每当少数民族政权以北京为都时，都伴随有不同规模的军事移民行动。公元 350 年，前燕慕容氏带兵攻入蓟城后着手准备迁都至蓟，将慕容氏宗室贵族等由龙城迁到蓟城，又徙“鲜卑三千余户于蓟”。唐高祖初年，靺鞨族归附唐朝，有千余户迁入幽州城；唐太宗打败突厥，又有一部分人迁入幽州城；唐太宗、高宗时约有数千高句丽人和新罗人迁居幽州城。唐玄宗时，安禄山任范阳节度使，为准备叛乱，先后招进同罗、契丹、回纥、吐谷浑等数以万计的少数民族将士。

唐代的幽州地区是汉、奚、突厥、契丹、靺鞨、室韦、高句丽、新罗、回纥、吐谷浑等各族人民共同劳动和生活的地方。这些少数民族互相杂居，文化相互渗透。中原文化极大影响了幽州地区的少数民族文化，各少数民族的特色文化也深刻地影响了唐代的中原文化。这种多民族间的交流与融合必然在幽州的中心区域得到非常集中的体现，并形成独特的地域特色和文化气息，进而为后来中国政治中心的东移奠定物质和文化基础。

会同元年（938），契丹统治者升幽州为辽国陪都，时有契丹官吏、士兵，及奚、渤海、室韦、女真等族士兵和民众迁到此地。金贞元元年（1153），金主完颜亮将都城由会宁府迁到中都时，强令宗室大族居家老幼内迁。公元 13 世纪，有大批蒙古族官吏、士兵及中亚、波斯、阿拉伯人定居大都和近畿地区。明朝永乐迁都北京之后，为了“实京师”，从长江流域、黄河流域迁来了大量人口，移民政策延续了百年之久。从文化角度来讲，长江与黄河在北京地区“拥抱”并形成了明王朝的京师文化。清朝定鼎北京时，仅居住在内城的满、蒙、汉八旗人口就达 32 万人，带来了以八旗文化为主体的关东文化。在政治、军事力量的强制之下，西城迁入与迁出的人口数量众多。强制性的人口巨变，必然产生文化上的碰撞，也必然导致不同民族文化更加深入地融合。

民族融合主要是文化上的融合。先秦时期，燕地“边胡”，其俗浸染胡风。蓟城北部有“逐水草迁徙”的山戎，其活动区域到达燕山一带。从秦汉到隋唐的几百年间，中原大地曾经出现过一次大规模的民族融合过程，史称“五胡乱华”。十六国及北朝时期，相继有匈奴、鲜卑、羯、羌等多个民族以此地为治所。五代时期，沙陀人又在北京连续建立起后唐、后晋、后汉三个政权。西城历史上的居民始终以汉族为主体，同时也有乌桓、鲜卑、突厥等其他民族。在北方的长期内乱中，北京西城始终处于历史文明碰撞的旋涡中心，将中华文化的多民族因素卷入其中。频繁的大迁徙造成了各民族大杂居、大融合，不同民族的文化为西城地区注入了新鲜血液。

辽代实行“一区两制”，在南京城（今北京城），官员穿“汉服”，行“汉法”，遵行中原的农耕文化；而在辽上京（今内蒙古赤峰境内），实行的是契丹旧俗，穿“国服”（即契丹族服饰），行“旧法”，保留草原的游牧文化。胡、汉共存、共处。共处之中互相影响，产生了“汉化”与“胡化”。但有一点需要强调，辽廷虽为契丹族主导，注重保持其固有的民族习俗，却始终把黄帝、炎帝视为本民族的祖先，在文化上也追求并践行“学唐比宋”的方针。这一点尤其表现在以中原文化命名和规划城市方面。在辽朝设置的五个京城中，以南京析津府最大，其城址即在今北京西城区域。

辽朝末年，东北女真族崛起，建立金朝，占领辽南京，改称燕京，作为进一步攻灭宋朝的军事大本营。此时，不少女真族官员和民众到燕京定居。金海陵王夺得皇权、扩建金中都城之后，又把一大批生活在东北地区的女真族民众强行迁居到此。金中都城不仅依然保留了方形城的形态，其规制也效仿北宋都城汴梁，坊制、皇城、宫城亦效仿汉制。也就是说，金中都城的修建，是女真进入中原接受并遵从汉文化的标志。金末，中都大量人口随之迁移到开封。元灭金后，大量蒙古族、西域民众迁入燕京，开始了更大规模的民族融合。

历史上的北京地区人口迁移，早期主要是中原王朝的“戍边”“实边”“内迁”“内附”等。辽、金、元三朝，系燕山北麓的草原文化与燕山南麓的平原文化大融合的时期，亦是西域色目文化源源东来的时期。塞北的草原文化、西域的色目文化均有政治、军事力量为凭借，其风俗很快就占有一席之地。尤其是“草原骑士”的强悍、武勇、豪爽之气，在西城产生了深远的影响。

元朝是蒙古人建立的王朝，元灭宋后，迁大量江南人口于大都。从元大都规划建设开始，这里即出现了许多新面孔，有来自各地的政府官员、有少数民族军卫中的士兵，以及来自各地的工匠和演艺人员，还有许多来自域外的商人和传教士（包括伊斯兰教和基督教）。这些人的到来，给大都的城市发展带来了新的活力，位于大都核心区的西城区域也借此成为多元文化的会聚之地。蒙古统治者基本上沿用汉族的政治制度，尊崇儒家思想，许多迁入大都的蒙古人和色目人与汉族通婚，学习汉文化。与汉人通婚，加速了蒙古人和色目人的汉化，同时也提高了他们的文化水平。

尼泊尔人阿尼哥设计的妙应寺白塔

明代初年，由于暂时失去了全国政治中心的地位，北京城市规模遭到压缩，城市人口削减，经济萧条。几十年后，燕王朱棣夺得皇权，再次定鼎北京，才使这座城市恢复昔日的繁华。大量江南富民被迁入北京，即历史上的“实京师”，今宣南地区、什刹海地区的南方人口尤为集中，南方民俗在此非常流行，水乡风情对北京西城老城文化形态影响很大。

明末八旗兵挥戈进关，其中有十余万人携眷留守北京，号称“京旗”。有清一代的200多年里，满族帝王率领满、蒙、汉军八旗子弟进占北京，使城市人口结构发生了巨大变化，旗、民分城居住导致整个北京的文化出现了内外城之间的差异。西城北部是八旗右翼四旗驻地，其民俗属旗风、旗韵。清代后期，京师内外城的文化差异逐渐淡化。同时，西洋元素的不断渗入对北京西城文化面貌的影响不容低估。

北京西城老城文化发展至清代，形成一种满汉交融、古今结合、中西合璧、京都文化与地方文化高度融合的综合文化形态。满族是一个善骑射，兼耕种的有着独特优势的游牧民族，他们定都北京后对博大精深的汉族文化仰慕不已，满汉文化在冲突碰撞和交融结合中构筑了具有满、汉风情的北京审美文化形态。民俗文化也显现出满汉交融的特点，带有满族文化特色的曲艺，如八旗子弟书、太平鼓，在京师民间盛行起来。其中八旗子弟书是满族子弟娴熟地运用汉语进行艺术创作的结果，子弟书以中原戏剧、曲艺通用的十三辙为韵，韵语中又往往掺杂了一些北京方言、俚语，兼有少量的满族词语，满汉风味十足。满族人喜爱的骑马、围猎、冰嬉、放鹰也逐渐成为西城人喜爱的娱乐活动。

通过对北京西城老城文化的系统考察可以发现，历史上的长期动荡与人口迁移造就了这一地域文化的包容性，特别是在融入契丹、女真、蒙古族、满族等多个民族的文化元素之后，北京西城已成为各民族文化交流融合乃至接受外来文化的中心。北京自辽代以来，除了明王朝为汉人建立，其他王朝的统治者多为北方少数民族。经宋、辽、金、元的政权对峙与宋、元、明、清的朝代更迭，北京的地位不断上升，最终由少数民族政权的陪都演变为大一统王朝的政治与文化中心。从总的趋势上讲，战国至隋唐，是农耕文化北上；辽、金、元三朝是游牧文化借助草原铁骑越长城而南下，形成了草原游牧文化与平原农耕文化融合的高峰。

二、发展阶段

北京西城老城文化的形成和发展经历了漫长的历史过程，在不同的阶段呈现出鲜明的时代面貌与特征，下面按照时间顺序从地理、政治、经济等多个视角进行综合阐述。

先秦至两汉——苦寒时代

西周初期，周武王分封召公的子孙建立燕国，从而带来了几千里地之外的周文化。今天在房山琉璃河商周遗址中出土的大量燕国文物，就体现了当时周代的文化风格。此后，燕国不断发展，攻灭蓟国，而燕国代表的周朝文化则与蓟地文化相融合，从而形成了幽蓟文化。

幽蓟文化的形成是由战争及北方民族大融合的历史所决定的，“慷慨悲歌、尚气任侠”是其主要特征。“慷慨”即意气风发，情绪激昂，“悲歌”即悲壮、苍凉，慷慨悲歌是一种精神风貌，是大义凛然的勇气和胆气，是舍生取义的气节；“尚气任侠”即放纵不拘，负气仗义。总体而言，幽蓟之地，民气重信义、重德行、轻生死。

从考古资料分析，自新石器时代开始，幽蓟之地就长期被视为苦寒之地，民风粗犷、彪悍；而它的群山之后，便是黄尘蔽日、金戈铁马的壮丽高原。长久以来，这里是中原农业文明与北地游牧文明的交会折冲之地，彼此浸濡，频繁的战争和胡汉融合促使该地区民风剽悍、侠风盛行。燕国太子丹好养侠客，赵惠文王好养剑客，他们延续古风，崇尚行侠仗义，视死如归，义薄云天。

一个地区社会风习的形成，会受到地理位置和环境的影响。幽蓟文化自殷商时期衍生，在西周和春秋时期萎缩、衰落，到战国时期，由于燕昭王励精图治，达到高峰，形成了自己稳定的风格。幽蓟文化由燕地山高气寒、水冽土厚的恶劣自然环境所决定。由于地处边陲，与中原文化中心相去较远，中原文化的辐射力对之影响较弱，使其文化发展相对滞后，属于“苦寒文化”，其习性也就难免具有浓郁的“幽昧”因子。

受所处地理位置、历史文化传统、战争和周边地区社会风习交互作用的影响，两汉时期的蓟城民人“愚戆”（即愚昧），民风彪悍，人们习于尚武、任侠，轻死好斗，具有叛逆精神。横向比较来看，两汉时期的蓟城风习具有典型的时代特性和浓郁的地方特点；就纵向发展而言，蓟城风习又有发展、变异性和停滞、稳定性相统一的特征。蓟城风习对两汉时期的北京社会产生了相当大的影响，当时发生于该地的地方政权叛乱、权势僭制、豪强地主恣肆压榨、民人动乱等事件，都是以这些民习为基础而发生的，或是其风习直接作用的结果。在文化性质方面，相对于黄河中下游核心文化区，两汉蓟城风习文化属于北方边缘文化圈层，与后世北京地区文化性质和在全国的地位相去甚远。

关于幽蓟民众之“愚戆”，先秦、两汉文献中有大量记载。《史记》中评价幽州民众“雕捍少虑”；褚少孙在续补《史记》时也写道：“燕土北迫匈奴，其人民勇而少虑。”从《史记》中可以得知，幽州地区“大与赵、代俗相类”，而赵、代地区“人民矜懻忮，好气，任侠为奸”，“悲歌慷慨，起则相随椎剽”。[1] 这与燕太子丹“愚悍少虑，轻薄无威，亦有所长，敢于急人”之遗风有些相近。荆轲离开燕国去刺杀秦王嬴政时歌曰“风萧萧兮易水寒，壮士一去兮不复还”，反映的就是悍勇之风。由于地区相邻且彼此民风习性相近，古书记载常将“燕赵”并称。而且，西汉时期幽州地区少见儒士文人，这也从侧面印证了其俗“愚悍少虑”的记载。

愚戆是文化不甚发达的反映。先秦时期，著名军事家吴起就已经注意到燕国“其民好勇义”。在赵武灵王推广胡服骑射以后，尚武之风“又益厉之”，“其民鄙朴，少礼文，好射猎”。[2] 由此不难推测出该地尚武风气普遍流行的状况。最能体现燕人勇武这一特征的就是“枭”。同时，由于幽州靠近北方草原游牧民族，作为与之毗邻的地区，其民风不可避免地受到游牧文化的影响，具有好气任侠、剽悍勇武的风气。

两汉幽蓟儒士罕见，则是其文化不发达的表现。有学者统计，先秦时，儒家学风以齐鲁为盛，孔门传人有名可查者，燕国仅 1 人，数量远远低于他国；战国末期，燕地学风渐兴，但以阴阳学为主。两汉时，燕地虽出现了韩婴、卢植等大儒者，而从儒者的区域分布来看，较之于先秦，学风分布基本无甚改变，燕地儒者仍较少，处于全国下游水平。[3]

卢云对两汉时各地所出书籍、士人籍贯、私家教授、五经博士及东汉三公九卿分布等情况进行了统计。结果，西汉时幽州各项指

---

1 司马迁：《史记》，中华书局，2014 年，第 3960 页。

2 班固：《汉书》，中华书局，1962 年，第 1656 页。

3 王明荪：《人杰地灵——历代学风的地理分布》，姜义华等主编：《港台及海外学者论中国文化》，上海人民出版社，1988 年；王会昌：《中国文化地理》，华中师范大学出版社，1992 年，第 130—131 页。

标在全国14州的位次分别为倒数第五、六、六、六位；东汉时各项指标在全国13州的位次分别为倒数第六、倒数第二、并列倒数第一、并列倒数第五和并列倒数第二位。与西汉相比，东汉反映幽州文化发展水平的相应指标大幅下降。之后的魏晋时期，幽蓟文化发展滞后的状况仍无大的改观，依然属于文化不发达地区，其士人及其著述等项在全国均为最少。[1]民性“愚戆”的另一表现就是民众行为的极端化，行事或缺乏深思熟虑，举止轻薄乃至铤而走险。

另一方面，这种“愚戆”又使幽蓟之民深受尚武风习影响。两汉时的幽燕社会就以“孔武”著称，从而成为“天下精兵”的盛产地和输出地。在抵御北方游牧民族入侵时，蓟城守卫北边国门，肩负维护国家安全之重责。蓟城的地理特征存在鲜明的军事因素。从区位上看，幽州地势险要，处于北方边境，自秦至西汉又建有长城，拥有驻军、武库、粮草，战略地位非同一般；从交通上看，秦皇汉武均曾巡视幽州之地，可见其交通状况良好，物资运输通畅；从民风上看，幽州与赵、代地区类似，受游牧民族影响，民风剽悍尚武。这些特性使得幽州成为抵御北方游牧民族侵扰的军事基地，为国家边境之所依。可以说，秦汉以来，蓟城就是拱卫中央王朝北境之地的军事重镇，此后经历了魏晋、南北朝、隋唐等历史阶段，其一直处于重要地位。西城区域位于幽州蓟城的核心地带，发展至隋唐时，经济已非常繁荣，文化也较为兴盛，可说是上承蓟城学统，下启辽燕之先河。

蓟城绝大多数风习如剽悍、尚武等，终两汉之世并没有得到根本的改变。其中原因，除了国家和地方吏员整顿不力，还与主流文化对幽燕的影响甚微及其导致的学术文化落后相关。两汉时的主流

---

1 周振鹤：《中国历史文化区域研究》，复旦大学出版社，1997年，第245、248—249页。

文化是儒家文化；儒家文化的区域扩展与阶层流布，是两汉时期声势最大、影响最广的文化传播。而文化传播具有一定的时间差，由于区域空间距离远近不一，各地接受同质文化的时间亦有早晚之分。同时，受自然、人文环境的制约，各地对同质文化的接受度也有相当的差异。文化辐射的非同步性和对文化认可的差异性，势必导致同一时代特定文化在不同区域产生不同的效果，造成区域文化的空间差异，这就使得各地的文化特质常常处在不同的历史发展层面上。

就地域来看，两汉时的蓟城文化是自然、人文多重因素合力作用的产物，尤其受到农耕文化与游牧文化交会的影响。在文化性质方面，相对于齐鲁、中原地区儒家文化影响下的风习，幽蓟之地风习文化无疑相对滞后，属于北方边缘文化圈层，与后世北京文化性质和其在全国的文化地位相去甚远。历史上的北京风习具有多重性，京师文化出现前的幽蓟风习与后来京师文化熏染下的社会习俗具有很大不同。北京文化类型发生根本转变，由边缘文化区演变为核心文化区，是北京成为京师后政治地位日渐突显的结果。但这种核心文化区的形成，最初并无物质方面的基础，而是建立在政治、军事基础之上，是人为的结果。

另一方面，从先秦时代开始，中原就是中国文化的重要发源地，具有极强的向心力。幽州蓟城虽然处于北境之地，其社会风尚虽有“尚武”传统，但仍有崇文尚儒的取向，许多人在心理上仍然认同中原文明。

隋、唐——边塞时代

北京西城老城文化发展至隋、唐，既保留了“苦寒”的基本特征，又透露出大唐盛世的繁荣景象；既延续了边地文化的战乱背景，又浸染了重镇特区的军事色彩；既是民族融合的重要区域，又是民族对抗、内乱纷争的战场。其“慷慨悲歌、尚气任侠”的基本精神内涵，因为战争、民族再次得到极大的强化。

隋唐时期，以蓟城（或称幽州城）为中心的幽州地区，处于农业文化与游牧文化交接的特殊地理区位。社会变迁剧烈，人口流动频繁，隋朝开凿的永济渠南达黄河，北通涿郡，加强了蓟城与内地的联系，北京开始从一个北方军事重镇向区域性政治中心转变，成为对中国历史大局具有非凡意义的地区。

由于运河的贯通，北京逐渐从一个独挡两边的军事重镇发展成为黄河以北地区的政治、经济、文化中心，一座名副其实的北方大都会。北京西城老城文化也发展至一个新的历史阶段。幽州城以今北京市西城区域为中心，随着唐王朝的兴盛而兴盛，虽处边塞，却不闭塞；虽不及洛阳等大都会繁华，却也物阜民丰，交通便利，商贸发达，呈现出唐诗中“幽州晓进供奉马，玉珂宝勒黄金羁”的场景。

唐代幽州城址占据了今天北京市西城区域的主要部分，作为当时有着重要军事意义的边防重镇，其“慷慨悲歌、尚气任侠”的基本精神内涵在这个时代得到了极大的强化，与唐诗中的“盛唐气象”十分契合，并起到了推波助澜的作用。

唐代是蓟城诗歌发展的顶峰，其中占据半壁江山的是幽州的“边功诗作”，即以表现建功立业为主要目的的外来诗人诗作。蓟城既有优秀的当地诗人、诗作，也让许多外来的文人墨客留下众多慷慨激昂的诗篇。据不完全统计，《全唐诗》中以幽州为主题的诗歌即超过 200 首，这对于一个边塞地区而言，数量已经相当之多。燕山蓟水抚育了卢思道、祖君彦、卢照邻、贾岛等才俊人杰。陈子昂、李白、高适、孟浩然、王之涣……均留下了歌咏幽州的诗篇。幽州城在唐代诗人眼中，早已成为表达家国情怀、理想信念、诗情画意、边塞风情等文学想象的绝佳载体。

初唐时期，陈子昂登上蓟北城楼，写下《登幽州台歌》《燕昭王》等诗作，“前不见古人，后不见来者。念天地之悠悠，独怆然而涕下”。幽州台，即著名的黄金台，是当年燕昭王不惜重金招贤兴邦的地方。诗人追古思今，感慨万分，在天地无穷而人生有限的悲歌中，回荡着目空一切的孤傲之气，“这种悲哀里，蕴含着得风气之先的伟大孤独感，透露出英雄无用武之地、抚剑四顾茫茫而慷慨悲歌的豪侠气概”[1]。

幽蓟文化中的慷慨悲歌、尚气任侠之风，逐渐通过诗歌的方式转化为壮伟、雄浑、刚健的美学特征，显露出被称为“唐诗风骨”的气质。高适入长安求仕不遇之后，北上蓟门，漫游燕赵，写下了《蓟门行五首》《蓟中作》《塞上》等名篇佳作。从内容上看，这组诗歌主要反映了幽州边地汉、胡民族之间的长久冲突，以及对建功立业的无限向往。其代表作《燕歌行》气势浑雄而飞跃自如，在驰骋纵横中以“筋骨”取胜，把荒凉绝漠的自然环境、如火如荼的战争场景、士兵在战斗中复杂变化的心理活动融合在一起，形成了悲壮淋漓的艺术风格。

在幽蓟之地，李白写下了“燕昭延郭隗，遂筑黄金台。剧辛方赵至，邹衍复齐来”；王昌龄写下了“北上登蓟门，茫茫见沙漠。倚剑对风尘，慨然思卫霍”……这些诗歌不但描写了大漠孤烟的悠远意境，更有对幽燕历史的追思。孟浩然《同张将蓟门观灯》诗中的“异俗非乡俗，新年改故年。蓟门看火树，疑是烛龙燃”，即生动地体现了北京西城老城文化中南北、胡汉共存、共融的特征。

唐代蓟城诗歌，无论是“边功诗作”，还是“风貌诗作”，大多反映了幽蓟作为军事重镇、民族融合之要冲的时代文化特征。其

---

1 袁行霈：《中国文学史》（第二卷），高等教育出版社，2005 年，第 191 页。

风格刚健、雄壮，这对于唐诗的“盛唐气象”起到了推波助澜的作用，慷慨悲歌、尚气任侠的地域文化特征也在各地外来诗人热情洋溢的诗歌创作中得到充分彰显。

宋、辽、金——对峙时代

在宋、辽、金时期，无论是辽代的南京城，还是金代的中都城，四至范围均没有超越今日的北京市西城区域。

辽朝实行“五京”制度，作为国都的辽上京是其政治中心，以游牧文化作为主体；辽南京作为陪都，没有实行大规模移民，城里和四郊主要是汉族居民，城市格局仍保持唐幽州城的坊里旧制，以农耕文化为主，风俗习惯变化不大。

辽朝实行“汉人治汉，契丹人治契丹”的“两面官”制。辽南京地处华北平原东北部，是胡汉交错的过渡地带。辽朝建立之后，辽南京受到契丹文化的进一步浸染，又始终保有中原儒家文化的韵味，伴随着新文化元素的传入，呈现出农耕文化与游牧文化二元并存的局面。北京西城老城成为两种文化密切交流的中枢之地，民族融合度与文化包容性得到了进一步提升。

辽朝大力推行唐朝科举制度，至辽圣宗时期，有时每年举行一次科举考试，有时两年举行一次，后来定为每三年举行一次。辽南京是科举应试所在地，出现了多名通过科举考试而入仕的人。辽道宗清宁五年（1059），契丹统治者专门下诏，颁行《五经注疏》，设置博士和助教，负责学校的教学工作，其教官主要从各个都城的著名儒士中选拔；其他各府、州、县的官学，也均有相应的设置，由此构成了层次分明、建制完善、系统全面的教学体系，使辽南京逐渐发展成为科举中心和教育中心。这进一步促进了北京西城老城的文化发展。

作为政治统治的重要支持力量，宗教得到了辽政权的高度重视，以此笼络汉地居民，加强统治的稳固性。辽兴之后为稳定统治局面，在辽南京积极倡导佛学，修建并扩建了大量寺庙，进一步推动了当地宗教的快速发展。早在辽太祖时期，即徙置汉民，推行汉化政策，佛教也随之流入。辽圣宗对佛教和道教都有钻研。在辽朝皇帝的倡导之下，辽南京"僧居佛寺，冠于北方"，不只城区，郊区也出现了佛寺庵堂遍布的景象。

随着科举和教育的发展，辽南京的书肆业随之兴起并渐趋发达，许多刻印作坊都设有书肆。它们大多前店后厂，既是图书印刷地点，又是发行店铺。辽朝的不少皇族和各级官员对中原文化都有仰慕之意，对宋朝的文人墨客更是敬佩有加，遂通过各种渠道收集宋朝书籍，这促使宋人图书在边境之外广泛传播。文化传播往往不是单向进行，在宋人书籍不断向辽南京输入的同时，辽南京的图书也在向宋朝流入。如悯忠寺僧人行钧所著的《龙龛手镜》出版后，很快就流传到宋朝，并被翻印。辽朝的部分佛教经藏和其他书籍还从燕京传到高句丽，又辗转流传到日本。辽南京俨然成为辽宋文化中转的重要枢纽，由此也奠定了北京西城老城文化发展的基础。

辽南京的印刷业获得了前所未有的蓬勃发展——在悯忠寺、昊天寺、仰山寺附近出现了为数众多的印作坊。各个作坊都雇有大量刻工，组成了专业化的刻制队伍。据估算，辽南京的雕版工人达到了几千人的规模。除了数量众多，技艺精湛是他们的另一显著特点。从辽朝留存下来的经卷可以看出，当时的雕版技术已具有相当高超的水准。当地的图书装帧也已相当考究，出现了卷子装、蝴蝶装等多种样式。印刷业的繁荣，进一步刺激了燕京地区造纸业的发展。在刻经数量日趋庞大的直接需求拉动下，造纸业迎来了前所未有的发展机遇。当时的经藏用纸主要是皮纸和麻纸。为了防止皮纸生虫，还采用了皮纸入潢的先进技术。经过这一工艺的皮纸被称作黄纸，由于被大量用于印制大藏经，又被称为藏经纸。

自辽南京建立以来，北京西城老城文化进入了快速发展时期，无论文学、艺术，还是建筑、绘画，诸多方面都有了显著成就。随着契丹族与汉族交往的日益深入，民族间的文化交流逐渐扩大到日常生活中，并具体反映在音乐、舞蹈、美术、节日习俗等各个方面。

从辽南京到金中都，是北京城市发展史上的重要节点。金中都系仿造北宋开封城而建，城市内部空间格局逐步废除里坊制，城市身份由辽代陪都升格为金代国都，城市地位明显提高，北京西城老城文化也开始呈现出比较明显的过渡文化特征。

金中都城内有汉、契丹、女真等各族居民，汇聚了整个北方地区的文化精英，这在北京文化发展史上前所未有。金中都设有国子监、翰林院等文化机构，还吸收了汉王朝的祭祀、园林、陵寝等文化要素，使其作为中国北方政治文化中心的地位得到确立与强化。金中都的文化特征是多种元素并存，你中有我，我中有你，难以拆分，并辐射到金朝境内的女真、契丹、汉族及其他族人。不过，辽朝与金朝没有建立起横贯整个中国的跨文化体系，辽南京与金中都只是北部中国的政治中心，因此，这种文化形态仍属于一种区域性文化。

元代至清朝末期——帝都时代

从元代到民国早期，北京逐渐发展成为大一统王朝的政治中心，都城文化不断强化，覆盖到北京西城老城的各个方面。

唐代以前，中华文化的重心主要在西安、洛阳一带。此后，文化重心逐渐向东转移。幽州城在唐代开始走向繁盛，地位不断攀升。从北方少数民族政权的陪都，最终成为统一的多民族的大国首都，在这一过程中，北京担负起了中华文化重心转移承接地的历史使命，城址虽有迁移，但未完全脱离今天北京市西城区域所在。明末清初的历史地理学家顾祖禹，在《读史方舆纪要》中把辽、金、元时期北京从陪都到中都，再到大都的民族进退之势做了相当精到的分析——辽南京是契丹人担心被中原政权再次收复而设，显示的是辽对其南界的固守；金中都是女真人出于既顾及北方根本，又面向中原地区的战略而立，表明了金朝将政治文化中心的主动南移；元大都的崛起，则是蒙古人进而将其作为从西北到东南控制全国的政治中心的结果。上述渐进式的变化，说明汉文化向北推进渗透的同时，北方文化也在步步深入中原，两者彼此交互、双向融入。

元大都的建立，使得原来位于今宣南地区的辽、金都城向东北方向迁移，跨中轴线的元代皇宫及其西侧至西土城的广大地区，就位于今北京市西城区范围内。元大都的建设对北京文化发展产生了深远影响，这是北京历史上第一次成为大一统王朝真正的政治中心。在文化方面，元朝统治者采取了非常开明的政策——对江南文化在北京的传播提供支持，中原地区原有的儒家文化、君子之风与游牧民族的粗豪尚武风范相互融合。在这种南北文化的交流互动中，北京因为上升为全国性的政治中枢，对各种文化元素的吸收也更加深入，形成了更加自由、多元的文化面貌。此时，北京西城区域虽然已经变成皇城右翼，但受到的影响仍然是全方位的。

元代出现了很多著名的戏剧家及其优秀作品，如关汉卿的《窦娥冤》《望江亭》，王实甫的《西厢记》，马致远的《汉明妃》（即《昭君出塞》），白朴的《墙头记》（即《墙头马上》）等。大都是元代的戏剧中心，当时主要的演出地点就位于今日北京市西城区的砖塔胡同、百米斜街等地——砖塔胡同曾是元大都的戏剧一条街。砖塔胡同所属的街区，元、明时期叫作咸宜坊。当时有很多勾栏瓦舍，即剧场。大的勾栏可坐千余人，小的瓦舍也能容纳几十人或上百人。

北京西城老城文化中具有某些相对稳定的文化元素，明代是形成这些元素的关键时期。随着朱棣定都和“北京”定名，明北京在辽南京、金中都和元大都的文化基础上形成了新的、以汉族为中心的、带有明显北方特征的文化意识，这在很大程度上奠定了沿袭至今的北京文化的一些重要特征。

朱棣定都北京，既有他作为北方领袖燕王的个人倾向和成为千古一帝的抱负，也是其治下臣民的众望所归。《明成祖实录》记载了朱棣建设北京的情况：“北京营建，凡庙社郊祀坛场、宫殿门阙规制，悉如南京，而高敞壮丽过之。”[1]北京新都城的建筑物在“规制”上遵循南京，是汉族政权的文化延续；而在形态的高大和装饰的华美上则超越南京，带有北方的大都元素和燕王心愿的色彩。除此之外，从拱卫京师的塞上长城，到富丽堂皇的紫禁城，以及南北贯穿、左右对称的中轴线，北京在整体风貌上与因势就形、自然布局的南京有着很大区别。而明代北京的城市建设又进一步强化了北京西城老城的文化地位。

明朝建都北京，源于对北方边防的关注，为的是解决北方之患，实际上也加强了对北方风土民情的重视程度，并强化了民众的北方意识。随着政治中心、军事中心地位的确立，北京逐渐具备了全国文化中心的必要元素。这里是文化政策的令之所出，包括有利于文化发展的多种决策，也包括损害文化发展的文化专制及文字狱。在文化中心的确立过程中，国子监、翰林院等国立文化机构逐渐得到规范和完善，礼部主持三年一次的会试、殿试汇集天下英才。这些重要的文化观念体现在各种活动之中，并向整个华北地区

1《日下旧闻考》，第 66 页。

辐射扩散，使六朝以后的文化典范由江南北迁，在很大程度上改变了北方地区文化落后的状况。不论自由多元还是文化专制，都在观念上强化了北京文化中心的性质，而西城老城文化受此影响非常深远。

明成祖永乐皇帝迁都之后，江南地区在文化上虽然仍保持着相当活力，但与国家政治密切相关的文化活动，则很快转移到新的国都。钦天监、太医院、四译馆等国家文化机构先后设立，这对北京文化的发展和繁荣起到了重要作用。北京西城老城文化也逐渐发展、繁荣——典籍刊印盛行，书肆遍布，官私藏书蔚然成风。

明清之后，尽管北京文化具有兼收南北、开放包容的气度，但北京人包括饮食穿着在内的风俗习惯都与南方差别鲜明。《日下旧闻考》中引用了多部与北京有关的典籍，从中可见明清时期北京的文化地理情况。在明代文士的心目中，北京成为国都是天经地义之事。明成祖定都后的北京，就像天上的北极星。这方重回汉族统治者之手的土地，从此不再是和东北、西北混为一谈的泛指的北方，而是具有幽燕文化传统的最高级别的文化象征。由此生成的审美文化，一定是北方的，更是北京的。

清代北京西城老城文化的繁荣，直接得益于多民族、多宗教和多地域文化的交流与融合。清王朝定都北京之后即大兴科举，举博学鸿词科，开四库全书馆，这些文化政策极大地激发了汉族文人入仕清朝和进行文化创造的热情，为清朝北京文化的繁荣提供了良性发展的客观条件。北京作为帝王之都和皇权中心，清朝贵族们的审美趣味和政治风格也为其文化带来了新的特点。北京西城特殊的地理位置决定了它更容易受到这种国都文化的浸染。

清代北京西城的文化面貌与城市空间格局有非常密切的关系，主要表现之一即宣南士乡的兴起。宣南位于今宣武门南部及广安门内外一带，自西周燕都时代始，就是古蓟城、唐幽州、辽南京和金中都的城址中心。清代京师实行“满、汉分城居住”。此后历经一个多世纪，宣武门外逐渐形成了一个以汉族朝官、京官以及进京赶考、游学士子为主要人口的社区，成了名贯一时的“宣南士乡”。它主要包括三个区域。第一，琉璃厂附近街区。四至范围大致为：西起宣武门外大街；东至琉璃厂、梁家园；北起护城河河沿；南至骡马市大街。这一街区中，有明代遗留下来的琉璃厂窑，周围隙地颇多。汉族居民从内城迁来后，在琉璃厂周围逐渐盖起新的民居。第二，宣外西部。北起上斜街；南至广宁门（今广安门）大街；西起下斜街（其南口抵达现在的长椿街）；东至宣外大街。此区域是仕宦寓宅集中的胡同，主要有上斜街、下斜街、炸子桥、将军校场等。第三，以半截胡同为中心的区域。这一区域的中轴为半截胡同（分为北半截和南半截），实际上，它是宣外大街自菜市口向南的延伸，也是当时“王城”中西城与北城的分界线（即现在菜市口大街的北段）。

“士乡”这种称谓并非仅仅说明宣南的居民构成，还突显了它的文化传统和特色，集中表现了士人的文化习俗和精神风貌。宣南士人的文化性格，是在儒家文化的丰厚积淀基础上形成的。士乡风俗，则是对这种文化性格和精神的折射。作为全国名流雅士的荟萃中心，它对清代的学术发展，特别是汉学的兴盛发挥了重要作用。作为文士集聚之地，宣南的名流鸿儒灿若群星。国学大师顾炎武，经学大师阎若璩与胡渭，汉学家钱大昕与戴震，史学家谈迁，版本学家缪荃孙，地理学家徐松，数学家徐有壬，诗人钱谦益、吴伟业、王士祯、朱彝尊，以及国画大师王翚、王原祁、蒋延锡等，无不在宣南留下了文化的足迹。

作为朝廷仕宦的聚居区，宣南对京师政治有着不可忽视的影响。晚清时期，宣南成为戊戌变法运动的策源地，是可以从清前期宣南士乡的文化传统中找到传承因素的。宣南文化代表了儒家文化发展一个新的高峰，造就了乾嘉学派，培育了林则徐、魏源等最早开眼看世界的学者和政治家，而且塑造了士人群体的价值观、品格和境界。宣南士风为各地学子所仰慕，并衍生为时代风尚的重要内容，大大丰富了西城老城文化的精神内涵。

康熙年间，宣南地区还形成了供士人宴集觞咏的以窑台和陶然亭为中心的新的园林区。乾隆年间，伴随着《四库全书》等典籍的整理出版，琉璃厂书肆、文化市场日加繁荣，发挥着民间图书馆的作用，从而使这一地区的社会功能更加完善。

清代以来，北京西城老城进一步成为中国学术人才的高地、知识的集聚之区。凡是来到京城的官绅士子，大多居住于宣南一带，其学术创作也大多发生于此。可以认为，北京西城是清代以来中国学术文化的创作中心和研究中心，产生了众多代表时代最高水准的学术成果。无论经学、史学、文学，还是清初理学、乾嘉考据学，乃至晚清经世致用之学，几乎清代所有重要的学术流派都曾在这里经过官方倡导和学人间的交流碰撞，形成学术思潮并最终影响全国。

1905 年 9 月 2 日，随着光绪皇帝的一道诏旨，中国历史上存在了 1300 余年的科举制度走到了尽头。科举的废除打破了宣南文化存续的制度基础，以士大夫为核心的“四民社会”逐渐解体，现代学校教育渐次兴起，新型知识分子出现，读书人的生活、交往方式也被改变。这些变化也体现在城市空间方面——北京的文化中心逐渐向内城区域转移。

第三章

北京西城老城文化的基本类型

北京西城老城文化是在西城辖区内经过先秦以来长期的历史积淀，发展至元、明、清三代，具有都城历史背景与影响而逐步形成的人文精神、风俗习惯、风土人情、宗教哲学、文学艺术等特定的表现形态，内涵十分丰富。作为皇城的重要组成部分，西城分布着众多坛庙与御园名园，聚集着众多达官显贵，寺观棋布，派生出皇家文化、坛庙文化、王府文化、园林文化、宗教文化等。西城自古商业发达、人口密集、市廛云集，派生出商业文化、金融文化、戏曲文化等。在西城区域，各种文化类型和谐共处、多元并融，塑造了独特的文化景观。

一、皇家文化

皇家文化特指与封建帝王有关的各种文化。北京从辽南京时代作为陪都开始，经历了金中都、元大都到明清北京城，实现了由北方军事重镇向全国政治中心的重大转变，前后共有 38 位皇帝长期或短暂在此生活起居和上朝理政，积淀的皇家文化内涵深厚。仅北京故宫一处，即藏有文物 1,863,404 件（套）[1]；另有 1000 余万件汉文、200 余万件满文档案，以及数以万计的典籍文献。

紫禁城是帝王生活起居和处理朝政的地方。凡皇宫的修建和布局，皇帝上朝和议政、册后和纳妃、立储和传位、圣旨与颁诏、巡幸和游猎，皇家的饮食和服饰、园林和行宫、贡品和珍藏、宗室谱牒、遍布京郊的皇庄等，都属于皇家文化的范畴。

元、明、清时期，中国皇权体制达到顶峰，形成了一整套维护皇帝统治的思想体系、国家体制、政治制度、典章规范、道德风尚乃至风俗习惯。可以说，皇家文化是北京文化中最重要的内容。近 900 年的国都史使得北京的皇家遗存数量多、种类丰、典雅豪华。皇家文化因素在国都北京表现得最为充分，并渗透到政治、经济、文化、社会等各个方面，“营国之最”的城市布局，中轴线的含义，坛、庙、楼、台、监的规制与空间分布等，都是皇家文化的直接表现。封建帝都的宫廷既是城市建筑的重要组成部分，又是掌握至高无上权力的帝王通过庞大的行政网络控制全国的神经中枢。宏伟的皇城与宫殿、秀美的皇家园林、庄严的祭祀坛庙、典雅的宫廷礼仪、鲜美的宫廷饮食、华丽的宫廷服饰、多彩的宫廷娱乐、帝王陵墓等，都是皇家文化的缩影、中国传统文化的结晶。

上述皇家元素在北京西城老城表现得尤为突出。自元世祖忽必烈兴建大都以来，西城作为元、明、清三朝都城的西半部，宫廷禁苑、府邸寺庙绵延不绝，官府衙门分列大街小巷，成为“百衙升署”之所。区域内的什刹海沿岸风光旖旎，成为王公勋戚、豪门

1 王旭东：《使命与担当——故宫博物院 95 年的回顾与展望》，《故宫博物院院刊》，2020 年第 10 期。

显宦、文人墨客择居的首选之地，“两岸多古寺，多名园，多骚人遗迹”，全国各地的朝官贵胄、官僚士绅纷纷汇集而来，士绅气息浓厚，素有“西贵”之称。由此带来的皇家礼仪、宫廷典制、内廷生活习惯乃至宫室建筑等，对西城老城的影响非常广泛。北海、景山、恭亲王府、醇亲王府等建筑规制高、内涵深刻，表现出大气磅礴、深邃高雅的文化特征。

元代以来，北京西城特殊的区域位置和政治环境为其深深打上了皇家文化的烙印。西城是皇家文化的缩影，是帝都气象的集中展示。西苑三海之外，还有诸多皇家坛庙，如历代帝王庙，建于明嘉靖年间，庙堂内供奉着自三皇五帝至明末历代帝王及功臣的牌位，体现了“中华统绪，不绝如线”的深刻内涵。在明清皇家奉祀的诸多庙宇中，历代帝王庙最具皇家文化色彩。西城的诸多建筑也处处体现着皇家的威严，体现出帝王建筑的气势恢宏、所行礼制的正统庄严。

皇权作为统治者意志的体现，以国家强制力加以贯彻，还表现在各种典章制度和法律的制定方面。皇家文化对北京西城老城的官绅文化、市民文化具有很强的政治教化作用，也产生了深刻而广泛的影响。统治者往往以强势推广主流文化，儒家提出的“修身、齐家、治国、平天下”，不仅在士大夫阶层，在下层百姓中也成为很多人奉行的

景山全景

目标。“孝道”本为治家的要则，经过统治者的提倡，逐渐与忠于国家融为一体。在北京西城老城，皇权的影响覆盖了区域内的方方面面。

二、坛庙文化

古人称“国之大事，在祀与戎”。坛庙建筑是都城文化不可或缺的重要内容，在中国传统礼治体系中占据核心位置。老北京民间有“九坛八庙”或“五坛八庙”的说法，其实就是对明清以来北京坛庙建筑的概称。九坛包括天坛（又称郊坛）、祈谷坛、地坛（又称地祇坛）、日坛（又称朝日坛）、月坛（又称夕月坛）、先农坛、太岁坛、社稷坛和先蚕坛；八庙包括太庙、奉先殿、传心殿、寿皇殿、雍和宫、堂子、历代帝王庙和孔庙。

作为与传统礼治密切相关的祭祀建筑，北京坛庙的历史非常悠久。自建城之始，北京地区就按礼制要求，修筑了各类用于方国或郡城祭祀的地方坛庙。据史载，早在春秋时期，燕国蓟城就修筑了带有祭祀意义的建筑。大业七年（611）隋炀帝驾幸蓟城时，也修造了临时性质的社、稷二坛。

作为辽代“五京”之一，北京城内建有皇城及相应礼制建筑，基本都分布在今北京西城区域。当时皇城内“有景宗、圣宗御容殿二”，此可视为国家祭祀建筑的最初滥觞。不过辽代北京仅为陪都，兴建的坛庙数量相对较少，祭祀礼仪也相对简陋，其重要性远不能与辽上京临潢府相比。北京坛庙建筑的真正兴起，是在代辽而兴的金代。金天德三年（1151），海陵王完颜亮迁都燕京，金中都从此成为北方多民族国家真正的政治中心。金中都的城市设计吸收了中国传统文化中都城的规划思想，不仅仿照北宋汴京的格局，在皇城左侧设置太庙，还大量增加符合儒家传统的其他礼制建筑，相继兴建了南郊圜丘、北郊方丘，以及社稷坛、风雨雷师坛、高禖坛、宣圣庙（即孔庙）等国家坛庙，使北京第一次形成了成体系的都城坛庙建筑群。

在中国古代的建都模式中，“左祖右社”是重要的规划原则，而其他的祭祀坛庙也有相对应的地理位置。北京以城市中轴线为分界，东西两侧特征各异。东侧的皇家坛庙，如天坛、太庙、孔庙等，以祭祖、敬天为主；西侧的皇家坛庙，如社稷坛、先农坛、先蚕坛、月坛、历代帝王庙等，则以重农、强本为核心。分布在今西城区域内的坛庙，多以江山社稷、劝励耕积为主题，本质上是统治者对国家统一、领土完整和以农立国观念的表达。

社稷坛的设置十分普遍，上至京城，中至州县，下至乡村，皆于岁时祭祀社稷之神。在京城的社稷坛代表国家，称为“太社”与“太稷”，社是土地神，稷是五谷神，它们共同构成了农业社会最重要的精神象征。明成祖定都北京后，于永乐年间依照南京制度，在北京紫禁城午门西南建社稷坛，与东边的太庙相对称。清朝建立之后，继续沿用明代的祭祀制度。

祭祀先农和亲耕的传统，在明清两代成为国家重要的祭祀典礼。每年仲春亥日，皇帝都会率百官到先农坛祭祀先农神并举行亲耕礼（又称“籍田礼”）。祭拜先农神后，在俱服殿更换亲耕礼服，随后到亲耕田举行亲耕礼。亲耕礼毕后，在观耕台观看王公大臣耕作。籍田的收获用以奉献宗庙，崇德报功。皇帝亲自躬耕，祭祀农神，为天下人做表率，以示劝农从本，成为封建国家秩序中具有重要地位的礼仪。

皇帝“以一人治天下”，皇后“以一人母仪天下”。明嘉靖九年（1530），在安定门外建先蚕坛，东、西、北三面俱植桑树，有蚕官令署、采桑台、织堂等建筑。皇后每年春季在此举行亲蚕仪式，借以鼓励百姓种桑养蚕。此后不久，因皇后出宫不便，遂将先蚕坛移建至西苑（今北海）内。皇帝在先农坛率百官举行耕种籍田的活动，皇后在先蚕坛率领嫔妃、公主及百官命妇祭祀蚕神，两个祭祀活动的规模皆很大，产生了较大的社会影响。其共同的主题，就是彰显耕织为立国之本。

人类对太阳、月亮等自然力的敬畏和崇拜由来已久。明嘉靖九年，明世宗将原来在郊坛合祭众神的制度改为分祭制度。于是把郊坛改为专门祭祀天神的天坛，又在朝阳门外修建朝日坛，在阜成门外修建夕月坛，在安定门外修建地祇坛。

中国人对“月”有一种特殊的感情，每年农历八月十五是传统的中秋佳节，全家人总要团坐畅饮、赏月闲谈。在普通人看来，“日”好像颇为遥远，且有几分神秘，不易接近；“月”则更贴近生活、更亲切，特别是“嫦娥奔月”“月宫仙子”等美丽的民间传说给人们留下了深刻印象。古人赞美“月”的名篇佳作，俯拾皆是。在人们看来，月亮在天空星宿中的地位仅次于太阳，太阳白天出来，月亮晚上显身。对月的崇拜与对日的崇拜几乎是同时形成的，随着对月崇拜的加深，人们采取各种方式表达自己的崇敬之心。

夕月坛位于今北京市西城区，即月坛，是明清两代皇帝“秋分”祭祀夜明之神和天上诸星宿的专用场所。坛面用白琉璃砖铺砌，代表洁白的月亮。皇帝每年秋分在此祭祀夜明之神，也就是月亮神。月坛现存建筑有具服殿、钟楼和拜台棂星门，外坛墙原周长786米，坛墙东、北面各开天门一座，均面阔三间，北坛门东有角门一座。月坛选位、规划、建筑以及祭祀礼仪和祭祀乐舞均依据中国古代《周易》阴阳、五行等学说，突破了中国传统的中轴线为主的格局。

中国从禹传位于启开始，即出现了“家天下”的局面，天下成为一人之天下，“普天之下，莫非王土，率土之滨，莫非王臣”，国家的权力牢牢掌握在帝王一人手中。社会的兴衰治乱与帝王统治有着密切关系，人们拥戴明君，痛恨昏主。历代帝王都希望留下明君的美名，并不时地标榜自己是有道之君，因而对于前代明君十分敬重，把他们树为榜样，予以奉祀。坐落在北京市西城区阜成门内的历代帝王庙就是这样一座祠庙。

上溯历代帝王建庙合祭之源，可至隋、唐时期。祭祀历史上有影响、有作为的帝王将相是国之传统，形成定制，“例而行之”系隋文帝时期。承隋之例，唐玄宗在天宝年间正式设置历代帝王庙为专门的祭祀之所，以后历朝沿之。不同朝代的更替、不同民族的融合、统一的多民族国家一脉相承的中华文化，在历代帝王庙得到完整的体现。

历代帝王庙最初由明太祖朱元璋于洪武七年（1374）创建于南京（今已无存），最初仅供奉三皇五帝到元代的十几位帝王。永乐帝迁都北京后，并没有建造新的帝王庙，而是派遣南京的太常寺官员前往祭拜。嘉靖九年，“罢历代帝王南郊从祀。令建历代帝王庙于都城西，岁以仲春秋致祭”[1]，嘉靖十一年（1532）夏，历代帝王庙建成，命名为“景德崇圣之殿”。嘉靖二十四年（1545）又调整入祀帝王，罢元世祖，迁唐太宗与宋太祖同室，形成“凡十五帝，从祀名臣三十二人”的定制，迄至明末。

清廷又多次更改入祀帝王名单。顺治年间将明末帝朱由检、明太祖朱元璋移入，又增祀辽、金、元三代帝王。康熙六十年（1721），圣祖重新确定，只要不是无道被杀或亡国的帝王，都可入

1《明史》卷五十，中华书局，1974年，第1293页。

历代帝王庙

历代帝王庙近景

庙享祀，入祀数量由此发生了前所未有的变化。雍正落实其父遗愿，入祀了历代以治国守业著称的君王。乾隆时，又将帝王庙正殿提高到与乾清宫、奉先殿相同的等级，并提出“法戒论”作为祭祀要义，进一步完善了历代帝王庙的祭祀仪式。到乾隆五十年（1785），最终形成以三皇五帝为首、共入祀188位帝王的新格局，体现了“不绝如线”的历代帝系传承思想。

历代帝王庙集明清两代建筑精髓，见证了中国建筑文化的辉煌。景德崇圣大殿是全庙的经典建筑，明嘉靖帝建庙时，就使用了珍贵的金丝楠木立柱，今天已是绝世之作；乾隆帝把殿顶更换为纯黄色琉璃瓦，施用金龙合玺彩画，把规格提升到“乾清宫”“奉先殿”的级别，使其显得更加豪华而凝重。雍正、乾隆帝的四座御碑，分列在大殿两侧，东西配殿烘托着主体大殿，更显气势恢宏，蔚为壮观。整座庙宇高低错落有致，前后层次分明，处处显示着皇家庙宇的风范。[1]

中华文明已有 5000 年未曾中断的历史，形成了从三皇五帝到历代帝王一脉相传的中华统绪。明清两朝修建的历代帝王庙，中龛奉祀的三皇五帝，成为中华民族的共同祖先。明清皇帝既是中华统绪中的一环，也是其承继者与回望者。历代帝王庙就是他们尊崇中华统绪、认知一脉相传的标志与象征。

关岳庙位于西城区鼓楼西大街 149 号，原为道光帝第七子醇贤亲王的祠堂，于光绪十七年至二十五年（1891—1899）修建。民国年间，北洋政府在其后寝祠内塑关羽、岳飞像，故改称关岳庙。关岳庙坐北朝南，占地面积约 2.5 万平方米，前后三进院落。主要建筑集中排列在其中轴线上，自南而北依次为琉璃照壁、庙门、中门、正殿、后寝祠，附属建筑分列两侧。中院东西各有跨院，西跨院又分南北两院，东跨院有神厨、神库、宰牲亭等祭祀性建筑。

贤良祠，清雍正十一年（1733）建成于地安门外关帝庙西侧，系供奉、祭祀全节大功之臣之处，大门外有下马红柱，并设祠户 20 人 [乾隆六年（1741）裁为 10 人] 专门管理。贤良祠建成后，雍正皇帝御题“崇忠念旧”匾额。清王朝在紧邻皇城北部、皇家“后院”（地安门之西）的紧要之地建起一座奉祀功臣祠宇的目的，显然是基于执政者对开国以来满、汉文武大臣中“才德著闻，完名全节者”的奉祀，借以彰显“忠君爱国”这一精神主旨。而能否入祀贤良祠则以大臣生前的功绩、名节作为主要依据，由大臣奏请、大学士会同礼部查明详慎，具奏请旨，或由皇帝提出人选，命九卿会议具奏，最终决定其入祀与否。

1 许伟：《历代帝王庙的来龙去脉》，《光明日报》，2013 年 8 月 12 日。

现存贤良祠建筑群由一条中轴线纵贯南北。其面积约 84.7 平方米，面阔 12.1 米，进深 7 米，绿琉璃筒瓦歇山顶；碑亭东西各一，均为黄琉璃六角攒尖造型；内立清世宗宪皇帝御制贤良祠碑二通，御碑形制相同，螭首龟趺，下置海墁石。东侧御碑刻写汉文、西侧御碑刻写满文，文意相同。碑首各以满、汉文篆书刻写“敕建”二字。仪门三间，三踩单昂斗拱，绿琉璃筒瓦歇山顶，左右各辟侧门。仪门与前殿之间由一条甬道相连。正殿三间出轩，五踩重昂斗拱，顶部覆以绿琉璃瓦。

入祀贤良祠是清朝奖赏制度的重要组成部分，清代的王公大臣莫不以身后入祀贤良祠为平生的最大荣耀，贤良祠祀礼也因此一直延续至民国后。20 世纪 20 年代，贤良祠被宛平县借用开办女子职业学校。中华人民共和国成立后，由中华全国妇女联合会管理使用至今。

三、王府文化

王府是存在于国都北京的一种独特建筑，是皇权文化的延伸，亦是其历史价值、建筑价值、艺术价值、社会价值的混合体。北京的王府经历了不同的历史时期，在逐渐演变过程中呈现出不同的时代特征。明代在京城集中建造了皇宫、皇城（大内）、苑囿、坛庙、城墙、陵园以及部分显贵官宦的豪宅，而大多数达官显贵引退之后会告老还乡，并不想在京城内再营建“归所”，因此，当时京城的豪华住宅并没有形成规模。进入清代，在京城分封诸王，王府建筑开始大量出现，并融合了宫廷和民居建筑的风格和特点，形成了独特风景。到清朝中晚期，京城四合院式的建筑形式趋于成熟，这和清代京城的社会生活形态、人文地理环境相适应。“康雍乾”盛世，社会相对稳定，贵族阶层大批涌现，在内城中形成了所谓的“闲情阶层”。这些王公贵族生活优渥，对宅邸建造更加考究且追求园林化。随着这一群体的扩大，四合院式宅邸遍布京城，对王府建筑产生了深远影响。

“王府”特指王爷的府邸。“王”即封建时代的封爵，“王府”即封爵为王的人的居所。北京的王府蕴含丰富的历史、文化和艺术价值，是皇家文化的重要组成部分。虽然在元代之前的许多文献中即出现了“王府”一词，但要探寻北京王府的起源，还应从元代起。清朝时期，王府文化在北京发展至顶峰，其中大部分坐落在北京老城。

明太祖朱元璋曾言：“天下之大，必建藩屏。上卫国家，下安生民。今诸子既长，宜各有爵封，分镇诸国。”明代封王之后，王侯一律出京，到分封的外省属地，无旨不得进京。明朝的王爷就封之后，其影响也仅限于封地之内，在北京的王府，只有一座燕王府。明代积水潭周边分布的多是私家园林，东岸有漫园、湜园、杨园和王园，西岸有方园，南岸有定园（太师圃）、镜园和刘茂才园，其中尤以定国公徐达后人的定园和明万历年间名士米万钟的漫园最负盛名。后海一带则有相当一部分变为稻田，四周多为来自南方的朝官宅第。这样的人文环境，使其成为文人学者流连忘返的游览唱和佳地，同时也是京师仕宦最为集中的住宅区域。

1644 年清兵入主北京，沿用明代的紫禁城作为皇宫。清代在政治制度上吸取明代的教训，为避免诸王分权，而确定了不赐土、不临民、不加郡国、不出京师的原则，同时不断完善分封制度，最终确定爵位十二等，即亲王、郡王、贝勒、贝子、镇国公、辅国公等。所有分封的皇亲宗室皆安排在北京内城建立府邸。这些亲王府作为等级最高的王府建筑，通常拥有选址地段好、面积规模大、形制级别高等特点，随着清王朝近300年的发展，王府数量也越来越多。

清代王府作为宫廷建筑的延伸，对前朝的宫廷建筑形制自然会有所传承。但鉴于当时的政治、社会、经济形态及人文地理状况的变化，北京的王府又有了新的形制。仅就建筑规模来说，虽然和故宫相差悬殊，但又有可比拟的建筑形制，即王府的主路建筑参照故宫的中路建筑，也以“前朝后寝”形式构成。而各个王府的辅助建筑部分，即跨院和花园，则呈现灵活自由的建筑格局。另外有些王府周围还有家庙、马号、小府等附属建筑。

从建筑形式来看，清代王府既有皇家宫廷建筑特点，也包含京城四合院和私家园林的特征，还具有满族贵族府邸所特有的建筑形式。清代王府建筑吸收了明代宫廷建筑的风格，但建造规模大为缩减，整体建筑庄重严整、宏阔内敛、布局得体，豪华中不失优雅，细节的呈现也更为灵活多样。在等级规模上，清代王府介于皇宫和达官宅第之间，兼有宫廷和民宅的建筑风格。在建造工艺上，采用了传统的官式做法，完全按营造则例精工细作。王府的建筑用料考究、质量上乘，代表了清代宫室建筑的建造水平，非一般的官宅和民宅可比。

清代满族亲王的分封方式有功封、恩封和考封，成年的亲王直接住进府第；未成年前一般都住在紫禁城，成年封爵后移居到宫外各自的府第。清代北京王府属于皇产，一般由工部建设，统归内务府管理，王爷只有使用权。清代亲王府受到府主世袭更替、封贬变化等各种因素的影响，具有动态演变性，会随着各种政治或社会因素发生变化。

对于在京王府的建造地域，清代制定了明确的“国宅”区，除少部分蒙古王公将府第设于其京外领地，其他满、汉王公的府邸，按规定都必须设在北京内城，毗邻宫城，主要集中在内城东、西两侧。清朝的王爷“分府”之后，京城之中也就又出现了一座座小紫禁城。小紫禁城不同于大紫禁城，相对而言，“小”比“大”要开放，要多些人间烟火气。一座王府也就是一个皇家文化的传播点。今西城所在区域，水资源丰富，风景宜人，明代就有不少深宅大院，到清代更是成为王府的集中区域。什刹海在清代被看作一块金不换的风水宝地，嘉庆皇帝的胞弟永璘曾言，争不争皇帝无所谓，只要能拥有这块宅地就知足了。

王府作为分封给亲王、郡王、公主的住宅，其建造、使用都有着严格的等级和制度规定。《大清会典》中有府邸制度的相关记载，其后各朝均有修纂，王府建筑的制度也不断地完善与细化。但无论是哪个朝代，对于王府建制的规定都体现出等级鲜明、区别明确的特点。清顺治四年（1647），郑亲王就因建造王府的正殿地基逾制，又擅用铜狮、鹤等，被罚银 2000 两。

清代王府的建筑等级制度，也与宗室的分封制度紧密联系在一起。王爵仅有两个等级，即亲王和郡王。清代法律对王府有严格规定，如果按照名称分类，只有亲王、郡王、公主（下嫁亲王、郡王）的居所才可称为“府”，贝勒、贝子及以下居所只能称“邸”或“宅”。如果按照规模大小来分，亲王府、郡王府为大型王府，贝勒府、贝子府为中型王府，镇国公、辅国公等为小型王府。如果按照府主的出身，又可分为潜龙邸和一般王公府邸。所谓潜龙邸，就是该王府有王子登基为皇帝，之后这一王府将改作寺庙、祠堂或宫殿，原府其他人员将搬迁至别处。王府一般都有精美的园林，府邸园林就是缩小了的皇家园林，是皇家文化的重要组成部分。位于后海的恭亲王府和醇亲王府园林至今保存完好，留下了北京古都王府风貌的珍贵一角。

醇亲王北府花园今址

北京西城区域因良好的地理位置与自然条件，明清时期成为皇亲国戚竞相建邸的首要选址地。尤其自明代城墙南移之后，清代京城西部更是成为上风上水、山水格局完整的区域，其中不乏德胜门内水关、什刹海、太平湖等风景秀丽之地。

目前北京尚存46座清代府邸及遗址，其中近半数位于西城。按照建筑等级，亲王府有13座：恭亲王府、郑亲王府、醇亲王南府、醇亲王北府、庆亲王府、礼亲王府、庄亲王府、仪亲王府、定亲王府、敬谨亲王府、阿拉善王府、端郡王府及棍贝子府。郡王等级的府邸共4座：恂郡王府、顺承郡王府、克勤郡王府和涛贝勒府。尤其是什刹海地区，经过明清几百年的发展，成为王公贵族府邸集中区域，如醇亲王府、恭亲王府、庆亲王府等。清亡后，府宅院落逐渐变成名人宅院，如宋庆龄故居、郭沫若故居、张伯驹故居等。

醇亲王府位于西城区后海北沿，是清末光绪、宣统年间两代醇亲王奕譞、载沣所居之处，其前身是清初大学士明珠的宅第，作为王府建制，建成于乾隆五十四年（1789），光绪十四年（1888）进行大规模修缮。明珠，满族正黄旗人，是康熙朝重要的政治人物，于康熙十六年（1677）担任相当于宰相的武英殿大学士，权倾一时。明珠的长子纳兰性德，才华横溢，清雅脱俗，是一代词坛巨擘，被近代国学大师王国维称赞为“北宋以来一人而已”。纳兰性德也为满汉文化的交融做出了杰出的贡献，他用汉词写满族风情、塞外风光，其词或凄婉缠绵，或苍凉悲壮。在清初词坛上，纳兰性德与汉族词人曹贞吉、顾贞观并称“京华三绝”，共同促进了“清词中兴”的出现。明珠在宅第一侧的花园中修筑了一座渌水亭，纳兰性德经常与康熙年间第一流的文人陈维崧、朱彝尊、徐乾学等在此举行宴会，交游唱和，留下不少脍炙人口的诗词名篇，现有《饮水集》和《侧帽集》等作品存世。“人生若只如初见，何事秋风悲画扇”就是他的名句，至今脍炙人口。不过，纳兰性德年仅 30 岁就病逝了。

乾隆后期，这座宅园传到明珠的孙辈，因为犯罪而被朝廷没收并改赐成亲王永瑆，称“成王府”。永瑆是乾隆帝第十一子，擅长诗文书画。永瑆过世后，王府和花园续传其子孙，光绪年间传到贝子毓橚手中。当时朝廷地位最显要的王爷是光绪帝的生父醇亲王奕譞，他的府邸本来位于内城西南角的太平湖附近，因为光绪帝出生在此，这里就成了“潜龙邸”，按照清朝的惯例，应该升格为宫殿，不宜由一位王爷永久居住。故而朝廷决定将毓橚的这座府邸改为新的醇亲王府。

奕譞是道光帝第七子、咸丰帝的弟弟，其亲王爵位具有“世袭罔替”的资格。奕譞获得新王府后，发现府邸建筑和花园都已经衰败不堪，朝廷赏了10万两银子让他自行修理，由于经费不足，只好斟酌减少了一些亭台楼阁。奕譞去世以后，王府与花园都传给第二代醇亲王载沣。载沣是末代皇帝溥仪的生父，宣统年间曾任摄政王。因为这里是溥仪的出生地，也应该改作宫殿，不过清朝很快就灭亡了。1924年溥仪被驱逐出宫后还曾在此居住过。1963年，醇亲王府的花园经过整修后用作宋庆龄住所，拆除了一些旧建筑，并在西侧修建了一座两层仿古风格的大楼，其余景致基本保存完好。1982年后以“宋庆龄同志故居”的名义对外开放。

醇亲王府由建筑区和花园区两部分组成。建筑区位于东侧，有正门、正殿、后寝、后罩楼，以及两侧的配殿、配楼；西侧为王府花园，是北京现存造园水平最高的大型园林，其回廊曲折，亭、台、阁、榭点缀其间。醇亲王府虽然位于城市核心位置，但所在的后海一带素来以幽静而著称，夏天水面上有大片荷花，堪比杭州西湖。登上园中南楼，即可俯瞰后海风光，还能隐约眺望西郊的远山，有很好的借景条件。醇亲王府在山水围合之中修建厅堂院落和楼、亭、长廊，空间疏朗，意境清幽，手法大气而不落俗套，是研究清代王府历史和建筑形制的典型实物资料。[1]

位于什刹海前海地区柳荫街的恭王府，是目前北京保存最为完好的清代王府，其最早是朝廷一等忠襄公和珅的宅邸。和珅（1750—1799），字致斋，钮祜禄氏，满族正红旗人，乾隆五十一年（1786）任文华殿大学士，其子丰绅殷德娶和孝公主为妻，门第显赫，荣宠无比。嘉庆四年（1799）乾隆帝去世后，和珅被嘉庆帝赐死，其宅邸除了部分留给固伦和孝公主，其余部分赐给庆郡王永璘，成为庆王府。咸丰元年（1851），诸子分府，由于庆王后裔奕

1 贾珺:《醇王府园造园艺术简析》,《中国园林》，2001年第2期。

勋降袭辅国将军爵位，与王府等级不合，故迁至定阜大街大学士琦善旧宅。咸丰二年（1852），恭亲王奕䜣入住，成为恭王府。奕䜣为道光帝第六子，咸丰末年起负责总理各国事务衙门，同治年间加封议政王，一度执掌朝政大权，是晚清重要的政治人物。

恭王府

中国古代的建筑以木构架为主，是土木建筑构造的代表。作为封建社会自给自足自然经济和宗法家族制度的产物，左右均齐、四合封闭的四合院，这种空间组合居住生活方式已经深入社会各个阶层，同时也体现着封建社会礼制的要求和特点。因此，王府建筑也多以多进四合院落和花园组合而成。作为王府建筑的重要组成部分，花园也是各个王府的特色景观之一。故有“京师园林，以各府为胜，如太平湖之旧醇王府，三座桥之恭王府，甘水桥北岸之新醇王府，尤以二龙坑之郑王府为最有名，其园甚巨丽，奥如旷如，各极其妙。闻当年履亲王府之园亦甚美”[1]。

奕䜣获赐王府的时候，府邸部分尚保存完整，但府后花园已经完全废弃，只剩下一座西洋式的园门以及一些土山、青石和水井。奕䜣于同治五年（1866）对花园进行重建，形成了目前的格局。此

1 崇彝：《道咸以来朝野杂记》，北京古籍出版社，1982 年，第 96 页。

园最初与恭亲王的西郊赐园同名，都叫“朗润园”，后来改称“萃锦园”，因奕䜣本人的诗集《萃锦吟》而得名。萃锦园有“四十四景”之说，在布局、造景、建筑风格、意境创造等诸多方面，都堪称我国古典园林中的一颗璀璨明珠。奕䜣去世后，府园由其孙溥伟继承，民国时期出售给天主教会，用作辅仁大学校舍。20 世纪 80 年代恭王府花园整修开放，成为北京著名的古典园林游览胜地之一。

恭王府府邸建筑由三路多进四合院落组成：中路建筑庄严，东路建筑华丽，西路建筑典雅。由于其前身为和珅的私宅，固伦和孝公主与驸马丰绅殷德也居住于此，因此是按照朝廷一品大臣和郡王府的等级来修建的。

由于地理位置及气候条件，北方的房屋以坐北朝南为最佳。恭王府建筑均为坐北朝南向，王府正门朝南面向胡同，因王府正门一般不临街开设，故在府邸大门前用围墙圈出一片宽阔的区域作为前庭院，而在东西两侧临街的位置开两侧门，称为阿斯门。王府正门前通常置有象征身份等级的石狮子一对，故称狮子院，取意兽中之王，起象征性的护卫作用，并以其凶猛的形象显示主人的威势。恭王府狮子院包括东西两座院落，西侧院落位于王府主体三路建筑前，院落南端建有两排倒座房，为王府办事机构用房，王府的总出入门开在狮子院的东墙上。

民间一度传说恭王府花园为《红楼梦》中大观园的原型，著名红学家周汝昌先生为此写过专著加以考证。事实上，一座同治年间重建的园林不可能被写入乾隆年间的小说，但此园作为北京目前保存最完整的王府花园，确实与大观园有某些相似之处，值得细细品味。

涛贝勒府位于什刹海地区柳荫街，其前身为康熙帝第十五子愉郡王允禑的王府，同治三年（1864）转赐钟郡王奕詥。奕詥身后无子，由贝勒载滢承袭。后载滢因故被削去爵位，府邸也被收回，另赐贝勒载涛，成为涛贝勒府。载涛为醇亲王奕譞第七子，也是光绪皇帝和摄政王载沣的七弟，光绪二十八年（1902）袭封贝勒，在宣统年间出任军咨府大臣、禁卫军统领大臣。中华人民共和国成立后，载涛还曾担任中国人民政治协商会议委员、中国人民解放军总后勤部马政局顾问，是清末皇室中的新派开明人物。

涛贝勒府最大的特色在于明显受到欧洲园林的影响，在整体布局、建筑装修及水池喷泉三个方面吸收了不少西式手法，并与中国传统造园形式巧妙地融合在一起。清代中叶以来，北京私家园林经常受到洋风的影响，一些权贵的花园中特意构筑西式洋楼，且体量较大，与传统的园林风貌并不协调。相比而言，涛贝勒府对西式手法的吸纳比较高明，全园在采用轴线控制、西式装修和西式喷泉的同时，仍按照中国传统方法营造其中的建筑物、培植花木、堆叠假山，使得中西方不同的造园元素彼此兼容，避免了几何式布局所带来的过分严谨之感，堪称富有新意的近代杰作。[1]民国初期，府园被教会收购创办辅仁大学，并于1930年在花园南侧的马号旧址上建造了一座中国古典风格的教学楼。后辅仁大学在北院府邸又办起了附属中学，称国立辅仁大学附属男子中学。后来辅仁大学并入北京师范大学，附属男子中学改为北京市第十三中学。1995年，涛贝勒府被列为北京市重点文物保护单位。目前，府邸及花园主要建筑均基本保存完好。

棍贝子府位于西城蒋养房胡同（今新街口东街）以北、什刹海西海南岸，清末时期为贝子棍布扎布的府邸花园，其前身最早可以

1 贾珺:《北京西城涛贝勒府园》,《中国园林》，2008年第5期。

追溯到明代定国公的太师圃。定国公徐氏是明朝开国功臣、名将徐达的后代，长期定居京师，其府邸建于西海岸边，旁设花园，园门上悬挂“太师圃”匾额。根据《帝京景物略》《燕都游览志》等明代文献记载，此园格局疏朗旷达，入门即为一堂，堂后是一片大水池，池中荷花盛开，岸边槐柳垂荫；池北有水榭和高台，可以临瞰墙外的西海风光，整体风格犹如荒山野塘，被誉为什刹海沿岸第一名园。

清朝雍正年间，此处成为诚亲王允祉的新王府。不久，诚亲王被夺爵圈禁，府邸由其第七子贝子弘暻继承。乾隆年间的《京城全图》上绘有府邸和花园的详细平面图。嘉庆年间，府园传至弘暻的曾孙辅国公奕果，后被朝廷收回并转赐嘉庆帝第四女庄静公主。庄静公主于嘉庆七年（1802）下嫁蒙古土默特部贝子玛尼巴达喇，故此府改称土默特贝子府。光绪年间，府园传至庄静公主曾孙贝子棍布扎布，又称棍贝子府园。中华人民共和国成立后府园收归国有，1956年在此建立积水潭医院，花园大部尚存，被辟为医院的休闲场所。

王府的营建，改变了北京城原有的城市肌理，使稠密的胡同格局出现了众多点状院落。这些散落在西城的王府，拉近了宫廷建筑与民居建筑之间的距离，形成了以紫禁城为中心，王公府第、衙署、寺观、宅第、民居次第分布的等级建筑序列。王府因其相对开放的风格，形成了区域的建筑中心，增加了城市整体格局中的韵律与节奏。

从清朝初年王府开始建造至今，几百年的风雨已经使昔日王府由华丽走向沧桑，保存下来的王府屈指可数。纵观王府的衰落，既有外部因素，也有内部因素，但最根本的还是清王朝的覆灭带来的制度变化。辛亥革命的胜利，结束了清朝的统治，王府主人们失去

辅仁大学旧址

了赖以生存的经济与政治基础。民国以后，清室贵族和旗人普遍没落，不得不租让、典卖房地，王府的主人不断更迭，使其性质发生了翻天覆地的变化，其作用也必然随着新主人的兴趣和用途而发生改变，如改作学校、医院、博物馆、私人住宅或是政府办公地等。

清末，以京师大学堂为代表的现代大学兴起，近代教育的兴办纷纷以清代王府为选址。王公府第的所有权与利用方式的演替，反映了城市的空间变迁。府第转移开始是个别进行的，如豫王府变卖给协和医学院、郑王府租借给中国大学等。第二次卖府风波发生在1924年底。溥仪被逐出宫、政府清理旗产引起贵族们的惊慌，“清室王公以所居府第虽经政府认为私产，恐将来又有更改，大众议决，先将府第变卖，另置私产。除载涛贝勒府已售卖外，现在庆王府、恭王府等又纷纷出售”[1]。规模更大的亲王府多改造为大学，贝勒贝子府多为新贵、富裕工商业主收买。对于西城而言，很多王府变成了大学，如位于西单大木仓的郑亲王府成为中国大学所在地，恭亲王府成为辅仁大学所在地，太平湖的醇亲王府成为民国大学所在地，官园的端亲王府成为北平工学院所在地，西单教育街的敬谨亲王府则成为教育部所在地。中华人民共和国成立初期，许多王府

1《清室王公纷纷卖府》,《益世报》, 1925年5月5日。

被政府机关接收，有的沦为社会大杂院，有的只剩下断壁残垣。

四、园林文化

早在战国时期，燕昭王就在蓟城建造离宫，开启了北京地区的园林建设。从辽金时期，北京开始建造大量皇家园林，中国目前存世的皇家园林，大多位于北京，其代表了皇家造园的最高水平。同时，北京的官僚贵族、文人学士、富商豪贾云集，又涌现出大量的私家园林。此外，北京还有众多的寺观园林、会馆园林和公共风景区。这些园林，成为老城文化的重要载体，其中以皇家园林和私家园林最具代表性。北京西城以其特殊的地理位置与优美的自然环境，是最能体现北京园林特质的区域。

打开北京城区地图，位于西城的园林可以说是“清波入眼，比比皆是”。由南到北，首先是陶然亭水域，然后是西华潭、梁家园，以及皇城之中、禁园之内的南海、中海、北海和皇城北垣外的前海、后海、西海。

北京的园林，最早见于《战国策·燕策》，燕攻齐胜后，“蓟丘之植，植于汶皇”。这是燕都蓟城的园林，也是现今可见对北京西城区域内园林的最早记载。公元 4 世纪，前燕主慕容儁在蓟城建都，开始建造皇家园林。此后，经辽和金的奠基期、元代的开拓期、明代的发展期，而至清代进入鼎盛期。

北京西城是元、明、清三代帝都皇家苑囿的荟萃之地，其滥觞是金代的大宁宫，元朝从海子的整治和琼华岛的建设开始，历经明清。这些园林无一不是依水而建，不仅展现了巧夺天工的建筑技艺，还具有深邃的儒、释、道文化内涵，可以说是中华传统文化的综合载体。

今北京西城北海一带在明清时称为“西苑”，是中国现存历史最久远的皇家园林，其历史源自金代。金朝定鼎中都后，金世宗以宋汴京“艮岳”为蓝本，于大定九年（1169）在中都的东北郊修建离宫——大宁宫。引白莲潭水为太液池，以浚湖之土筑琼华岛，又从开封运来太湖石，仿照艮岳堆成假山。元代形成以太液池为中心的皇家园囿，并成为元代皇宫的中心。

明初的“西苑”大体保持了元代的规模和格局。宣宗时，对西苑不断重修扩建，拓宽水面，踵事增华。宣宗撰有《御制广寒殿记》（又作《绿竹引》），颂称“光摇太液波心月，高出三山顶上松”，后世传为“凤城万树”之景。明代西苑建筑疏朗、树木蓊郁，既有仙山琼阁的境界，又富水乡田园之野趣，犹如在厚重砖墙的层层包裹中，辟出一大片轻灵鲜活的自然环境。尤其南海一带，为明帝“阅稼”之所，树木蓊郁，具有浓郁的田园野趣。明人诗称：“别开水榭亲鱼鸟，下见平田熟稻粱。圣主一游还一豫，居然清禁有江乡。”清代康熙、乾隆时期，西苑建设进入全盛时代。乾隆年间进一步明确，分为南海、中海和北海三个相对独立的区域。

西苑不以规模著称，却保留着中国古代皇家园林的诸多基本功能。其一，是追求人神之间的沟通，在西苑的建筑格局中，“一池三山”的古代园林模式被完整保留下来，其主体建筑的名称，如太液池、琼华岛、广寒殿等，也皆是远古神话中神仙居住的地方。帝王们希望营造仙境般的氛围。其二，是帝王修炼养生之地，最典型的例子就是明世宗在此修炼道家不老之术长达几十年。其三，是与臣民休闲度假的地方，历代帝王在此聚集诸多贵族及大臣登山赏景、宴饮娱乐。其四，是作为处理政务的补充场所，明清时期的帝王在园林中休闲之时，有些也不忘处理政务。清朝帝王在皇家园林中建有四处勤政殿，其中一处就设在西苑。

西苑由“三海”组成。南海水面最小，近于圆形，中央岛屿名为瀛台，取东海仙山瀛洲之意，设长桥与北岸相通。岛上建造了一组华丽的宫殿建筑，坐南朝北，最北为仁曜门，门内为七间翔鸾阁，东西两翼设有长楼；再南过涵元门，门内为瀛台正殿涵元殿，清代皇室经常在此举办典礼和筵宴活动。

南海和中海之间有一道堤坝，清代康熙年间在堤上建造了一座勤政殿，作为皇帝驻跸西苑期间主要的理政场所，殿北侧为德昌门。南海的西北岸建有丰泽园建筑群，明代和清代初期均在这一带设有御田，由皇帝亲自来此举行躬耕之礼；丰泽园内的正殿惇叙殿在光绪年间改名为颐年殿，民国时更名颐年堂，袁世凯曾在此办公，1949 年后一直用作会议厅。颐年堂东侧跨院的菊香书屋曾经是毛泽东主席的住所。丰泽园西侧有荷风蕙露亭、静谷、崇雅殿、静憩轩、怀远斋、纯一斋等景致，其中的静谷假山为清初造园大师张然所叠，山间设有爱翠楼、植秀轩，与竹柏相伴，清幽典雅，别有一番天地。乾隆时期在南海南岸紧邻西长安街的位置修建了一座宝月楼，传说是当年来自新疆的维吾尔族美女香妃的居所。

中海是一片狭长的水面，岸边建筑较少。元代太液池中的小岛犀山与东岸相连，成为半岛，上面建了一座水云榭，其东有万善殿和千圣殿两座殿宇。西岸有大片空地，辟为射苑，可在此跑马射箭。其中建有平台圆殿，以做观射之用。乾隆年间将此台改建为紫光阁，中国古代有在宫苑楼阁中陈列功臣画像的传统，例如汉代的云台和唐代的凌烟阁，清代紫光阁继承旧制，也在阁内悬挂了许多功臣画像。同时，紫光阁还是赐宴外藩王公和属国使节的地方，有时在阁前搭建大蒙古包，把草原特色引入西苑。

中海西岸有一组宫殿院落，其正殿仪銮殿曾是慈禧太后的寝宫。光绪二十六年（1900）八国联军侵华，联军统帅驻扎于此。后仪銮殿发生火灾，被烧毁，清廷在此重建了一座西洋风格的海晏堂，模仿圆明园西洋楼中的海晏堂，主要用来接待西方各国的女宾。这座建筑在民国时期更名为居仁堂，曾用作袁世凯的居所，1949年后被拆除。

北海冬季

北海是西苑三海的重要组成部分，水面比南海和中海略大，景致也丰富得多。清代，皇室经常在北海结冰的水面上举行“冰嬉”，类似今天的滑冰游乐活动。北海与中海之间以一道长桥分隔，桥东西两端各立一座牌坊，东为金鳌，西为玉蝀。“鳌”是传说中海上的大龟，佛殿中的观音菩萨经常站立在鳌山上；“蝀”指彩虹。这两座牌坊的匾额暗示三海是仙境的化身。

北海公园团城承光殿玉佛

东南岸的团城本是元代太液池中的小岛圆坻，底部为圆形高台，台上围合一圈圆形平面的游廊，在元代仪天殿旧址上，曾建有一座承光殿，殿前古松挺拔，南侧有一个石亭，里面放置着元代的大玉瓮，名叫“渎山大玉海”，据说装得下三十多石酒；

遥望北海漪澜堂

承光殿周围还建有一些殿堂和亭子，起衬托的作用。

琼华岛是北海的核心景观，位于水面东南部，南侧和东侧以石拱桥分别与团城和东岸相连。金代曾经在岛中央山顶位置建了一座广寒殿，清代顺治年间改建了一座白色的喇嘛塔，南侧紧邻着一座善因殿。塔底部设汉白玉台基，塔身通体洁白，顶戴宝刹，造型流畅，成为整个北海的标志建筑。

什刹海一带常被视为北京内城修筑园林的首选佳地，明清两代湖畔的府宅园亭均曾盛极一时。什刹海地区的府宅园林可分为王公府园和私家宅园两类，前者有明代的定国公园、英国公新园及清代的庆王府园、恭王府园、醇王府园、阿拉善王府园、涛贝勒府园、棍贝子府园等；后者有明代的漫园、镜园、刘茂才园、湜园、杨园，清代的蒋溥宅园、张之洞宅园、麟魁宅园，民国时期的婺园、泊园等。

进入民国之后，传统的园林文化也发生了时代转型，其中以现代公园的产生最具标志意义。20 世纪 30 年代北平市政府编辑出版的《旧都文物略》总结道："自帝制倾覆，废皇徙居，旧日之三海、颐和诸园，均已次第开放。而社稷坛，自民初即经政府整理，点缀风景，改为公园，为旧都士民唯一走集之所。春花秋月，佳兴与同，甚盛事也。兹述园囿，首中山公园，次中南海，次北海，次景山，次颐和园，次玉泉山静明园，次南苑。凡昔日帝后游幸场所，

民国初年的北海公园

今咸为市民宴乐之地。”[1]

北海公园自 1925 年开放之后，在北京城内人气一直很高，对市民的日常生活产生了广泛影响。还未正式开放之前，很多新生事物就在公园这个场所中实现了自我展示。1923 年 10 月，徐志摩与陆小曼在北海公园举行了规模盛大的婚礼，证婚人为梁启超，观礼宾客众多，许多报纸纷纷予以报道，形成了一个关注度很高的舆论事件。1937 年 6 月，北平市社会局组织的首届“集团婚礼”在中南海怀仁堂举办，若干对新婚夫妇在同一地点，由同一证婚人主持，同时举行婚礼。这种结婚方式在当时所体现出的“时尚”意义以及

1 汤用彬等编著:《旧都文物略》，北京古籍出版社，2000 年，第 59 页。

海王村公园

传播效力，对于北京市民婚礼样式的革新具有重要的引领作用。

进入北海公园的游客主要以社会中上层群体为主，对于中下层市民而言，票价低廉的城南公园或者不收门票的什刹海更为适合。城南公园即帝制时期的先农坛，与天桥、永定门等地距离不远。由于空间地理位置等原因，城南公园主要聚集了底层平民。作家高长虹对北京几座公园进行了品格分类：“先农是下流人物传舍，中山装满了中流人物，北海略近于绅士的花园。”《晨报》也曾报道：“下等人可到海王村去，中等人可到城南去，上等人可到中央公园去。”逛公园作为一种新的娱乐方式，其覆盖的人群范围比较广泛，从理论上讲，公园对所有阶层都是开放的。但是，公园的“公共性”总是有限度的，它总是通过地理位置、消费水平、硬件设施、景物特征等因素，对进入公园的市民实现着区分。

北海、中南海开放为公园之后，因有广阔的水域，无论冬夏，均为市民日常娱乐的极佳场所。尤其是在寒冷冬日，冰面如镜，用杉篙、芦席在冰面上围出冰场，此时的北海可以说是北京城最热闹的场所，以青少年为主的群体在冰面上相互追逐嬉戏。作家张恨水就描述了20世纪二三十年代冬季北海的溜冰场景："走过这整个北海，在琼岛前面，又有一湾湖冰。北国的青年，男女成群结队的，在冰面上溜冰。男子是单薄的西装，女子穿了细条儿的旗袍，各人肩上，搭了一条围脖，风飘飘的吹了多长，他们在冰上歪斜驰骋，作出各种姿势，忘了是在冰点以下的温度过活了。在北海公园门口，你可以看到穿戴整齐的摩登男女，各人肩上像搭梢马裢子似的，挂了一双有冰刀的皮鞋，这是上海香港摩登世界所没有的。"[1]

北海公园、中南海公园在20世纪二三十年代还举办过化装溜冰大会，参加活动的人们造型各异，在当时可谓"时代先锋"。《晨报》报道："北海公园漪澜堂前自组织溜冰场后，滑冰者与参观者，络绎于途，该堂经理昨又广约中外人士，幻作奇异服装演出曼妙之身手，共同竞赛。……此次与会比赛，其装束奇异者，均有奖品，故凡与会比赛者，不吝破资，具备奇服异装以博赏心，故与会比赛人数达百三十余名。男女各半，衣冠华丽，无所不有。西妇方面，除九人饰牛羊马或兔令人捧腹不计外。中妇方面服装奇妙，尤以粤人张女士之饰蝴蝶，及某女士之饰印度妇，尤为妙绝。男人方面，有某君所饰欧洲七代之武士，又有饰莲花游船等，亦均有可观。三时由指挥鸣笛集会，与赛者按号数之次序，鱼贯入场，围一圆形，摄影后，即在该场舞跳。如斯盛会，琼岛为之生姿，瑶池为

1 张恨水：《张恨水说北京》，四川文艺出版社，2001年，第90页。

北海溜冰

之增色，洵为北京各年冬令所未有之盛事。”[1]陈宗藩《燕都丛考》亦载：“近年漪澜堂、五龙亭左右，各设冰场，以为滑冰之戏，事实沿旧，不知者乃以为欧美高风，青年之人，趋之若鹜。化装竞走，亦足以倾动一时，较之他处人造之冰场，复乎胜矣。”[2]

北海公园每逢开放纪念日、民俗节日及“双十节”等，一般都会在园内燃放焰火，举办灯彩游园晚会。作为一个现代意义上的公园，北海开放之后，通过增添新设备，为游人提供了一些新的娱乐方式，如在园内添设电影场、照相馆、球房，购买新式望远镜数架，置于静心斋及小白塔前之铜亭，供游人远眺，设置游船供人乘坐等。中南海公园作为当时北京内城最大的一片水域，除了观赏皇家园林，水上项目也很受欢迎，如游船、垂钓等。中南海是北京城内较早开放游泳池的场所，经营理念也很先进，如设立团体票，70人以上可以享受半价，学生可以买到月票。游泳池还专门聘请了教练。

除了皇家园林，元代以来，北京西城北部的什刹海一直是北

1《昨日北海之化装滑冰会》，《晨报》，1926年2月1日，第6版。

2 陈宗藩编著：《燕都丛考》，第136—137页。

京城内最重要的公共水域和风景名胜区，拥有大量的寺庙园林和公共园林。这些园林景观围绕水面展开，借景效果独特，彼此联络呼应，是古代环境景观设计的杰出典范。

始建于1906年的京师万牲园是今天北京动物园的前身，《辛丑条约》签订后，德国海京伯马戏团在京演出，展览了大象、斑马、羚羊、狮、虎、豹、熊、鸵鸟等野生动物。慈禧太后观看马戏表演后，其中诸多从未见过的珍禽异兽令她既震惊又欢喜。1906年10月13日，出使欧美诸国、日本考察政治归来的端方、戴鸿慈奏请次第举办图书馆、博物院、万牲园和公园。实际上，清政府筹建万牲园的计划在此之前便已成形，万牲园的选址亦已敲定，清政府开始在北京西直门外高梁桥以西、乐善园毗连继园一带建设农事试验场。农事试验场是清政府为培育优良品种以改良农业而建的试验场地，附设向公众开放游览的博览园。万牲园的建址位于试验场东南角面积为1.5公顷的预留地中。1908年，农事试验场全部竣工，可购票游览，建于其东南部的万牲园随之正式开放。

农事试验场开放初期，场内除动物园外还设有植物园、各式外国建筑、茶馆、餐厅、照相馆等。植物园位于试验场西北边，园内建有玻璃温室，室内东、西洋各式奇花异草四时不绝。位于试验场西北角的畅观楼是清代皇家行宫，为中国工匠建造的巴洛克风格西式建筑，内部陈设华丽。1908年此楼建成后仅备两宫休息，不对游人开放；宣统年间开放，游人可购票游览。站在楼上眺望，西可见西山景致，东可见巍峨城墙。畅观楼南侧的鬯春堂则是宫廷式样的中式建筑，三面叠石为山，瑰丽堂皇，初为官员住所，后同样开放成为景点。豳风堂、卍字楼、观稼轩和咖啡馆均为供游人休憩啜茗之所。豳风堂临池而建，建筑宏敞，雕梁彩绘，适宜品茗观荷；卍字楼居全园正中，登楼可将全园景致一览无余；观稼轩充满乡村野趣，为慈禧钦点用膳处。试验场内同时设有中西餐馆，游客还可体验照相、游船等娱乐项目。试验场开放后，成为清廷皇室、域外来客、社会大众游览参观的热门之地，每日游客络绎不绝。

位于城南的陶然亭公园以士大夫郊游唱咏而著名，是清代北京城南一道独特的人文景观。陶然亭位于永定门内的先农坛以西，为康熙三十四年（1695）工部郎中监督厂事江藻所建，取白居易“更待菊黄家酝熟，与君一醉一陶然”句，取名“陶然亭”，因其主人是江藻，又称“江亭”。汪启淑《水曹清暇录》称：“城南隅旧有慈悲庵，介乎南厂之中，地湟，故饶芦苇，在处野水沦漪。康熙乙亥岁，工部郎官江藻监督琉璃窑时，偶游其地，乐之。为重修葺，增建高亭，额曰‘陶然’。春中柳烟荡漾于女墙青影中，秋晚芦雪迷濛于欹岸斜阳外，颇饶野趣，甚得城市山林之景。”有清一代，文人雅士踪迹常至，日久相沿，遂成城南殇咏之地，春秋佳日，宴会无虚，堪称宣南最具文人特色的一处名胜。会试之后，及送往迎来之时，同年、同乡或座师与门生往往举行联谊活动，诗酒酬唱；或在会馆，或于名寺，有些省的士子，专择陶然亭举行。还有一些经常性的文酒之会，则在平时。那些志趣相投的名士、宅舍相邻的文人，往往结为诗友，过从酬唱，几无虚日。其中，也有结成诗社者。很多到过京师的文人，都曾有过题咏陶然亭的诗作。

北京西城还有一种典型的会馆园林。清代北京会馆按性质可分为同乡会馆和行帮会馆；按级别可分为省馆、府馆和县馆三类，其中设有花园者只占很少的一部分，而且以规模较大的省馆园林为代表，其中包括河南会馆、直隶会馆、全浙会馆、南昌郡馆、安徽会馆、广州会馆、南海会馆、湖广会馆等。这些会馆园林直接由私家宅园改建而来，因而在布局模式上与私园趋同，庭院空间均为四合院的变体，格局大多偏于方整，拥有明确的中轴线和正厢观念。清代会馆集中于外城，而外城住宅的庭院尺度往往明显小于内城住宅，导致会馆园林的多数院落宽度偏窄，从而显得比较紧凑。

会馆园林的建筑形式，以厅堂、亭、轩为主，偶尔出现楼台、水榭，种类比其他类型园林要少，造型变化也不大。虽然各会馆的建造者来自全国各地，但包括园林在内的建筑样式基本上仍为典型的北京官式建筑，与地方建筑风格迥异。由于在会馆园林中经常举行聚会、宴饮活动，对宽敞的厅堂建筑最为重视，而亭类建筑一般以方亭最为常见。

会馆均建于稠密的市井坊巷之中，没有直接引水的条件，因此其园林的水景大多非常简单，以方池和月牙池为主。其中唯有直隶会馆因为兼有畿辅先贤祠的性质，花园规模较大，有条件开凿大面积的荷塘，景致疏朗，是罕见的特例。一些会馆园林也会含蓄地反映其故乡的历史文化。如安徽会馆在园中辟方形水池，悬“半亩塘”之额，又在拜石山房内陈设朱熹手迹石刻，从各个角度呈现这位本地儒家圣贤的文化精神；湖广会馆以楚畹堂纪念楚地大诗人屈原；河南会馆的洛社和嵩云亭都是本省历史和景物的反映。

会馆本身属于同乡或行帮的公产，非私人所有，会馆园林作为会馆的附属部分，也具有半公共的性质，与纯粹的私家园林不同。会馆园林的营造和维护费用主要来自集资或捐款，数目有限，其使用者不能永久占据并传之后代。因此这些园林的规模不会很大，精致程度很难达到上层社会府宅花园的水准，总体成就不算很高，只能算是园林史上一脉相对次要的支流。但因为其特殊的历史地位，曾经留下很多名人印迹，自有其不可忽视的社会文化价值。清朝灭亡后，京城的老会馆逐渐衰败，会馆园林更趋于荒落。近年来，北京南城地区的旧城改造工程此起彼伏，原有的园林痕迹几乎难以寻觅，一种本应在历史上占有一席之地的园林类型就此在京华大地上基本消失。[1]

五、胡同文化

一般认为，“胡同”两个字原是蒙古语的译音，自元大都时期沿袭下来，至今已有700多年历史。历史上的北京以胡同众多而著称，民间有“有名的胡同三千六，没名的胡同赛牛毛”的说法。胡同是组成北京老城的空间细胞，是北京传统城市空间的基础单元，架构了北京老城的交通脉络，体现老城肌理，承载北京传统的文化精神。清朝朱一新《京师坊巷志稿》一书中所列的北京街巷胡同名显示，清朝时北京有街巷胡同2076条，其中直接称为胡同的有978条；1944年日本人多田贞一在《北京地名志》中记载，当时北京共有3200条胡同；1951年复兴舆地学社出版的《北京街道地名录》统计，当时北京共有3216条街巷，其中有胡同1039条。

就全国而言，胡同虽非北京一地所独有，但就北京胡同分布之密集、数量之众多、名称之繁杂、历史之厚重，无论其长短、宽窄，乃至其成因、文化渊源都有所不同。胡同文化贯穿着北京人的生活，是一种特有的文化形态。北京胡同犹如“小桥流水人家”之于苏州，“粉墙黛瓦马头墙”之于徽州，“客家土楼”之于闽南，“吊脚楼”之于湘西……不可或缺。而在胡同两侧排列整齐、典雅宁静的四合院，形成了和睦相处、守望相助的邻里关系，培育出了敦厚诙谐的北京人，在胡同里演绎着那些令人回味无穷、难以忘怀的人间故事，成为北京城生命印记的重要组成部分。

元大都时期，北京西城就已经出现胡同，此后一直延续下来，

---

1 贾珺：《清代北京会馆园林述略》，《风景园林》，2020年第1期。

形成了现今北京西城老城的基本格局。马可·波罗在其所撰游记中曾赞美元大都城：“街道甚直，此端可见彼端。盖其布置，使此门可由街道远望彼门也。城中壮丽宫殿，复有美丽邸舍甚多，各大路两旁，皆有种种商店屋舍。全城中划地为方形，划线整齐，建筑屋舍。方地周围皆是美丽道路，行人由斯往来。全城地面规划有如棋盘，其美善之极，未可言宣。”

西四北片区是真正承载老北京人生活原生态的胡同，隔绝了周围的喧嚣、浮躁，完好保存着生活的气息。西四地区起源于元代，元世祖忽必烈将全城划分为四十九“坊”，每个“坊”之间由主干道和次干道系统分隔，“坊”内有可供马车行驶的小路，即现在的胡同。西四片区即为当时的“鸣玉坊”，仍然保留了元大都时期“棋盘式”的街巷格局。西四北一条至西四北八条在坊内平行分布，有四合院分布其间，是北京胡同保存最为完整的传统居住区，也是北京老城历史文化保护街区中胡同肌理保存最为完善的区域。

西四北头条位于西城区新街口东南，东西走向，全长约 600 米，宽约 5 米，形成于元大都时期，是京城较为古老的胡同之一。胡同南侧有始建于金的广济寺、明中叶的历代帝王庙和民国初年建设的中央医院，胡同西口隔着赵登禹路（原为河道）正对妙应寺白塔，西口北侧为民国中期兴建的平民中学。一眼望去，高大宏伟、琉璃瓦顶的历代帝王庙居中，灰墙灰瓦的民居、寺庙在两侧簇拥着，主次分明。

北京老城的胡同，不仅存在内外城的不同，也存有东西和南北的差异。西城因有“六海”（西海、后海、前海以及北海、中海、南海），自西北而南蜿蜒而来，宽阔的水面既给北京城平添了无限的生机，也使得街巷、胡同随形而影，出现了许多变化。如后海南北两侧的羊房胡同、鸦儿胡同、北官房胡同、南官房胡同、大金丝胡同等，都是别具一格的街巷、胡同，与毗邻的德胜门内大街两侧规整的东西走向的胡同，形成了鲜明的对比，呈现出蜿蜒曲折、曲径通幽的街巷风貌和格局。

在西城区西四路口以南，斜对着西安门大街，矗立着一座砖塔，名曰万松老人塔。塔下长眠的是金元之际的高僧、曾被一代名臣耶律楚材礼尊为师的万松野老。砖塔为密檐塔型，八角九层，高十米余，保留了辽金佛塔的建筑风格。砖塔北侧有一胡同，以塔而得名，为砖塔胡同，是北京现存胡同中唯一在元代便已存在，且名称相沿未改者，因而有“北京胡同之根”“京华胡同之祖”之称。成书于明嘉靖三十九年（1560），张爵的《京师五城坊巷胡同集》中，砖塔胡同之名已赫然出现。它饱经世事沧桑，惯看王朝更替，带有凝重的历史感，至今仍保留着诸多灰墙蓝瓦的平房院落。

正阳门大街西侧呈东西走向，由北而南排列的廊房头条、二条、三条、四条（清称大栅栏），乃是明永乐建都北京为繁荣国都的经济而设置的“召民居住，召商居货”的“廊房”遗迹。还有迤南的王皮胡同、施家胡同、湿井胡同、云居胡同、甘井胡同等。而由大栅栏西街直奔虎坊桥的铁树斜街，则是元代修建大都城之后与原金中都之间的通衢。与之相平行的还有杨梅竹斜街、樱桃斜街等。

在虎坊桥以西，骡马市大街南北两侧有多条南北走向的胡同，如南、北柳巷，魏染胡同，潘家胡同、铁鸟胡同、红线胡同、粉房琉璃街、东椿树胡同、四川营胡同、贾家胡同等。这里原是金中都东垣和护城河的所在地，其东北门施仁门，就在今魏染胡同南口；其东中门宣曜门，则在今南横东街潘家胡同南口。菜市口西的烂缦胡同之所以呈南北走向，是因为这里原是辽南京城的东墙和护城河的所在地。菜市口以北多条南北走向的街巷，如校场头条、二条、三条、四条、五条等，曾是明代操练军士的校场所在地。

自元大都建成以来，胡同就与四合院同生同长。四合院是北京以及中国北方地区传统民居中一种典型的建筑类型，是在北京独特的地理气候条件和人文环境双重作用下发展形成的，其院落布局和建筑单体既表现出了宜居性，同时也是北京老城文化的容器。作为构成老城风貌的基本元素，北京四合院既有以王府花园、宗教寺庙类为主的国家级文物保护单位，也有以名人故居、会所类为主的北京市级、区级文物保护单位，还有大量分布在北京老城 25 片历史文化保护区内、外的一般性宅院。北京西城是北京四合院最集中的区域，从 2003 年开始，西城陆续公布 245 处四合院挂牌保护院落，主要分布在什刹海地区、西四北头条至八条、南闹市口、东琉璃厂和大栅栏历史文化保护区内部或周边。

北京西城区域的四合院类型包括大型府邸院落、会馆与平民院落。西四北头条至八条是胡同与四合院的重点保护地区，至今仍保留元大都建城时的街巷布局。大都城经过严格的规划布局，城内用横平竖直的大街将大都城分割成数十个里坊。忽必烈曾下诏将原金中都城内居民迁往大都城，达官显贵优先建宅，居民住宅未经允许不得超过八亩。这种制度使无力建造房屋者无法占据地基，相当于穷人被排除在大都城外，因此减少了建筑参差不齐的现象。

20 世纪 50 年代，考古工作者在北京市西城区后英房胡同发掘出了一组元代居住遗址，其格局基本清晰可辨，由主院及东、西跨院组成。主院正中偏北，西院南部已大部分被破坏，东院以“工”字形平面建筑为主体。后英房胡同位于西直门与积水潭之间，原明清北城墙墙基之下。元大都时期的四合院已经与明、清两代四合院格局大体一致，各种要素也已具备，可以看出，元代的住宅与明清北京四合院建筑有直接渊源。

随着社会的发展与城市规模的扩大，元代四合院格局到了明代经过改造，变成了规模不同的院落。明代北京四合院较元代相比有了新的变化。首先，工字廊逐渐消失，使得宅院有了较为宽敞的庭院。其次，明代砖瓦烧造技术发展，房屋广泛使用砖瓦，受到雨雪侵蚀损坏的程度减轻，逐渐发展为硬山顶式建筑。

清朝定都北京以后，在居住制度上发生了明显变化。首先，由于实行“满汉分居”政策，内城只允许满蒙两族居住，汉人迁到外城。由皇帝亲率的正黄旗驻扎在皇城的西北部，皇室和八旗将领将低规制院落加以改造，提升建筑等级，出现了一批多进并联的院落，现今保存较好的有前公用胡同的崇厚宅、小石桥胡同的盛宣怀宅、富国街的祖大寿故居、宝产胡同的魁公府等。

清代不再实行分封制，北京内城修建了大量介于普通住宅和皇宫之间的王府建筑，这些王府建筑还兼有衙署和办公的作用，因此可以看作住宅与办公的混合体。

清代内城也不允许商业流入，因此商业在外城迅速发展。各地商人在外城逐渐落脚生根后也开始建造住宅，并将各自家乡的建筑元素带进了四合院。同时，外城也集中发展会馆建筑。会馆建筑一方面有居住功能，接待来京赶考、办公的人员住宿，另一方面则是在京同乡或同业人员的聚会场所或办事机构。大型会馆建设规模接近王府，小型会馆类似四合院布局。

清末，西式的建筑形式和装饰元素开始与北京传统四合院结合。这些西洋味儿没有破坏四合院的基本格局，也没有打破其尺度和色调，反而为四合院增加了一些新气象。中华人民共和国成立之后，北京西城一些四合院得以完整保留下来，如小石桥胡同董必武居住的竹园宾馆、西四北三条的程砚秋故居、护国寺的梅兰芳故居等。

四合院无论大小，都由基本单元“院”组成。由四面房屋围成的庭院，为四合院的“院”，称为“一进四合院”，围成两个连续的院落即为“两进四合院”，以此类推，一些大型四合院可多达七进、九进院落。北京四合院讲究含蓄、祥和，其大门内都有一面影壁，既挡住了院内的杂乱，又藏住了主人的隐私。影壁虽是附件，但也显示出与建筑氛围完全吻合的文化特征，无论是雕刻精美的砖雕，还是镶在上面的吉词颂语，都寄托着主人祈祝祥和、平安的愿望。房屋建筑之外，与整体环境配套的，还有院中的花草、屋内的家具，以及檐头、屋脊的砖雕和彩绘。可以说庭院之中，一草一木都有说不尽的学问、说不尽的讲究。

当今北京市西城区内保存着众多四合院建筑。从平面格局上看，这些四合院具有“坎宅巽门”的特征，也就是坐北朝南的院子，按照后天八卦的方位，正房位于正北方坎位，而大门开在东南角巽位。坎宅保证了住房朝南采光，巽门能防止从大门望见院内的情况，保证了宅院的私密性，其庭院的空间接近正方形，更利于北京天气条件下的采光和家庭成员的活动。作为礼仪之邦，为了更加强调礼制上的内外有别和主客有别，较为讲究的四合院往往在里外院之间建造一道二门作为分割，二门一般做成饰满木雕的垂花门样式，十分美观，增强了四合院的艺术气息。

六、会馆文化

会馆是“聚乡人、联情谊”的社团住址及交往馆舍，具有祀神、合乐、义举、公约的功能。北京的会馆始于明代，至迟在明嘉靖年间，京师内外城即已建有各省会馆。明人刘侗的《帝京景物略》中：“尝考会馆设于都中，古未有也，始嘉隆间。”明末沈德符的《万历野获编》“会馆”条载：“京师五方所聚，其乡各有会馆，为初至居停，相沿甚便。”[1] 近人瞿兑之又有“推其原始者，或云永乐已有之”。据统计，明代北京所建会馆约有 33 处，大多建于内城。清代，北京所建会馆有 350 余处。特别是乾隆、嘉庆年间，会馆发展得最快。从清代北京会馆的分布看，有 50 余所工商会馆主要分布在前门和崇文门外；其余近 300 所士子会馆星罗棋布于宣南一带。

会馆设立之初的一个重要职能是人口管理。这是因为北京城的外来人口即流寓者数倍于本地居民，他们在京城士绅之间往来奔走，于是就将其分别归入五城各坊来管辖。巡城御史被皇帝差遣到五城督察治安，厂卫在五城侦缉抓捕，兵马司在五城守城巡夜，外来者必须服从上述管理。但是，来自全国各地的人口每天都在进入北京，不能像治理城市居民那样按户口一次次统计他们的总数。因此，开始设立会馆，供这些外来士绅居住。这样，凡是进出北京的外来士绅，身份与籍贯均能够被官府调查到，在北京游历期间可以获得谋生的条件，生活艰难时也可以找到安身之处。但是，随着会馆遍及五城，设立会馆之初的法规逐渐被废弃。

清朝定鼎北京之后，继续把科举作为治国选材、安定民心、笼络士人的重要政策。除了不断完善乡、会试各项制度，还针对有高深造诣的文学名士特设博学鸿词（儒）科和各种恩科。三年一期的“春闱”，各级举子六七千人，加之车马夫役，一时客居京师者足令旅店客栈人满为患。各省在京官绅便纷纷筹建同乡试馆，汉人南迁已有令在前，内城不再允许设立会馆，明代遍及五城的会馆分布格局不复存在。来自中原和江南的各省士子从陆路进京，都要经涿州，过卢沟桥，进广宁门，停居宣南颇为便捷，加上周围多有古刹

1 沈德符撰、杨万里校点：《万历野获编》，上海古籍出版社，2012 年，第 510 页。

名寺可供外地士子驻足，所以，宣南成为士子在北京居住的首选。在不足十平方公里的土地上，数千间屋舍供会馆使用，大栅栏、琉璃厂、菜市口一带胡同几十米之内竟有七八家会馆比邻而设。省府级高房大院，郡县级青庐简设。会馆的分布日益稠密，不论士绅、商人还是举子，各种社会身份的外来居住者汇聚在南城，打破了其原有的会馆功能分区。而正阳门以东，因崇文门为京城总税卡，多为商人停靠之处，商业气氛浓厚，会馆仍多以工商会馆为主。

北京市西城区的这些会馆建筑规模大小不一，从用途方面看主要有三类。第一类主要供旅京同乡，特别是科考士子居住，其中规模较大者有南海会馆、婺源会馆、临汾会馆和中山会馆。通常包括四五座院落、六七十间房屋。小者如广东惠安会馆，只有一座小院，不足十间房屋。第二类是以祭祀、议事、集会为主，兼有少量供达官、富商、名人居住的小院，著名的有江西会馆、粤东新馆、湖广会馆和安徽会馆等，其中以建成于同治十年（1871）的安徽会馆最大。第三类属于工商会馆，大部分是工商业界建立的行业会馆和会馆附属的专祠。比如绦行的会馆是哪吒庙，供奉神话里的哪吒；玉行的会馆名长春会馆，祭祀长春真人丘处机；银钱行业的会馆是正乙祠，供奉正乙玄坛元帅，即民间熟知的财神赵公明。

清代是北京会馆最为鼎盛的时期，一条窄窄的胡同往往汇集着十几座会馆，为各地旅资不甚充裕的士人提供寓居之所。据统计，仅清代广东南海县每年来京会试者即不下百人。会馆是一个社会的浓缩。逢年过节举行团拜活动，祭神明、祀乡贤、聚餐唱戏。乡人有高中“三鼎甲”（状元、榜眼、探花）的，要在会馆里设宴庆贺，还要在会馆门上或厅内悬挂一块匾额，以示炫耀。而新贵出任之后，自然不忘会馆同乡情谊，便对会馆做出一定惠施，很多会馆因此逐渐得以扩建。

建立会馆的主要目的是“联谊乡情”，会馆的作用，一是保证举子会考期间居住方便，很多馆舍管理规定中均有“试子优先”的严格条款。每逢科举考试前后，由各地同乡官员集资兴建的会馆，招待同乡士子食宿，向应试弟子提供必要的帮助。馆中也经常张贴捐资者的名单和以往金榜题名者的名单，将同乡中的高官姓名张榜展示。直到清末依然是“公车到京，咸集会馆”。吏部每月一次的铨选也聚集了不少候选、候补等引见待铨的人员，此外，还有来京觐见与办事的临时驻京官员及乡绅，他们都与京城士人会馆关系密切。宣武门外的会馆相对集中，这也为“宣南文化”的形成奠定了基础。二是供同乡士绅迎来送往，集会觞咏。三是年节时令，团拜娱乐。这是会馆最热闹的活动，大多要约请名伶班社唱彻通宵。四是祭祀祈福。士子会馆通常要祭关帝、文昌帝君，并举办因地域不同的乡神、先贤的祭祀活动。除此之外，一些大型会馆往往还有多项副产，甚至公墓义地，为旅京同乡提供多方面的服务。常年游宦在外的士子们，在会馆这个小小的天地中听了乡音，再动乡思，联谊之中体味了乡情的温暖，用感情的纽带维系着京师与异乡的文化交流。“会馆文化”极大地丰富了北京西城老城文化的内涵。

北京市西城区域的会馆，在明清时期与许多文人雅士有着深厚的渊源。海波寺街广西三馆的筹集人，为乾隆年间累迁巡抚及湖广等地总督的陈宏谋；宣武门外陕西韩城会馆，原为乾隆年间兵部尚书王杰府邸；邻侧的江西会馆，则为乾隆年间“天地人三才子”之一的曹秀先倡建；排子胡同湖北江夏会馆，以康熙年间大学士熊赐履为首倡建而成；康熙年间显宦徐乾学家道殷实，扬州会馆、昆山会馆等均为徐氏旧第；虎坊桥西的湖广会馆更是曾为诸多名士的居所，清初三朝重臣岳钟琪以此为宅邸，此后，张惟寅、纪昀、刘权之、王杰等均在此居住过；林则徐曾住莆阳会馆。

位于后孙公园胡同的安徽会馆是北京现存规模最大的会馆，其原址为明末清初学者孙承泽寓所“孙公园”的一部分。康熙年间，洪昇创作的《长生殿》曾在这里的大戏楼演出。孙承泽，字耳伯，号北海，晚年又号退谷逸叟，顺天府大兴人。明崇祯四年（1631）进士，升至刑科给事中，历任户、工左右给事中，刑科都给事中等职。他府中的“万卷楼”使其成为私人藏书的大家。他还收藏有宋朝苏轼和黄庭坚、元代赵孟頫等人的墨迹，元代黄公望等人的画作及古器物等。孙曾在明朝为官，后又出仕大清。几度官场沉浮，深深体味到仕途命运的无常，自此甘心退隐，从城中府第退居北京西山樱桃沟，闭门潜心著述，自称退谷逸叟。20余年中，孙承泽著作颇丰，仅《四库全书》著录的便有20余种，其中享誉后世的著作如《春明梦余录》和《天府广记》，是研究明代北京的重要史料。孙承泽藏书治学的雅趣、书画金石的收藏、慷慨交友的性格，吸引众多文人成为他府中的座上客，其中较为著名的，有钱谦益、吴伟业、顾炎武、朱彝尊和王士祯等。

孙公园前后计有大小院子40余个，房屋280余间。其中尤以后孙公园景致非凡，园中林木葱郁，幽亭曲榭，宏敞恬静。孙公园在当时颇负盛名，《琉璃厂小志》载：“退谷园居，在前门琉璃厂之南，有研山堂、万卷楼。”清同治八年（1869），直隶总督、北洋大臣李鸿章为“联洽乡谊”，与其兄湖广总督李瀚章及淮军诸将集资购得孙公园的大部分，建安徽会馆，同治十年（1871）落成。淮军集团的众多实权人物，在此频繁活动，普通的安徽人则不能进入。

安徽会馆整体建筑坐北朝南，费资28000余两，房舍分中、东、西三路庭院，总占地面积9000余平方米，拥有“京师第一会馆”的美誉。中路正院大门悬挂有李鸿章亲笔题写的“安徽会馆”

匾额。中路的主体建筑有文聚堂、神楼等。其中神楼上为文昌帝君及关圣帝君像，楼下正厅悬挂着李鸿章题写的“斯文在兹”匾额。戏楼为中路规模最大的建筑，是聚会议事及节日期间酬神演戏之所，为京城“四大古戏楼”之一。据称，安徽会馆戏楼曾为徽班进京下榻之处，程长庚、谭鑫培等著名京剧表演艺术家均在此演出过。1919 年，张恨水居住于此，以宣南为背景，写《春明外史》；以天桥为背景，著《啼笑因缘》，一经发表即引起轰动，广泛流传。

位于宣武门以西的山左会馆是山东人在京最大的会馆，他们在会馆正厅按时祭祀孔子，使用的就是古代祭礼中最高等级的“太牢之礼”。遥想当年，每逢祭日，数百人鱼贯而入，整齐列队，面对孔子像，三牲三献，赞唱仪节，场面何等壮观。

顺德会馆位于宣武门外，是清初著名文学家和历史学家朱彝尊的故居。清康熙二十三年（1684），朱彝尊谪居海波寺街（今海柏胡同），在这里完成了《日下旧闻》这部记载北京地方史的名著。康熙二十八年（1689）朱彝尊迁出后，该地由在朝官员温汝适等人集资购下，兴建为顺德会馆。乾隆年间，于敏中等人奉命将《日下旧闻》增修为《日下旧闻考》，朱彝尊居住的古藤书屋也随之声名鹊起。如今古藤书屋与曝书亭均已不在，但顺德会馆基本格局仍存，门前还镶有朱彝尊故居的标志，成为人们凭吊一代大学问家的处所。

位于宣武门外南半截胡同的绍兴会馆，是徐锡麟、秋瑾等人在辛亥革命前夜来京策划起义时的住所，也是鲁迅先生来北京之后的第一个寓居之地，从 1912 年 5 月至 1919 年 11 月长达 7 年多的时间里，鲁迅一直居住在绍兴会馆。这期间，即自辛亥革命以后至五四运动前夕，正是鲁迅精神上十分苦闷和沉郁的时期，正如他自己说的：“见过辛亥革命，见过二次革命，见过袁世凯称帝，张勋复辟，看来看去，就看得怀疑起来。”[1]怀着这种悲愤和郁闷的心情，他白天去教育部上班，晚上就在会馆里抄碑帖、看佛经、校古籍，功力之深，积累之厚，鲜有其匹，成为一位学术荒原上艰辛探路默默耕耘的开拓者。

当五四运动的高潮来临，钱玄同、刘半农等友人成了会馆的常客，谈时局、讲学问，鲁迅终于打破沉默，写下了中国新文学的第一篇白话小说《狂人日记》，从此一发而不可收，仅在会馆的两年时间内，就创作和发表了50余篇作品，包括《孔乙己》《药》《一件小事》《我之节烈观》《我们现在怎样做父亲》等一系列小说和杂文，成了新文化运动的闯将和现代文学的奠基人。这也是绍兴会馆生涯中最具光彩的一章。

除此之外，宣南还有众多留下名士身迹书影的会馆：清代哲学家戴震之于歙县会馆，今人编出《戴震全集》；近代民族英雄林则徐之于福州会馆，现有《林则徐全集》；近代诗人黄遵宪之于嘉应会馆，著有《人境庐诗草》。

南海会馆位于米市胡同，因康有为而名扬于世。其旧址原为乾隆时期名画家董邦达宅园，道光四年至五年（1824—1825）改建为广东省南海县同乡会馆。道光十五年（1835年）吴荣光《新建广东南海县会馆碑记》载：“购宣武门外米市胡同董文恪公邦达故第，仍其式廓，略加修治，始于甲申之冬，讫于乙酉之冬……形势安恬，堂庑爽恺，花木竞秀，邱壑多姿。”[2]后来会馆历经扩建，规模不断扩大，光绪年间已经拥有从南至北并列的四路院落，其最北一路第二进院辟为小园，西侧正房为七树堂，据说因院内有7棵树

1 鲁迅：《南腔北调集·自选集自序》。

2 吴荣光：《新建广东南海县会馆碑记》，北京市档案馆编：《北京会馆档案史料》，北京出版社，1997年，第1378页。

而得名。光绪八年（1882），康有为来京参加会试，就居住在这里。北屋的样子形似一座旱船，康有为称之为“汗漫舫”。因变法而牺牲的谭嗣同居住的浏阳会馆，位于北半截胡同 41 号，与南海会馆仅一巷之隔，馆内前院西屋就是谭嗣同故居“莽苍苍斋”。

湖广会馆位于虎坊桥西南，北邻骡马市大街，始建于清嘉庆十二年（1807），是湖南、湖北两省旅京人士为联络乡谊而创建的同乡会馆，也是北京至今保存最完整的会馆。道光至民国时期先后经历了四次大规模重修，其中道光二十九年（1849）8 月至 10 月的重修工程由时任礼部右侍郎曾国藩亲自主持。民国以后，孙中山曾在湖广会馆召集会议，改组同盟会，建立国民党。1912 年八九月间，孙中山先生在此参加了国民党成立大会以及各界举行的四次欢迎会。

坐落在烂缦胡同路西 101 号的湖南会馆，曾经是 1920 年 2 月毛泽东组织召开“湖南各界驱逐军阀张敬尧大会”的地方。

综上可知，无论是叱咤风云的政治人物，还是著述丰富的文化名人，都为宣南会馆留下了浓墨重彩的一笔，会馆本身也见证了古往今来的社会变迁。

七、宗教文化

中国是一个多民族和谐发展、多宗教信仰自由的国家。由于北京老城文化的包容性，佛教、道教、天主教、基督教、伊斯兰教在西城区域和谐共处，形成了多种宗教文化荟萃一地、和谐共生、五教同光的格局。尽管各派教义和思想体系有所不同，但各有所长且相互融通，相互影响、渗透，文明互鉴。尤其是元代定都北京以后，北京西城宗教文化繁盛一时。儒、道等传统宗教寺庙随处可见，伊斯兰教、基督教也先后在此生根发芽，与西城民众生活的各个方面发生了密切联系，成为北京西城老城文化中不可分割的组成部分。

佛教源于印度，两汉之际传入中国，经历了汉魏始传、南北朝确立、隋唐至宋元兴盛、明清后由盛转衰等阶段。早在唐代，幽州就创建了悯忠寺（今法源寺）、崇效寺等重要佛寺，成为华北地区的佛教文化中心。

法源寺是北京城内历史悠久的古老寺庙，唐贞观十九年（645），太宗李世民为悼念远征高句丽的阵亡将士，诏令建寺。武后万岁通天元年（696）建成，赐名悯忠寺。“安史之乱”发生之后，安禄山在寺前东侧建塔，两年后，史思明又在寺前西侧建塔，两塔都高达10丈，呈对称之势。西塔有唐代石刻两通，其中一通名《无垢净光宝塔颂》，是法源寺保存最古老的石刻。此碑刻原是史思明为安禄山叛乱称帝而建，碑上原署安禄山圣武年号。不久叛乱平息，史思明降唐，但塔、碑已立，史思明为了掩饰，便将碑文做了一些修改，所署圣武年号也经过磨改。安、史所建两座砖木结构宝塔，后因火灾和地震被毁。安禄山、史思明的犯上作乱，对唐王朝来说是绝对的不忠。但他们所建塔、碑，在叛乱平息后似乎并未进行清除，以致现在我们还能看到原碑和录文，并从中感悟作乱者的野心和狡诈。

唐中和二年（882），寺庙毁于大火，修复后又遭地震。辽咸雍六年（1070）重修后称大悯忠寺。北宋靖康时期，金兵南下攻破汴京，宋钦宗赵桓被俘北上，中途被囚禁在悯忠寺内，留下了北宋王朝最后的足迹。元至元二十六年（1289），曾任江西信州太守的谢枋得因南宋灭亡而蛰居闽中，后被元人俘获，拘禁于悯忠寺。元朝统治者诱迫其做官。谢枋得拒而不从，绝食死于寺中。有《崇真院绝粒》诗明其志："西汉有臣龚胜卒，闭口不食十四日。我今半月忍渴饥，求死不死更无术。精神常与天往来，不知饮食为何物。若非功行积未成，便是业债偿未毕。太清群仙宴会多，凤箫龙笛鸣瑶瑟，岂无道兄相提携，骑龙直上寥天一。"他的母亲闻噩耗而泰然处之，认为儿子的行为是理所当然的忠义之举。

明正统年间，寺僧相溶募金修葺，改名崇福寺。清初，顺治皇帝在寺内设立戒坛。雍正改"悯忠"为"法源"，并在御制碑文中解释"法"即"心性本源"，目的在以戒为法，"导民为善"，做"忠国孝亲"的王朝顺民。清代诗人黄景仁去世前在寺内养病，孙星衍、洪亮吉等当时名士常去看他，一起饮酒赋诗。龚自珍也常在寺中游览，他的《悯忠寺海棠花下感春而作》绝句可以说是一部法源寺志："词流百辈花间近，此是宣南掌故花。大隐金门不归去，又来萧寺问年华。"

法源寺祭坛

在法源寺，僧人们选择丁香代替菩提树。法源寺的丁香，种植于明代。步入古刹，香气满溢，颜色缤纷。白丁香如冰雪皎洁，闻之凛冽；紫丁香如绸缎华丽，闻之蕴藉。诗与僧的进一步际遇，则是明清时期的法源寺丁香诗会。法源寺丁香，遍布前庭后院，有"香雪海"之称，亦为隆重肃穆的法源寺贴上“香刹”这一充满诗意的标签，与崇效寺牡丹、恭王府海棠并称为京畿三大花事。

法源寺对诗人的吸引，不仅在于丁香的香，还在于唐松的遒劲峥嵘，宋柏的铁骨坚韧，刚柔相济；不仅景色宜人，还在于其优越的地理位置。顾炎武寓居在 1 公里外的慈仁寺（今报国寺）、纪晓岚置“阅微草堂”在 3 公里外的珠市口宅邸、龚自珍安家在 2 公里外的上斜街广东番禺会馆、林则徐安家在 1 公里外的高家寨胡同蒲阳会馆，康有为、梁启超借住在 1 公里外的米市胡同南海会馆，他们都为“宣南文化”的形成做出了杰出贡献。每年暮春时节，以丁香花开为令，备素斋，聚文人，赏花对诗，往来其间者有顾炎武、钱大昕、纪晓岚、林则徐、龚自珍、陈衍等。空间距离的压缩使得诗人雅聚频率的增加成为可能，以花为期的集会也不因万水千山之隔而有所贻误。

法源寺对诗人的吸引，还在于历史的纵深。张耆曾题“百级危梯溯碧空，凭栏浩浩纳长风。金银宫阙诸天上，锦绣山川一气中。事往前朝人自老，魂来沧海鬼为雄。只怜春色城南苑，寂寞余花落旧红”。法源寺见证了自唐以来发生在“锦绣山川”的“人自老”与“鬼为雄”。

清王朝由盛而衰，内忧外患，风雨飘摇。一批志士仁人在并无实权的光绪皇帝支持下发动戊戌变法，遭到以慈禧太后为首的顽固派的剿杀，谭嗣同等六君子被捕，旋即在法源寺附近的菜市口被砍头，谭嗣同的遗体被移至法源寺。

法源寺留给人们的印象并不总是历史的沉重与悲怆，也有诗情画意的一面。1924 年春天，北平文艺界发生了一件盛事——应梁启超、林长民主持的讲学社的邀请，获得诺贝尔文学奖的印度诗人泰戈尔访华。在日坛举行过欢迎仪式以后，这位来自佛教故乡的诗哲，在徐志摩和林徽因的陪同下，来到法源寺礼佛，观赏丁香。

“最古燕京寺，由来称悯忠”，从唐代的悯忠寺，到明代的崇福寺，再到清代的法源寺，它见证了朝代的更迭、志士的牺牲，对信仰的坚持、虽九死而吾往矣的决绝。

辽、金之际，随着北京政治地位的提升，佛教文化进入全面发展的新阶段，元代以后又有藏传佛教传入。崇信佛法的元世祖忽必烈定都大都后，为了供奉释迦佛舍利，特聘尼泊尔工艺匠师阿尼哥于辽塔旧迹上修建了一座雄浑高耸的白色喇嘛塔。至元十六年（1279）喇嘛塔落成后，又在巍峨白塔前建了一座规模宏大的寺院，称“大圣寿万安寺”。为彰显元朝的国威，此寺殿堂众多且富丽堂皇，朝廷许多重大仪典亦在此举行。惜元末遭雷击焚毁，唯有白塔幸存。寺院从此荒废近百年，于明朝天顺元年（1457）才得以重建，并改名“妙应寺”。明代所建的妙应寺主要采用汉式建筑，其规模已不如元代，至清朝康、乾时期再经修建，才形成今貌。这座喇嘛古塔历经历史的巨大变迁，始终屹立，成为元朝大都城建设的坐标点，也对后世筑造的喇嘛塔产生了深远的影响。

妙应寺白塔

妙应寺于明代重建后，由南至北依次有山门、钟鼓楼、天王殿、三世佛殿、七世佛殿和塔院等建筑，大白塔位于最后的院落，形成“前殿后塔”的格局，反映了中原地区对殿宇中具体神像的奉祀，较抽象白塔的膜拜接受度更高。此种格局北海白塔寺亦采用之。塔院四周围以红墙，形成独立院落，中间的具六神通殿与白塔同位于一个凸字形台座上，前方为三开间单檐歇山的汉式殿堂，后方则是高大的喇嘛佛塔，两者风格迥异，比例悬殊，更突显了塔身硕大雄伟之气势。

元以后出现的喇嘛塔属藏传佛教系统，与汉式楼阁式塔完全不同，为深深蕴含佛教形式意义之产物。源自印度的圆覆钵形塔，供奉释迦牟尼佛及得道高僧舍利。对信徒而言，它是膜拜对象，所以其内部为实心构造，并不具登高望远的功能。

喇嘛塔常见的形态与藏传佛教的“曼荼罗”宇宙观相结合，平面以具体的圆形或方形修行场域来呈现，妙应寺白塔为典型代表。白塔总高约 51 米，底部有三层折角须弥座式塔座，塔座上有覆莲座，莲座外有五道环带形金刚圈以承托塔身。塔身为一巨大的覆钵体，上端有层层叠起的十三层相轮，又称“十三天”。相轮顶端承托华盖（又称“天盘”），四周悬挂 36 个镂空花纹的铜制透雕流苏，流苏下各系风铃。华盖以上是一座鎏金宝塔形的塔刹。阳光照射下，白塔金顶，蔚为醒目壮观。据元代碑文记载，白塔初建时，上面有许多精美的佛教图像雕饰，塔座雕有动物，须弥座有众多护法神像，覆钵体上有五方佛标志及“天母所执器物”，硕大的塔身上披挂珠络。因年久日深，图雕现皆剥落，但白塔“珍铎迎风而韵响，金盘向日而光辉”的雄姿依旧。

万松老人塔位于大都城内，所在之地当时称咸宜坊，东侧是安富坊，西侧是金城坊，北侧是鸣玉坊，南侧是阜财坊。其东北角是顺承门与平则门内大街交错的路口，明以后建造了四座牌楼，简称“西四”。

万松老人塔与辽代著名政治家耶律楚材关系密切。耶律楚材（1190—1244），字晋卿，号玉泉，法号湛然居士，乃契丹皇族之后。据《元史 · 耶律楚材传》，楚材三岁而孤，自幼从母杨氏学，博览群书，无所不窥，亦无所不晓。先仕金为开州同知，成吉思汗定燕，闻其名，召见之。楚材身长八尺，美髯宏声。帝伟之，委以重任。因而“楚材晋用”，先后辅佐成吉思汗和窝阔台，作为两朝的股肱重臣，主理朝政达 30 年，官至中书令要职，赞襄筹划，颇多建树，忠君爱民，后世尊之。

耶律楚材力主以儒治国，当蒙古大军在中原大开杀戒时，他吁请文治，并一律量才录用。成吉思汗攻占中原后，有的蒙古大臣提出尽杀汉人，把中原变成蒙古人的牧场。耶律楚材以汉人可以向元廷提供税收为由强烈反对，才使这个残忍的计划没有付诸实施。在主理朝政时，耶律楚材依照汉法“信赏罚，正名分，给俸禄，官功臣，考殿最，均科差，选工匠，务农桑，定土贡，制漕运”，在汉制的基础上逐一创立了蒙古的治国之策。

万松（1166—1246），俗姓蔡，法号行秀，自称万松野老，世人尊称为万松老人，今河南洛阳人，15 岁在荆州出家，受戒后云游天下寻师访友，参究禅宗修行之道。据《五灯严统》本传载，行秀于《华严经》用功最著，同时对诸子百家之学亦无不会通。他精通佛理，又长于机辩，堪称熟谙世情，彻悟三界，睿智哲思，朝野钦敬。金章宗曾召见以询佛理，并赏锦绮僧衣一件，赐居燕京西郊栖隐寺（今妙峰山南）。耶律楚材出仕蒙古后，慕名造访，移樽就教，请授以治国之道。野老以“以儒治国，以佛治心”答之。楚材啧啧称道，以为至理名言，即拜之为师。后每遇疑难，多有讨教，且和诗赠琴，交往甚密。万松野老圆寂后，后人以敬重之故，特建塔埋其骨殖于大都城内。至今，那些油彩斑驳的弊窗旧户，饱经风霜的台阶门墩，伴着枯藤老树、古道西风，使置身其间的人有穿越时空之感，仿佛又回到了当时的市井之中，从而辄发思古之幽情。

元、明以来，北京西城寺庙巍峨，名僧辈出，佛教文化臻于极盛。广济寺，初名西刘村寺，全称弘慈广济寺，位于今阜成门内大街，是北京著名的“内八刹”之一（其余七刹为柏林寺、嘉兴寺、法源寺、龙泉寺、贤良寺、广化寺、拈花寺）。[1]元朝，原西刘村已划入元大都内城，西刘村寺乃更名“报恩洪济寺”。元代藏传佛教在北京有较大发展，元世祖忽必烈尊藏传佛教萨迦派五世教祖八思巴为国师，并赐玉印，责成其掌管全国佛教事务。后升号“帝师”，晋封“大宝法王”，使其在元朝宫廷中享有崇高地位。藏传佛教遂被尊为国教，其寺庙亦倍受统治者垂顾。报恩洪济寺等京城汉化佛教寺庙则仍由民间香火供奉。

元朝末年，报恩洪济寺毁于战火，殿宇无存。明景泰年间（1450—1457），村民耕地时，发掘出陶制佛像、供器、石龟及石柱顶等物。明天顺初年，山西僧人普慧、圆洪等云游至此，在这里募集资金，于废址上重建寺庙。明朝宦官热衷建寺者甚多，在掌管皇帝冠服的尚衣监廖屏的资助下，仅用两年时间就营造了一座庄严佛刹。明宪宗于成化二年（1466）下诏命名该寺为“弘慈广济寺”，并作为敕建寺院载入佛教史册。

明代京城较元大都略有拓展。广济寺居于内城西部，东望西安门，西接平则门，历代帝王庙，南临干（甘）石桥万松老人塔，地理位置适中，俨然为北京地区佛教活动中心。普慧作为广济寺第一

1“外八刹”为觉生寺、广通寺、万寿寺、善果寺、南观音寺、海慧寺、天宁寺、圆通寺。

任住持，以戒行精严著称，颇受同道钦仰。明成化二十年（1484），京城一带发生强烈地震，敕建弘慈广济寺于一夜之间夷为废墟。今人所见广济寺是明万历及清康熙年间两次奉旨重修后的规模。清末之际，为广济寺鼎盛之时。住持道阶系湖南人士，住锡广济寺后，不仅带来众多湖南籍僧徒，还在政界人士扶持下，于寺中兴办弘慈佛学院，聘请外省高僧前来授课。佛学院学生最多时曾达百余人。

广济寺坐北朝南，建筑布局完整，分东、中、西三路。中路依次为山门、钟鼓楼、天王殿、大雄殿、圆通殿、多宝殿和舍利阁，附属建筑分列两侧。西院有持梵律殿、戒台、净业堂和云水堂。东院有法器库、延寿堂。寺内保存明代三世佛及十八罗汉造像、明版大藏经、乾隆年间的青铜宝鼎等附属文物。

广济寺布局严谨，整齐对称，寺中有院，景致错落，曲径通幽，庄严寂静，体现了建筑之美。其最大的殿堂是大雄殿，系帝王所敕建，故着黄琉璃瓦。殿脊有香水海，又名华藏世界海，整体呈山形，由水、莲花和一个“梵”字构成，寓意永恒世界、不生不灭。此种殿脊在北京地区独此一家。寺庙的西北隅，有一座建于康熙十七年（1678）的大殿，内有汉白玉砌成的戒坛。戒坛共3层，是广济寺保存完好的最古老的建筑，也是北京城区唯一一座清代汉白玉戒台。戒台是传授比丘戒的地方，有薪火相传续佛慧命的作用，今称“三学堂”。

1931年，广济寺不慎失火，主要殿堂焚烧殆尽。1935年，住持现明法师在社会各界的资助下，按明朝格局进行重修，建筑比以前更加壮观。1953年中国佛教协会在京成立，以广济寺为会址，持续至今。

天宁寺始建于公元5世纪北魏孝文帝时期，其间经历兵火战乱，几番存毁，直至清末再度坍毁。寺名也几经更迭。初名为光林

天宁寺塔

寺，又名宏业寺、天王寺、大万安寺，到明代始得现名。虽然寺废塔存，但塔名依旧延续了寺名，并沿用至今。关于天宁寺佛塔，史籍曾有许多推测性的描述，但真正的建造年代却长期扑朔迷离，1935 年，中国营造学社的林徽因与梁思成曾加以考察研究，论文发表在《中国营造学社汇刊》第五卷第四期，证实这是一座辽代古塔。相传隋文帝在中原各地建造许多供奉舍利之宝塔，天宁寺塔为其中之一。初建时为木构造，后来毁于火，殿宇亦不存，至辽代再重建八角十三层的密檐式砖塔，即今天所见到的形貌。

天宁寺塔自下而上，由塔基、塔座、塔身、密被和塔刹组成。塔基为方广平台，塔座为八角须弥座，塔身为八面殿宇形式，塔檐十三重皆由砖雕斗拱承托，塔刹为双重仰莲和小型须弥座承托宝珠。天宁寺塔的外观略呈锥形，视觉印象是敦实厚重而不失挺拔峻峭，林徽因赞誉其为“隆重的权衡、淳和的色斑”。

天宁寺塔高 57.8 米，其造型在雄浑气势中带有一丝秀气。塔立在方形底座上，塔的台纂做成两重八角形须弥座，其上每面再以砖砌出三朵两跳斗拱及勾栏，栏上再出三层仰莲，有如数朵莲花组成的托盘，托住上面的十三层佛塔。据说初建时莲瓣为铁所铸，可以注油燃灯。每当重要节日，皇帝率领文武百官至天宁寺塔举行燃灯供佛仪式，祈求风调雨顺，国泰民安。

天宁寺塔为北京地区现存最高、最古老、造型最优美的密檐塔，塔身极富层次和韵律感。天宁寺塔的砖雕，精美异常，主要分布在须弥座和塔身之上。须弥座上下沿及束腰上的瑞兽狮子、壶门佛像、托塔力士、金刚宝杵、吉祥花卉、阑干莲座，塔身上带鼓钉纹的拱门、直棂窗、额枋斗拱、盘龙转角柱、佛陀菩萨、金刚力士、散花天女，这些精美异常的砖雕作品，集中体现了古代工匠高超的砖雕技艺。这些砖雕作品经过近千年的风剥雨蚀、战火纷飞，大多残损不全，唯有塔身正面的造像，保存尚算完整。即便如此，依旧可以通过那些依稀可见的残雕，窥测诸般造像当年的大美风貌。

北京西城的佛教寺庙与王朝政治的联系非常密切，深刻体现出都城佛教的文化特色，同时也是京城士庶民众的精神家园。西城寺庙一方面满足了京城民众生老病死的祈福信仰需求，另一方面也发挥着慈善救济、交际休闲、文化交流等众多公共功能。尤其是从外地来的贫寒士子、贸易商贩，多寄宿于西城大大小小的寺院内，成为一道独特的文化景观。许多佛教节日也逐渐与西城当地民俗互相浸润融合。摩肩接踵的人流，在寺庙周围形成闻名遐迩的“庙会”。清末至民国年间，位于今北京市西城区的崇效寺、法源寺等寺庙，还成为北京重要的赏花胜地，在各个社会阶层都有广泛的影响。

长椿寺位于宣武门外西南的下斜街（今西城区长椿街），始建于明代万历四十年（1612）。作为明代皇家的祈寿佛寺，长椿寺金碧辉煌，规模宏大，香火旺盛，有“京师首刹”之誉。长椿寺之名，出自《庄子》中的“大年”典故。其《逍遥游》中即有：“楚之南有冥灵者，以五百岁为春，五百岁为秋；上古有大椿者，以八千岁为春，八千岁为秋。此大年也。”椿树因此被视作健康长寿的象征，“长椿”也成为古人祝寿的常用典故。

长椿寺首位住持水斋禅师，是明代中后期以苦行著称的佛教高僧。水斋禅师为中山郡（治所在今河北定州）人，俗家姓鹿，名阳明，年近30岁出家，法名归空。此后“肇修苦行”，曾在五台山、普陀山、峨眉山各燃一指，分别供奉文殊、观音、普贤诸菩萨。来到京师后，又以“水斋”名动内外，获水斋禅师的称号。

长椿寺所在的宣武门外下斜街，元代以来“古树夹路”，人来人往，热闹非凡。明代万历年间建立长椿寺后，又成为闹市中极具标志意义的人文景观，前来赏玩的游人墨客更是络绎不绝。入清以后，长椿寺进一步演变为宣南“士乡”雅集酬唱的重要场所。斜街一带为文人雅士聚居的文化社区，也是著名的鲜花市场之一，卖花人多聚集在土地庙附近。康熙年间朱彝尊即“为贪花市住斜街”。直至清同治年间，下斜街花市依旧繁盛，“下斜街里景如何？万紫千红锦绣窠。怪道寻香人不绝，瑞春厂内好花多”。众多文人学士在此观赏流连、宴饮送别，成为长椿寺重要的历史文化内容。

清代中后期，长椿寺与民众的日常生活日益结合，成为京师重要的丧葬举办场所。这一传统，大概从明代李太后去世不久即开始了。崇祯年间明思宗又将其生母刘太后的遗像供于寺内，为长椿寺进一步演化成为太后祈祷冥寿的皇家寺院提供了很好的契机。成于明末的《北京岁华记》中，已有中元节“各寺设盂兰会，以长椿寺为盛”的记载。进入清代，由于来自皇家的赏赐不再，举办冥寿法事、营办丧事成为寺庙获取资助的手段之一。沿至民国，长椿寺成为南城最著名的停灵寺院。出任民国总理的周自齐、民国文化名人陈三立，以及最后一位状元刘春霖去世后，都曾在长椿寺停过灵。由此之故，民国初年辛亥元勋张振武被杀害后，即停灵于长椿寺。中国共产党的创始人之一李大钊英勇就义，也在此停灵。长椿寺遂与附近的浙寺一起，成为后人瞻仰的先烈遗迹。

崇效寺，《旧都文物略·名迹略上》记载：“寺在牛街以南，白纸坊稍北，唐刹也，志称唐幽州节度使刘济舍宅为寺。历代屡建屡毁，今尚存殿宇数处，寺旧植枣树千株，清初诗人王士祯称为枣花寺，今已无存。惟以牡丹、芍药著名，有姚黄、魏紫、黑色诸异种。春夏之交，游人如织。”鲁迅民初日记中，有往崇效寺赏牡丹的记载。20 世纪 50 年代以后，寺内牡丹移至中山公园，崇效寺逐渐没落。

琉璃厂附近的慈仁寺是清初宣南士子聚会的重要场所，他们相约到此观赏海棠，品读古籍。如王士禛、朱彝尊、查慎行、陈廷敬等人都留下了脍炙人口的诗句。慈仁寺还有定期的庙市，尤为士人喜爱。康熙年间施闰章有《慈仁寺松诗》，王士禛《渔洋诗集》中有《慈仁双松歌》，莫友之《郘亭遗诗》中有《独游慈仁寺诗》。位于北线阁胡同的善果寺，顺治帝曾到此并赞为“京师第一胜地”。查慎行形容该寺“高林鸣枯风，院静如泼水”。

护国寺，旧称崇国寺，金已有之，元兵入燕京时，该寺被火焚毁。事后，“元世祖时赐号崇教大师，至元二十四年（1287），别赐地大都，乃兴建兹寺”。此地为元丞相脱脱的故宅。昔日，千佛殿内就供奉有脱脱夫妇的塑像。明宣德四年（1429）更名大隆善寺。成化八年（1472）重修，赐名大隆善护国寺。清康熙六十一年（1722）蒙古王公贝勒修缮此寺，赐名护国寺。寺成后曾为康熙皇帝在此祝寿，有康熙御制碑。乾隆十二年（1747），皇帝曾亲临此寺，有御制护国寺诗为证。

护国寺坐北朝南，呈长方形。中轴线原有殿宇九层，南起依次为山门、金刚殿、天王殿、延寿殿、崇寿殿、千佛殿、护法殿、功课殿和菩萨殿（即后楼）。据文献记载，护国寺历史上曾屡遭火灾，《燕都杂咏》有诗曰：萧条古寺太荒凉，惹惊沧桑漫断肠；皆因当年一把火，枯木残碑泣夕阳。护国寺最昌盛的时期是康熙雍正年间，乾隆之后，皇家的注意力是大修雍和宫，对这座寺庙的投入明显减少。虽然也曾有过维修，但从乾隆以后，几乎未曾大规模重修。1933 年，梁思成领导的中国营造学社的刘敦桢等曾对北京护国寺进行实测、绘图、摄影。到 20 世纪 70 年代末，宏伟壮观的护国寺，一至六层正殿中，唯有金刚殿保存完好，六座配殿中，唯地藏殿保持原状。

大约从清乾隆年间起，护国寺就是一处重要的庙会举办地，它的形成和发展与北京寺庙的宗教活动密切相关。庙会在寺庙的节日或规定的日期举行，附设一些商业活动。久而久之，庙会便主要成了老百姓的购物市场，以满足一般市民的生活需要。护国寺的庙会是在夏历每月初七、初八日，隆福寺的庙会是初九、初十日。时人称护国寺为“西庙”，称隆福寺为“东庙”。

道教是中国土生土长的制度化宗教，具有浓郁的中华文化特色。北京西城的道教文化历史悠久，唐玄宗开元二十九年（741）建造的幽州天长观（今白云观西），是北京历史上最古老的道观，由此也奠定了它在北京“第一道观”的地位。

唐代皇室尊“道祖”老子（即李耳）为先祖。玄宗登基不久，即下令恢复道士、女冠隶属宗正寺的制度，此后又大力崇道。天长观就是玄宗为尊奉“玄元大圣祖”李耳，于开元二十九年敕令各州统一兴建的。建成后初称“玄元皇帝庙”，天宝年间（742—756）改称“紫极宫”。天长观之俗称，可能缘于每年“天长节”（即皇帝诞辰日）在观内举行的祈福大醮。唐末咸通七年（866），幽州节度使张允伸以年久衰破为由，又派人复修。此后，历五代及辽南京时期的“咸所严奉”，天长观作为幽州城内的标志性道观，持续相沿。

金代迁都中都，天长观的地位随之发生重大变化。金正隆年间（1156—1161），天长观为大火所毁。金世宗于大定七年（1167）诏令复建，历时 8 年。落成日，世宗亲率百官瞻礼，赐名“十方大天长观”。经此重修，天长观规模宏大，装饰华丽，不仅是金中都规格最高的皇家道观，也成为中国北方的道教文化中心。金章宗泰和二年（1202），天长观又被大火烧毁，次年重建后改称“太极宫”。

金亡后太极宫随之衰落。元初丘处机入住，使太极宫再次焕发生机。成吉思汗十九年（1224），全真掌教丘处机自雪山载誉东返，为燕京官民迎入太极宫。丘处机因道观损毁严重，大力修缮。燕京这座具有标志意义的道观，再次焕然一新。三年后，成吉思汗以丘处机道号“长春子”，将太极宫改名“长春宫”，并赐以“金虎牌”，授其掌管全国道教之权。“长春宫”由此成为全真教“第一丛林”。不久丘处机去世，全真上下在长春宫之东为其营建葬所，堂号“处顺”，观名“白云”。后世历久相传的北京白云观，由此肇始。

元代长春宫与其东附属的白云观一道，成为多民族统一国家的道教文化中心。元末兵燹，长春宫损毁殆尽，东侧入葬丘祖的白云观却侥幸存留。明洪武二十七年（1394），时为燕王的朱棣以白云观为中心扩建道观。永乐迁都以后，白云观进一步受到明廷重视。西侧自唐代天长观延续至元代长春宫的旧址，则逐渐废弃。明宣德

白云观

十年（1435），白云观又兴修玉皇阁、衍庆殿、四帅殿等建筑，规制渐备，“宏耀京师”。明景泰年间，再次修饰七真殿、十八宗师殿，恢复丘祖塑像、绘制十八宗师之像，道观比以往更加壮观。但明代全真教处于相对衰微的状态，白云观在金、元时期的“京师第一道观”地位，也受到很大影响。清代白云观成为龙门派圣地。康熙四十五年（1706）重修白云观，有玉皇殿、三清殿、长春殿、七真殿、灵官殿、四御殿等，奠定了今日的格局。

《道藏》为道教经书典籍的总汇，也是道教文化的重要载体。金、元以后，随着道教文化中心地位的奠定，白云观也逐渐成为《道藏》编纂与流传的枢纽，体现出其作为道教中心的文化地位。[1]

明清以降，道教归入全真、正一两大派别，并日益与民俗文化相结合。道教与北京西城的民间信仰，尤其与士绅、平民的日常生活产生了密切联系。具有浓郁道教内涵的关帝庙、土地庙、娘娘庙、火神庙、龙王庙、财神庙、文昌庙、吕祖庙等民间庙宇随处可见，在西城民众的社会生活中发挥了重要作用。作为“首善之区”的第一道观，白云观成为全真教的祖庭之一，在全国范围内也具有重要影响。清末住持高仁峒，还以其与清宫内廷的特殊关系，影响到国家政治与对外交涉，白云观也因此在京城内外显赫一时。白云观每年举行的燕九节庙会，自元代后期开始，历时六七百年长盛不衰，既是京城广大民众商贸、交际的休闲场所，也成为传承道教文化的重要载体。

广福观位于鼓楼脚下的烟袋斜街东口路北，初建于明天顺三年（1459），乃道录司所在；清雍正年间曾重修此观，并改名孚佑宫，

---

1 郑永华：《从天长观到白云观——“北京第一道观”的历史变迁与文化传承》，《前线》，2019年第8期。

民国后又复称广福观，曾一度设有“安庆水会”。此观坐北朝南，中轴线上依次为山门三间，石门额上楷书“广福观”，至今保存完好，汉白玉拱形券门上雕刻缠枝花纹，昔日风貌依稀可见。前殿三间，大殿三间，东西配殿各三间，后殿五间。前有月台，供奉关帝与玄坛财神及龙王等道教神明。西跨院名白云仙院，依次有山门一间、前殿三间、后殿五间及配房，共 68 间殿房。观内有天顺四年（1460）重修广福观碑。明代文人李东阳曾赋诗“飞楼凌倒影，下照清澈底”咏此观。

伊斯兰教大约在唐代随着来中土贸易的阿拉伯人首先传入广州、泉州等沿海地区，随后又逐渐扩散到内陆。辽宋时期，中国境内的穆斯林数量日益增多，北京西城最古老的牛街礼拜寺，相传即始于此时。元代是伊斯兰教在北京西城的大发展时期。大批穆斯林来到大都，编入户籍。明代北京有四大敕建“官寺”，其中普寿寺在西城锦什坊，“礼拜寺”即著名的牛街礼拜寺。《京师五城坊巷胡同集》中与伊斯兰教相关的北京胡同，如金城坊胡同、水车胡同等都在西城范围内，表明伊斯兰教在北京西城得到了进一步发展。与回民生活起居相关的饮食、服饰、建筑文化，也与西城民众的生产生活结合起来，逐渐形成具有浓郁特色的牛街文化街区。

清代北京伊斯兰教再次得到发展。乾隆年间，清高宗在西长安街路南辟建营房，供留居北京的穆斯林居住，并修建清真寺，以汉、满、蒙、藏四种文字撰书《敕建回人礼拜寺碑记》。这标志着伊斯兰教在北京西城的新发展，也是清代北京内城修建清真寺的开始。清代，宣武门外以牛街为中心的礼拜寺，成为首都地区汇聚伊斯兰教学人的中心。“学通四教”（佛、儒、道与伊斯兰教）的穆斯林学者王岱舆，清初北上京师，与刘智、马注等人密切交流，推动了民族文化的融合发展，极大促进了北京和全国伊斯兰教文化的传播。民国时期，北京西城伊斯兰教开始兴建新式学校，创办伊斯兰教文化团体、报刊。位于北京市西城区的北京清真女寺，更开风气之先，对全国各地兴建清真女寺，起到了很好的示范作用。

明末清初基督教传入北京以后，北京西城在中西文化交流的时代潮流中起到了极其重要的作用。北京先后建起了四大天主教教堂，而其中的三座位于西城，即南堂、北堂和西堂。早在明代中后期，天主教耶稣会士即通过澳门进入内地传教。明万历二十九年（1601），意大利人利玛窦（Matteo Ricci，1552—1610）带着西方礼物来到北京，获得明神宗的信任，获准长居北京。利玛窦采取适应中国文化的传教策略，“驱佛补儒”，力图使天主教和儒家思想融合，在今西城区域主持建起了北京第一座天主教堂——宣武门教堂（南堂），并成功吸收徐光启、李之藻、杨廷筠等人入教。利玛窦将天文、历法、地理、几何等西方科技传入中国，大大促进了东西方文化的交流。

北堂即西什库教堂，是北京规模最大的天主教堂，原址建在中南海的蚕池口，因此也叫蚕池口教堂。清初，法国传教士张诚、白晋等人来中国传教。当年康熙帝突发疟疾，耶稣会教士张诚、白晋及时进奉西药金鸡纳霜，使康熙帝很快痊愈。为表感谢，康熙特赐以皇城西安门内广厦一间，库银数万两，准其改建教堂，这就是原来的北堂。此堂建成于康熙四十二年（1703），雍正重颁禁教令后渐至荒废。清朝末年，在西方列强的要挟勒索下，清政府赔地赔银，于同治五年（1866）重建北堂，竣工后成为新的天主教北京主教公署。光绪年间，慈禧太后扩建皇宫游览区，此教堂在拆除之列。后经李鸿章派英人敦约翰前赴罗马商酌，终以迁移费 35 万两白银及西什库约 20 英亩土地为代价，与法国公使签订了《迁堂协议》，此堂遂由西安门内迁至西什库今址。

重新建造的西什库教堂参考了巴黎圣母院的设计，为一高耸挺拔的哥特式建筑，主堂规模宏大，四周花窗上镶嵌彩色玻璃，极尽华贵和绚丽。堂前左右两侧各有一中式四角攒尖黄色琉璃瓦顶的亭子，亭内是乾隆亲笔题写的石碑。中式碑亭和西式教堂错落有致地搭配在一起，组成了一幅别有情致的中西合璧风景画。

在北京四大天主教堂中唯一不是由耶稣会教士建设的教堂——西直门天主堂，又名圣母圣衣堂，俗称西堂，是北京四大天主教堂中历史最短、规模最小的一座。康熙四十四年（1705），罗马教皇格肋孟多十一世派遣多罗枢机主教作为特使到中国宣示教皇敕令。多罗主教的随员，意大利籍味增爵会传教士德里格神父（1670—1746）受到康熙皇帝的任命，成为专门教授皇子西学的教师，于是德里格神父便留在了中国。雍正元年（1723），德里格在西直门内购置土地建设了西直门天主堂，并一直在这里传教，直到去世。

由于创建西直门天主堂的德里格神父是受到罗马传信部指派的神职人员，因而西堂直接隶属于罗马教廷。北京四大天主教堂的另外三座则均为耶稣会士创建，直到 1773 年罗马教皇宣布解散耶稣会之后才划归味增爵会士管辖，成为直接隶属于教廷的教堂。

嘉庆十六年（1811），清政府颁布命令严禁天主教。天主教传教士除在政府供职者外，一概不许居住京城，且不许从事传教活动。同年，西直门天主堂的四位神父被驱逐，天主堂被拆除，地产查没。咸丰十年（1860），根据清政府与英法等国达成的协议，恢复天主教在中国活动的权利，由于禁教的缘故，到咸丰年间西堂早已改为民居多年，几乎无人知晓这里曾是一座颇具规模的天主教堂，以至于英法等国要求清政府归还教产的时候，咸丰皇帝发出了“东西二堂究在何处”的疑问。

同治六年（1867），西直门天主教堂重建落成。1900 年，庚子事件，6 月 15 日，西直门天主堂被义和团焚毁。直到 1923 年，在原址第三次重建西直门天主堂，并在教堂东边修建了毓英中学。

明清鼎革之后，汤若望（1591—1666）、南怀仁（1623—1688）等传教士继续遵从“利玛窦规矩”，由此获得康熙帝的信任。康熙帝还以帝王之尊，先后向南怀仁、白晋、徐日升等传教士学习天文学、数学（特别是几何学）、物理学、化学、医药学（如解剖学）等西方科学，极大促进了“西学”的传入，拉开了中国科技由传统向近代转变的序幕，也有利于天主教在中国的传播，北京西城的天主教也因此获得进一步发展。始于利玛窦的平则门外“滕公栅栏”墓地（时人称“栅栏墓地”），也成为北京西城一处重要的天主教文化遗址。清初，顺治帝赐德国传教士汤若望墓地于栅栏墓地西侧。以后，比利时传教士南怀仁等中外教士 80 余人葬于此。1900 年墓地被毁，同年重修。1979 年，利玛窦、汤若望、南怀仁墓园得以重修。1984 年，扩建新墓园，竖残存各国教士碑 60 尊。1993 年，清代石门移至墓园南端，形成现今墓地格局。

八、商业文化

从先秦时期的蓟城到明清时期的京师，北京西城一直位于城市核心，是北京重要的商业集散之地，其商业文化有历史、有传承、有积淀、有底蕴。辅之以“诚信为本”的经商之道，与人们的日常生活相互熔铸，形成了西城特有的商业精神和文化特色，并为今日北京市西城区的商业面貌奠定了基础。

战国时期，蓟城已经是一个商业发达的都市，“富冠海内”，成为“天下名都”。这里是中原文化与北方少数民族文化交流的中心，大量特色物品在此汇集交易。秦汉时期，蓟城商业逐步繁华，出现了固定地点的市集，还有专门与少数民族进行贸易的“胡市”。

唐代幽州城人口已近40万。伴随着农业和手工业的发展，幽州城的商业贸易十分兴盛。城区北部出现了固定的商业区和手工业区，称为“幽州市”，并设专员进行管理。即使是居民区集中的坊里，也逐渐开设了众多商铺。据房山《云居寺石经题记》记载，幽州城已有30个商业铺行。

辽南京是辽朝五京中人口最多、商业最发达的城市，城北市“陆海百货，萃于其中”。自唐代兴盛起来的檀州街，到辽代成为城内最繁华的街市。金中都时期，除了原南京城北部的市场，又新辟市场多处。中都城的许多条街道和城门的关厢也开始有店铺开张，售卖各种货物。今天的菜市口西至广安门一线，就是当年的繁华大街。

元、明、清定都北京以来，西城出现了众多的常日市和定期专业性市集。作为全国最大的消费中心，大量商品源源不断地从各地运送而来，进入繁华的商业市场，为城市的正常运转提供了最基础的日用所需。

元大都城的建设，是北京商业发展的重要转折点。从坊市管理模式转变成全新的开放式格局，大大促进了商品贸易的发展。大量商人携带各种奇珍异宝来到大都进行贸易，“川陕豪商，吴楚大贾，飞帆一苇，经抵辇下”。核心的商业中心均在今北京市西城区内，包括积水潭附近的斜街、阜成门内外，以及丽正门、顺承门内外一带。

元代，大运河的北端终点位于大都城的积水潭，这里也因此成为城中最繁华的商贸中心区，商品种类繁多，有米市、面市、缎子市、皮帽市、鹅鸭市、珠子市、沙刺市、柴炭、铁器市等，既有衣食、铁骑等日常用品，也有珠子、沙刺等奢侈品，全国各地，以及高句丽、印度、缅甸、阿拉伯、波斯等国的商品货物均源源涌入。黄文仲在《大都赋》中描述：“扬波之橹，多于东溟之鱼。驰风之樯，繁于南山之笋。”从中可见当年漕船往来的忙碌盛景。元代多篇文献记载，积水潭地区依托大运河终点的地理区位，形成了繁华的商业区。沿岸的一些街道以及钟鼓楼一带，店铺鳞次栉比，既有经营日常生活用品的米市、面市，也有高端的文房四宝店面。王恽在《通漕引》中写道：“安流取直民力省，积水浮纲才两闸……从今粒米斗三钱，狼藉都城乐丰岁。”其中的“民力省”“斗三钱”，表明了修通运河、发展商业给人们带来的便利和财富。

枢密院角市“位于南薰、明照二坊。由于这里靠近萧墙东墙以内的内府御厨以及相关的机构，如柴场、御酒库、酒坊之类，所以此处街市所供应的，主要是各种高级的饮食品和奢侈的生活用品，以及珍贵的装饰品和玩赏品，也有日常生活用品”[1]。

羊角市是元大都繁华的街市之一，位于安富坊、鸣玉坊和咸宜坊一带（即今西黄城根南街以西、甘石桥东北）。这里是大都前往京西的必经之路，“城中内外经纪之人，每至九月间买牛装车，往西山窑头载取煤炭，往来于此”。因对大型牲畜需求众多，附近形成了多个牲畜交易市场，《日下旧闻考》记载：“米市、面市，钟楼前十字街西南角；羊市、马市、牛市、骆驼市、驴骡市，七处俱在羊角

前门

1 周尚意：《元明清时期北京的商业指向与城乡分界》，《北京师范大学学报（社会科学版）》，1999 年第 1 期。

市一带。”附近还有专门进行劳动力交易的人力市场。

明代北京，由于皇城的东墙把原先漕运用的御（玉）河围在皇城之内，漕运受禁，改为陆路入城。什刹海的商贸功能逐渐衰微，商业中心转移至西四、前门、东四一带，推动京城的商业网进一步在全城发展。其中商铺最集中的地方是在北京西城的大时雍坊，坊内共有大小商铺734家。北京西城的金城、阜成二坊也有大中规模店铺银号626家。

西四牌楼附近是繁华热闹的商业区，称为西大市，所处的安富、鸣玉、积庆三坊共有中等以上店铺756家。永乐迁都北京之后，外地货物进城通道除了可由水路经东边朝阳门，由西北地区经陆路而至的商货则走西便门入城，并集聚在西直门及阜成门附近，由此造就了西四牌楼商业区的繁荣。明代北京居民日常饮食消费的猪、牛、羊等牲畜都来自西北地区，并集中在西大市商业区贸易，久之便形成了专门的骡马市、羊市及猪市。马市多销售从大西北和北方游牧部落贩运来的马匹。此外，还有缸瓦市、皮货市、箔子市、皮毛市等专业性的商品市场。同时，城内煤炭多由北京西山运来，也多集中在西大市销售。

西四牌楼附近还集中了众多戏院和妓院，西安门外的砖塔胡同，为当时著名的“歌吹之林”。这里一度是北方杂剧的活动中心。勾栏院亦热闹异常，灯红酒绿的西大市商业区休闲娱乐消费的繁荣同样带动了西四牌楼商业区的兴盛。

明朝永乐年间迁都北京之后，城市商业得到恢复和发展。至明弘治年间，北京已为“生齿日繁，物货溢满，坊市人迹，殆无所容”之地。城市巨大的消费需求使得“东南财货与山海珍藏无不聚辇毂下”，并造就了服务不同层次和消费群体需求的北京“四大市”，其中棋盘街、内市、城隍庙市均位于今北京市西城区内。棋盘街是当时较为繁盛的商业区，其兴起主要依托于明代设立于紫禁城南侧的各部官员的消费。《谷山笔麈》记载：“五部在天街之左，天下士民工贾各以牒至，候谒未出，则不免盘桓天街有所贸易，故常竟日喧嚣，归市不绝。”关于棋盘街的兴盛景象，《长安客话》记载：“棋盘街，府部对列街之左右，天下士民工贾各以牒至，云集于斯，肩摩毂击，竟日喧嚣，此亦见国家丰豫之景。”棋盘街的贸易状况在明中叶的《皇都积胜图》中也有展示，店铺林立，车流涌至，人流熙攘。清末因义和团运动的冲击，棋盘街附近遭劫而衰落，时人所作竹枝词写道：“车如流水马如龙，日日回还锦绣丛。一自红羊遭劫火，石栏杆外少人踪。”

清代以来，由于实行满汉分城制度，前三门地区成为内外城的往来通道和城市商业中心，“正阳门旧制，城外有月墙，环月墙东西为荷包巷，其始东曰帽巷，西曰荷包巷，后统名曰荷包巷。本系临时市集，商民于此支棚架屋，日久遂成为商场”[1]。乾隆、嘉庆年间，俞清源曾在《春明丛谈》中描绘：“珠市当正阳门之冲，前后左右计二三里，皆殷商巨贾，设市开廛。凡金银珠宝以及食货如山积，酒榭歌楼，欢呼酣饮，恒日暮不休。”正阳门外冲要地段的地理优势，带来了巨大商机，由此形成的街巷以“廊房”为名，如廊房头、二、三、四条。其中的“廊房四条”，到清代更是成为“市廛、旅店、商贩、优伶丛集之所，较东城则繁华矣”[2]。《顺天时报丛谈》也称：“商铺花埠咸集于斯，一切景物较城外迤东亦有生气。”

为加强城市治安管理，清代在京城街巷出口，尤其是外城设置防卫性质的栅栏，由五城御史负责管理。乾隆以后仍延续这项制

---

1 陈宗蕃：《燕都丛考》，北京古籍出版社，1991 年，第 476 页。

2 吴长元：《宸垣识略》卷十“外城二”，北京古籍出版社，1983 年，第 182 页。

度。出于安全考虑，廊房四条实力雄厚的各大店铺，筹资在胡同口修建的栅栏想必是坚固高大、与众不同的。尽管栅栏顶端的木板上写着街巷胡同的名称，但体现胡同突出特征的称谓“大栅栏”或“大栅阑”，在民间约定俗成的使用过程中逐渐取代了原有名称。《乾隆京城全图》中已采用了“大栅栏”一名，成为其历史上商业发达的标志。

大栅栏是正阳门外的繁华所在，向北是内城，向南过天桥可出永定门，向东是崇文门，向西过虎坊桥、菜市口可出广安门，地理位置之优越，在北京城内无出其右者。清人杨静亭在《都门记略》中记载：“京师最尚繁华，市廛铺户米庄富甲天下，如大栅栏、珠宝市、西河沿、琉璃厂之银楼、瑕号以及茶叶铺、靴铺，皆雕梁画栋，金碧辉煌，令人目迷五色。至肉市酒楼饭馆，张灯列烛，猜拳行令，夜夜无宵，非他处所可及。”[1]大栅栏历经百年沧桑巨变，是北京西城商业繁华图卷中最璀璨的部分，也是北京城市发展史上最重要的商业区域。

元大都建成之后，大栅栏地区尚属郊垧，是金中都东北通往新城的必经区域，并逐渐成为两座城市之通衢。明永乐十七年（1419），将元大都的南城墙由今东西长安街一线向南扩展到今崇文门、正阳门、宣武门一线，大栅栏地区成为城墙南侧的居民区。在正阳门外等地建造铺房并招商营业，大栅栏地区商业得以发展起来。其西面为卢沟桥陆路，东面为通惠河码头，无论是陆路商货还是运河北上物品，均在此汇聚。自此，大栅栏地区逐渐发展成为各地物资流通、信息人员交流的中转站。明嘉靖三十二年（1553）建立外城，大栅栏地区由此列入“京师五城”，店铺林立，商旅拥滞，

---

1 杨静亭编、张琴增补：《都门纪略・风俗》。

形成了独具特色的商业文化。

大栅栏作为商业中心的形成，也带动了邻近区域逐渐出现日用品生产和交易相对集中的街巷。它们当中有不少以此特点命名：推车卖煤的集市在煤市口，卖陶器的在缸市口，还有羊肉胡同、笤帚胡同、车营儿、取镫胡同等，都是自发形成的市场或作坊；到清代又增加了珠宝市、稿荐胡同、猪尾胡同、羊毛胡同、粮食店、胰子巷、羊尾胡同、小香厂、排子胡同、纸巷子等，商业服务业特征依然是街巷命名的重要基础。

1900 年义和团火烧德记药房，延烧铺户“一千八百余家”，正阳门外大栅栏一带因大火而渐趋萧条，竹枝词对此亦有反映：“大栅栏前热闹场，无端一炬烬咸阳……百万商民齐束手，市廛景象太萧条。”不过，此后不久，随着光绪年间前门火车站的修建，大栅栏再度兴盛起来。据 1919 年京师总商会统计，大栅栏地区共有 4495 家店铺。

除大栅栏外，菜市口地区也是一处非常重要的商业中心。菜市口位于宣武门外大街与外城东西大道的交会处，向西通过广安门大街可出广安门，向东通过骡马市大街、虎坊桥、西柳树井可到达珠市口。清代，广安门外地区农民多以种菜为生，广安门大街以南也有大片菜园，因此菜市设在这里，得名“菜市口”。这一商业中心以菜市、粮市为主，向东包括骡马市大街，向西包括广安门大街，向北包括宣武门外大街，向南包括米市胡同、垂相胡同。油盐店的伙计和菜贩多早晨到菜市口批发蔬菜，然后运回店中，或走街串巷去零售。

钟鼓楼地区是一处很有特色的商业区域，包括地安门外大街、鼓楼大街、鼓楼西斜街等几条商业街。《光绪顺天府志》记载，什刹海旁有要货市，鼓楼西斜街以南甘石桥有果子市。“地安门外大

20世纪30年代的鼓楼

街最为骄闻。北至鼓楼，凡二里余，每日中为市，攘往熙来，无物不有。”这里靠近什刹海，商业闹市和风景区结合，相辅相成。

北京的骡马业发展较早，明代时就在东四、西四地区有马市大街。清朝时期，蒙古王公来京进贡，多用马匹，一般所带的数量要远远大于进贡的数量，以备挑选。凡没有选中的即就地售与商民，为负重或耕地之用，这进一步刺激了北京骡马业的发展。后来，赴蒙经商者多以内地货物换得马匹，集于张垣出售。再由马贩从张垣贩至北京，投于骡马行店，由店铺经售，抽取佣金，骡马业更加繁荣起来。马的产地以蒙古与察哈尔为大宗，从那里贩至北京，沿途要经过张垣、居庸关、南口等处，进口税在张垣缴纳，北平落地税在德胜门外马甸征收。所以，德胜门外有很多骡马行店，将贩到这里的马匹分销于四乡，为农家耕种之用。

西四牌楼地区一直是内城西部主要的商业中心。以西四牌楼为中心，包括东面的西马市街，西面的阜成门大街和南北向的西大市街西四牌楼大街，鞍辔行装，铺设牌楼西大市。据嘉庆年间日本出版的《唐土名胜图会》称：西安门外和四牌楼一带，店铺稠密，招牌高挂，人声鼎沸，非常热闹。西单牌楼市场也别具特色，乾隆时米市发达，道光、咸丰前后饮食娱乐行业兴盛，如金兰斋、天福号皆有盛名，戏院有广顺园等。清末这一带饭馆酒肆很多，还开有戏园和多处“歌舞场”，“闾阎扑地，歌吹沸天。金张少年，联骑结驷，挥金如土，殆不下汴京之瓦子勾栏也”[1]。西四牌楼地区包括宣武门大街、瞻云坊北大街、西单牌楼大街、旧刑部街、西长安街西段等街道。

作为明清时期最为繁华的商业区，目前北京市西城区拥有近百家老字号，超过全市老字号总量的 50%。其中“中华老字号”达 54 家，占全市总数的 46%，可以说北京市西城区是老字号最集中的地区。历史最悠久的是六百余岁的清秘阁和鹤年堂；此外，还有餐饮行业的全聚德、烤肉宛、庆云楼，服饰行业的马聚源、瑞蚨祥、内联升等。拥有辉煌的经营历史，且在当今能够继续经营的老字号，是百姓衣食住行文化的精粹，至今老北京还流传着一句谚语：“头戴马聚源，身穿瑞蚨祥，脚蹬内联升，腰缠四大恒。”这些历史悠久的老字号，是以往北京西城商业繁华的见证，更是对中华传统文化的传承和发展。

北京西城商贾身上带有浓厚的儒家文化色彩。从店铺内部管理到对外经营、同行竞争，他们都以守信用、重质量、守规矩为经

---

1 震钧：《天咫偶闻》，第 123 页。

商法则，赢得了顾客的信任，逐步形成了一批著名的老字号。许多买卖经营几十年甚至一二百年，依然兴隆。如强调“同修仁德、济世养身”的同仁堂，坚持“全而无缺、聚而不散、仁德至上”的全聚德，遵循“黍稻必齐、曲蘖必实、湛炽必洁、陶瓷必良、火候必得、水泉必香”的六必居等，都充分体现了北京西城老城文化蕴含的儒商精神。北京西城旧日的老字号大多供奉关公，尤以晋商为甚。他们将关公奉为忠义的典型和诚信的象征，并通过这种形式，宣传诚信为本、和气生财的经营理念与商业精髓。遍布西城的众多商业老字号，是地区商业发展和消费变迁的见证，更是西城地区珍贵的历史遗存。传统习俗的变迁，根植于多地域、多民族、多宗教的交流。在多种文化的融合碰撞中，最终形成了这座城市最动听的“京腔和京韵”。

九、金融文化

明清时期，北京的银号钱庄有很大一部分分布在西城区域。清代北京的金融业主要包括银钱业和典当业。银钱业包括银号、票号、炉房、钱店四种。银号、钱店有银票、钱票流行于市，票号办理各省汇兑，炉房专化生银，并代国库铭铸元宝。钱市胡同的银钱市主导着全城的银钱兑换价格，官炉房则主要集中在珠宝市内。“钱市”的形成与炉房有关，炉房是中国旧时铸造宝银的机构，其原本是为解决交易中付银的方便，加工熔炼碎银而设立的。清朝中叶大栅栏珠宝市街便已经出现炉房，并发展成为最集中的地段。后来，根据商家的需求又增添了存贷银两、划拨转账等业务，具有了现代银行的某些职能。当年设在珠宝市的炉房有 26 家之多。民国以后，炉行萧条，钱市无市，改建为银号铺房，形成一条窄胡同。这条胡同的价值在于，它是中国最早也是最完整的金融交易所。东起前门大街，西至煤市街的施家胡同，全长260米，号称银号一条街。《宣南鸿雪图志》中记述：胡同内除一处青阳会馆和几家旅馆、商店外，集中了十几家银号。胡同中现今仍存有多家银号遗迹，其外表与住宅相同，但保留着老银号的风貌，包括裕兴中银号、华威银行、殖边银行、河北省银行和泉通银行等。

西交民巷东起天安门广场西南侧，西至北新华街，中与原羊毛胡同，前、后细瓦厂胡同，辇儿胡同，平安胡同相交，全长约1080米。西交民巷在唐代属于幽州蓟县燕夏乡，辽代属于南京析津县燕下乡，元代属大都城丽正门外的关厢地区。早在元代，随着大都城商业的发达和贸易交往的频繁，大都城南城外，尤其是丽正门和顺承门外的关厢一带，居民稠密，市井繁华。明永乐十七年（1419）拓北京南城，西交民巷地区划入城内，隶属大时雍坊（今西交民巷西至西单一带）。

约在明代天顺至成化年间，西交民巷胡同开始形成。明人沈榜在《宛署杂记》卷十三“铺行”中详细考证了内外城各个坊的店铺数，书中记载大时雍坊中等以上的店铺数总计为734户，名列京城各坊之首。《宛署杂记》成书于明万历时期，说明至迟在万历年间，西交民巷所在的大时雍坊已是一处繁华的商业街区，成为京城铺户聚集之地。万历年间，南方运至北京城的大米在这一地区卸货集散，因北京人将南方的糯米称作“江米”，此地又被称作“西江米巷”。清时取“西江米巷”之谐音，改称“西交民巷”，属镶蓝旗。

西交民巷在民国时期是华北地区的金融中心，许多大型银行均在此设有机构。今天的西交民巷近代银行建筑群包括大陆银行北京分行旧址（西交民巷17号，建于1924年）、华资商业银行总办事处旧址（西交民巷17号，建于20世纪20年代）、中央银行北平分行旧址（西交民巷17号，建于1931年）、中国农工银行北平分行旧址（西交民巷50号，建于1922年）、户部银行旧址5处（西交民巷23号，建于1905年）。其中户部银行是中国第一家国家银行，后改称大清银行、中国银行。

20世纪二三十年代，由于社会局势发生变化，西交民巷银行机构地位开始衰退。中华懋业银行北京分行经理陈宗蕃在其所著的《燕都丛考》中记述："民国十年（1921）以前，各银行竞于是谋建筑，颇有作成银行街之想，嗣以市面衰落，遂一蹶而不复振。"1928年国都南迁之后，中国的金融中心转移到了上海。自此，北京的金融业受到致命打击，西交民巷的银行业也渐趋冷落。

西河沿东段也是明清北京著名的"金融街"，街中有建于清代康熙年间的银号会馆——正乙祠，金店字号有中原、仁昌、益通、开泰、乾泰、汇泉、德裕、广成、庆丰肇、丽华、丽丰、宝善等；汇兑庄、兑换所字号有永利、同城、福利等；银钱店字号有同兴龙、厚记、乾云生等；银号有中源、永利、永利厚、同成、金成、汇泉等。

西河沿还建有交通银行、盐业银行、金城银行等多家银行。据《交通银行三十年史清稿》记：交通银行于清光绪三十三年（1907）11月由清政府邮传部奏请设立。邮传部设立交行"以募集公债赎回京汉铁路为主因，而经管轮、路、电、邮四政收支，办理国外汇兑，以及推行国币，辅助统一币制，亦均在邮传部设行规划之中"。1932年6月6日，交通银行北平支行新办公大楼在西河沿街17号翻造竣工。该楼即为今天的中国人民银行北京分行。

盐业银行是中华人民共和国成立前的主要商业银行之一。北洋政府以盐款为财政大宗，为维持盐业，调剂金融，于1914年10月筹设盐业银行，1915年3月16日成立，1915年3月20日正式开业，设总管处于北平。北平分行同时开业，地址在西河沿街 11 号。盐业银行开展商业银行及储蓄业务，为当时全国商业银行之冠。

金城银行创办于 1917 年，当时在前门西河沿街内佘家胡同的几间平房里营业。不久迁移到前门西河沿街 12 号。后来，旧行址的老式平房一直作为有纪念意义的金城银行的“发祥地”未予拆建。

中华懋业银行是由中美两国人士集合资本共同创办的中美合资银行，1920 年 2 月 6 日正式开业。行址设在前门西河沿街 198 号。中华懋业银行不仅在国内设立多处分支行，还在欧美各大城市如纽约、巴黎、伦敦、旧金山等地设立了 20 多个代理店、往来店。

大栅栏周边的银行还有：设在珠宝市的直隶省银行北平分行，设在廊坊头条的蒙疆银行，设在南新华街的邮政储金汇业局北平分局、中南银行北平支行、正太银行等。另外，设在廊坊头条 8 号的新华信托储蓄银行，也是当时主要的商业银行之一。

清末民初，西河沿成为近代北京华资银行的聚集地，如河北省银行总行、河北省银行北平分行、上海商业储蓄银行北京分行、金城银行总管理处、中孚银行北京分行、国华银行北平分行、大陆银行北京分行、北洋保商银行、中央银行北平办事处、四联北平支行、中华懋业银行、中国实业银行北京分行、户部银行、北京储蓄银行、中国银行、中国银行北京分行、中国商业银行、北平市银行、法国农业银行、中国农工银行总行管理处、中国农工银行北京分行、大生银行、四行信托部北平支部、金城银行北京分行、中国联合准备银行等。此外，还有五族银行、通易信托公司、中华平民银行、殖边银行、新民商业储蓄银行、中华女子储蓄银行、北平商业银行、中华汇业银行、冀东银行、极生银行等。

上述银行性质多样，各有特点。从层级架构方面来讲，有总行、分行之分；从资本性质来讲，有官办、官商合办、商办之分；

从主办机构来讲，有中央政府、地方政府之分。可以说，北京西城作为北京银行业的发源地，同时也见证了近代中国金融业的兴起与发展。现西交民巷仍保留原清朝户部银行、民国时期的中央银行北平分行、中国农工银行，以及大陆银行、北洋保商银行等银行旧址。

一家家饱经沧桑的银号、炉房、钱庄、银行的金融史迹，经过岁月的洗礼，至今遗迹仍在，厚重坚实，熠熠生辉，仿佛对人们诉说着当年北京“金融街”的辉煌。

十、教育文化

得天独厚的教育优势，是北京体现首都特殊地位的标志之一。官学主要教授儒家典籍。辽代在教育上先仿唐制，后采宋制，继在上京设国子监后，于太宗会同元年（938）在燕京设置太学，成为当时北京地区的最高学府，并颁行《五经传疏》，大力倡导学习唐文化。金灭辽后，海陵王迁都燕京，改称“中都”，并于同年建国子监，教授辞赋和经义等。金世宗大定六年（1166）建太学，隶属于国子监，后增设女真国子学。金章宗承安四年（1199），下令扩建太学，在白纸坊新建太学校舍，令京城王公贵族子弟及全国精通经学的儒生入太学。

元世祖在入主中原之初，就意识到学习汉文化的重要性，于至元六年（1269）在京城设立中央教育机构——国子学，身边的侍臣等贵族子弟入国子学，专门学习汉文化。学生以官宦子弟为主，包括蒙古人、色目人和汉人，其中蒙古人比例最高，“百人之内，蒙古半之，色目、汉人半之”。

明成祖迁都北京后，北京城学校的地位随之提升，原来的顺天府学改为国子监。宛平、大兴二县学撤销合并，归入新的顺天府学

（大兴县学原址）。宛平县学从洪武三年（1370）设置，到永乐元年（1403）撤并，前后存在了 34 年，这是设在北京市西城区最早的官学。

书院是研习经史子集等各种学术内容的民间教育机构，一般以私办为主，学术氛围比较自由，适合文人士大夫讲学，宣传个人的学术观点。隋唐以来，北方地区战乱频繁，经济发展迟缓，再加上北方长期以来处于统治者的政治中心，对社会舆论控制较严，所以书院一直没有大规模发展起来。而南方远离统治者的政治中心，经济发展非常迅速，书院也发展较快。明朝末年，邹元标、冯从吾等人在今北京市西城区创办首善书院，与无锡东林书院齐名。邹、冯等人讲学的内容，与社会实际、时事政治结合得非常紧密，听众和主讲人可以互动，现场提问，讲学人当场做出解答。当时，讲学人中还有著名的东林学派领袖高攀龙等学者，他们注重辨善恶、明是非、讲气节，吸引着众多学者前来听讲。首善书院地处京师重地，再加上讲学者都是当时的名师大儒，所以自创办起就为朝野上下所关注，以致“名望日重，而诸不附东林者咸忌之”。

清朝初期对皇族子弟教育尤为重视，每旗除设立普通官学，还各设宗学、觉罗学等皇亲国戚“子弟学校”，专供努尔哈赤后裔（称为宗室）及努尔哈赤兄弟子侄后裔（称为觉罗）子弟就读。雍正二年（1724），改按八旗左翼（镶黄、正白、镶白和正蓝四旗）和右翼（正黄、正红、镶红和镶蓝四旗）各设宗学一所。然而，随着皇族子弟的增加，仅左、右翼宗学难以容纳，雍正七年（1729）将觉罗子弟从宗学里分出，另设觉罗学供他们就读。右翼宗学最初设在西单小石虎胡同吴三桂之子吴应熊的府邸，大约存在了三四十年时间，后来移到西单南面的绒线胡同。据考证，曹雪芹曾在右翼宗学供职，任“瑟夫”（满语“师父”之意）。右翼宗学从雍正年间创办一直到光绪年间改制为近代学堂，前后近 180 年。现在的北京三中前身就是右翼宗学。它是北京市西城区延续至今依然存在的最早的学校。

清代北京设有专门为八旗子弟设立的八旗官学，主要分布在东城和西城，显示出清统治者对旗人，特别是满族旗人教育的重视。八旗官学始于顺治元年（1644），隶属国子监，由国子监派教官教授。清初规定每两旗立官学一所，西城为正黄、正红、镶红和镶蓝四旗的旗人居住地，正黄、正红两旗官学设在阜成门内驴肉胡同，镶红、镶蓝两旗官学设在西单牌楼北侧。到了雍正五年（1727），八旗官学制度正式确立，每旗都设立官学。这样北京市西城区域就有了四所旗学。康熙二十四年（1685）和雍正七年，分别在景山前门、西华门内设立了景山官学和咸安宫官学，供内务府子弟就读。

19 世纪末 20 世纪初，中国近代教育兴起，北京西城开风气之先。光绪二十八年（1902），京师督学局在琉璃厂设立五城中学堂。在此前后，外省旅京人士已利用会馆开办多所中等学校：宣外大街第二院的畿辅学堂，民国后改为畿辅中学、燕冀中学；后孙公园的皖学堂，后称旅京安徽中学校；琉璃厂八角琉璃井的豫章学堂，后改豫章商业学校、豫章中学校；达智桥的豫学堂，后改豫学校、旅京豫人私立法政学校、京师私立河南中学校、私立嵩云初级中学校；宣外大街的闽学堂，后为全闽春明公学女校。

光绪三十四年（1908），京师大学堂优级师范科改为京师优级师范学堂，设于琉璃厂五城中学，民国时期改为北京高等师范学校，后来又称国立北京师范大学，设于琉璃厂。这是中国高等师范学校独立建制的开始。

20 世纪二三十年代，北京逐渐成为“大学城”，全国百分之四十的高等院校、百分之五十的在校师生云集北京，其中，大部分位于今北京市西城区域，在和平门、西单、西四一线就有六七所大学，构成“西城学生化”现象。西城成为名副其实的“大学区”，如北平师范大学位于厂甸、女子师范大学位于石驸马大街、中国大学位于二龙路、民国大学位于南太平湖、交通大学位于府右街、法政大学位于李阁老胡同、华北大学位于西四羊皮市礼王府旧址、孔教大学位于甘石桥、北平工业大学位于西四端王府夹道、医科大学位于宣外后孙公园、陆军大学位于西直门内、新华大学位于西四羊肉胡同等。据 1934 年的统计数据，内二区有 80 多所学校、200 多个公寓，这些都在今北京市西城区范围内。

北京西城的大学很多是由清代王府改建，如位于定阜街的辅仁大学本部旧址原为清醇贤亲王奕譞第七子载涛贝勒的府邸。辅仁大学是一所由罗马教廷在亚洲直接设立的唯一的天主教大学，校名源自《论语・颜渊》中曾子所言：“君子以文会友，以友辅仁。”其前身为中国天主教领袖英敛之于 1913 年在北京香山静宜园创办的大学预科“辅仁社”，以传授中国文化知识和天主教史为内容、培养天主教青年为目标。

1920 年 8 月，天主教本笃第三会会士、美国俄亥俄州西顿大学教授奥图尔博士受教廷委派来华调查教育。1925 年 3 月 26 日，奥图尔以 16 万元的价格，永久租下位于城北李广桥西街 10 号的旧涛贝勒府为辅仁大学校址。再经修葺、布置，同时着手聘请教师，购置书籍、教学仪器、桌椅、体育器材等，至 8 月，筹备工作基本就绪。1927 年 9 月 26 日，辅仁大学举行首届开学典礼，有学生（预科、本科生）155 人，其中本科生 34 人。截至 1928 年 9 月 17 日第二学年开学时，大学有本科 4 个系（中国文学系、英国文学系、历史系、哲学系）、7 个班，预科 3 个系（无哲学）、3 个班，注册本科、预科学生共计 195 人。至此，经过长时间的酝酿、几年的精心筹备，辅仁大学正式建立起来，并初具规模。

1929 年呈请国民政府教育部正式立案，改名“私立北平辅仁大学”。英敛之既是辅仁大学最重要的发起人，也是奠基人。他厘定了既要吸收西方最新科学，又能发扬中华固有优秀文化的办学宗旨和信教自由的办学理念。辅仁大学史学、物理、化学、心理、教育、生物等学科，荟萃了一批学有专长的中外学术名家，他们在各自的研究领域做出了非凡的成就。尤其是陈垣的史学研究、张星烺的中西交通史研究、沈兼士等人的中国语言文字学研究、余嘉锡的中国目录学研究，在国内学术界均具有开创性和典型性。陈垣、余嘉锡二人更因学术上的卓越成就而于 1947 年当选为中央研究院第一届院士。生物系的斑疹伤寒疫苗研制把世界最新研究成果介绍到中国，并有所创新，取得了较好的社会效果。化学系教授、著名化学家萨本铁博士以对维生素 C 和维生素 K 的研究（实验证明）而著称于世；物理学系教授严池（德国人）在攻读博士学位期间在超声学研究方面成绩突出，并在来辅大执教后继续研究。该项研究在当时的中国尚属首创，而且“在远东亦堪称独步一时之新学科”。虽仅存 27 年，但辅仁大学以精英人才为培养目标，在学术研究上强调“动国际而垂久远”，在中国现代高等教育史上写下了浓墨重彩的一笔。1949 年中华人民共和国成立后收归公有，是为“国立辅仁大学”。1952 年因院系调整并入北京师范大学。

天主教大学遍及世界各地，但是，由罗马教廷直接设立的大学，只有十几所，在亚洲，仅有辅仁大学这一所。英敛之、马相伯等人发起创建天主教辅仁大学的目的是明显针对当时外国天主教势力的蒙昧主义、殖民主义，具有教育救国的思想特点，闪耀着爱国、爱教的可贵精神。这一办学精神后来被校长陈垣一直坚持。

中国大学是一所由孙中山创办的大学。关于二者的关系，据《中国大学概览》记载：中国大学“初名国民大学，为中华民国第一任大总统、中国国民党总理孙逸仙先生暨总董马邻翼先生所倡办”。关于孙中山倡导创办中国大学的原因，中国大学校友在1942年编印的《中国大学校友录》中曾这样记述：“在当年总理与党国诸先进为要从事革命的建设新中国，不得不首先造就多量的建国新人才，所以民国开始的那一年，就创设我们的学校，把伟大的革命精神，寄托给我们的校友。”

1912年冬，经校董事会推定，由宋教仁组织，校董彭允彝、姚憾、吴瑞、毕惠康等为筹备员，选定北京前门西大街13号（旧称前门内西城根或顺城街、现北京第二十九中学校址）、正阳门城楼西侧的愿学堂为校舍（该址原为清末一义塾，1906年改设公立愿学堂）。学校初名为“国民大学”，定于1913年春开学。

国民大学第一任校长原定宋教仁。然而，尚未看到开学之盛况，宋教仁即被暗杀，校董会遂推黄兴为校长。1913年4月13日，国民大学举行开校大典。因黄兴时在上海，由彭允彝代行校长职务。中国大学决定以公办的标准培养中国青年，发展中国教育。同时宣布要与当时官办的京师大学“立于反对地位”，不以京师大学培养“两院一堂”（指参众两院与京师大学堂）式的官僚为目标，而是要将其办成培养“模范国民”的民主共和建设人才的基地。

二次革命失败后，袁世凯把国民大学看成是国民党的大本营而加以摧残，在下令解散国民党后，又下令停发国民大学的经费补助。1914年国民大学与上海吴淞公学合并，称中国公学大学部。1916年11月5日，校长黄兴在上海病逝。1917年3月5日，上海中国公学停办，北京中国公学改名为“中国大学”。4月，姚憾校长将黄兴手书原校名“国民大学”四字摄影，存作纪念。

中国大学与1924年孙中山创办的黄埔军校并称，“北有中大、南有黄埔”，“一南一北，一文一武”。1924年底，中国大学校董孙中山先生抱病到京，中国大学学生邀请孙总理、孙夫人和汪精卫到校讲演。中山先生特派汪精卫到校训勉，以“国民党的继承者”相期许。1925 年，中国大学迁到位于西单北大街大木仓胡同 25 号的郑亲王府（现教育部办公地点）新校址。

抗战期间，曾任北平市长的何其巩担任校长，在复杂的政治环境中积极奔走周旋，使该校一直存在并取得一定程度的发展。中国大学自筹经费，不受日伪政府直接管制，坚持中国人自办。何其巩坚持做到董事会及学校一切机构无变动，不受奴化支配，学校证件从未加盖过伪印，拒绝日伪分子，学生自由讲习。在此情况下，原北大、清华、北平师大的一些留居北平的著名学人纷纷应聘于此，如俞平伯、褚圣麟、刘明越、蔡镏生、王桐龄、翁独健等。1941 年美日宣战后，原燕京大学以及协和医学院的著名教授，如齐思和、胡鲁声、张东荪、裴文中、谢少文等也来此执教。很多东北、华北等地的失学学生进入该校学习，学生人数从 1938 年的不足 1000 人增加到 1944 年的 4000 人以上，在当时的北平是唯一重庆国民政府立案而没有外国背景的高等学府。至 1949 年 4 月停办，部分院系并入华北大学、师范大学，理学院后并入山西大学。学生多投考华北大学、革命大学、军政大学和参加南下工作团。中国大学共存续 36 年，其间培养了两万多名学生。

北平民国大学，系 1916 年冬，马景融、蔡公时等人在北京发起创办，国民党党员张继、周震鳞等人赞助，当时定名“私立北京民国大学”。民国六年（1917）4 月，在宣武门外储库营四川会馆，成立开学，有学生千余人，分设文、法、商三科及专门部各科，马景融任校长，蔡公时任教务长，是一所具有国民党背景的私立大学。张勋复辟时，该校教职员，以国民党关系，多南下护法。1918 年 6 月，成立校董会，以维持现状。1922 年 6 月，奉北京市政府教育部令，核准立案。由于原校址狭隘，遂租定北京西城太平湖旧醇王府邸为校址，于1923年5月迁入授课。同月27日，新校址不幸失火，蔡元培校长及张一麐董事长相继辞职，校董会于9月中开会，改推顾维钧任董事长、江天铎任校长。1927年12月，张学良继任校长。

国民革命军进抵北平后，民国大学校董会公推国民党元老、时任国民政府委员周震鳞出任校长。1930年9月，奉教育部令，核准校董会立案，改称“北平私立民国文法学院董事会”，大学改称学院。抗战爆发后，学校南迁，在湖南等地继续办学。抗战胜利后，改称民国大学，1949年并入湖南大学。

民国时期北京西城还有一所特殊的学校——国立蒙藏学校，位于西单小石虎胡同38号，旧址明初为常州会馆，是京城成立较早的会馆之一。清初为吴三桂之子吴应熊的府邸，因清太宗皇太极的十四女恪纯公主下嫁吴应熊，人们一直称这里为驸马府。雍正二年（1724），清政府分设左、右两翼宗学，培养宗室子弟，右翼宗学即设于此。后来为清高宗第一子定亲王永璜之长子绵德府第。1913年蒙藏院在此开办蒙藏专门学校。1923年秋，李大钊、邓中夏等来校开展革命工作。1924年，奎壁、吉雅泰等一批青年学生成为中国共产党历史上第一批蒙古族党员，并在此组建了蒙古族的第一个党支部。

北京西城区域的大学，尤其是中国学院、民国学院等私立专门学院，主要依靠学生学费支持，因而追求招生数量，但经费设备相对短缺，对学生的要求和管理也不甚严格。据邓云乡在《文化古城旧事》中介绍，这类学校为了扩大招生量，录取分数很低，此外，学杂费也比燕京等贵族化学校低，而且班级很大，每班七八十人，多时二百多人。外省来北平考大学的学生，考不上名牌大学，也出

20世纪30年代西城主要大学及学院空间分布及人员情况

学校	地址	教职员数（1934年）	学生数（1934年）
国立北平师范大学文学院	石驸马大街	229	847
国立北平师范大学教育学院及理学院	南新华街		
国立北平大学医学院	和平门外后孙公园	651	1451
国立北平大学法学院一所	宣武门内国会街		
国立北平大学法学院二所	宣武门内国会街		
国立北平大学法学院三所	李阁老胡同		
国立北平大学工学院	祖家街		
国立北平大学农学院	阜成门外罗道庄		
国立北平大学艺术学院	西京畿道		
私立辅仁大学	定阜大街	130	660
私立中国学院	二龙坑	190	1082
私立民国学院	太平湖醇王府	88	752
私立北平铁路学院	李阁老胡同	51	359

不起贵族化教会大学的高昂学费，就选择进入此类学校。因而这类大学中不乏一部分好学之士，但更多的是来混文凭者。[1] 由于办学经费不足，这些学校宿舍资源严重匮乏，学生中又有很多人不重学业而耽于享乐，因而兼管吃住又不约束学生行为的校外公寓成为他们的最佳选择，他们的生活也多围绕这些公寓而经营。20 世纪 30 年代，位于西单商场附近的中国学院是北平外宿学生数量最多的大学。根据 1934 年出版的《全国高等教育统计》，此时中国学院学生人数为 1082 人，但是直到 1936 年，学校里的 4 个男生宿舍仅能提供 200 余人的住宿床位，2 个女生宿舍只可容纳 30 余人，其余学生只能"走读"，即住到校外公寓里。这些外住的学生为公寓的发展提供了空间，中国学院附近的二龙坑和皮库胡同，成为这一时期北平城区公寓分布最为集中的地带。

北京西城区域学生的居住方式也比较有特点，"在这一区内的学生，虽然学校差不多都是有宿舍的，可是究竟人数过多，且有的完全只是混混的，所以民房及公寓较之东城反而要多些，价钱贵些，尤其是因为在最热闹的西单牌楼一带，他们的饮食及其他完全是与东城区差不多的。不过因为，份子的复杂，所以生活多半是要浪漫随便些"[2]。

十一、戏曲文化

戏曲和曲艺曾是人们主要的娱乐方式。北京作为历史悠久的一国之都，聚集了来自四面八方的各色人等，为戏曲艺术提供了广

1 邓云乡：《文化古城旧事》，河北教育出版社，2004 年，第 124 页。

2《北平城区的大学生》，《天津益世报》，1934 年 4 月 6 日。

阔的市场，成为艺人荟萃之地。都城的人口结构决定了城市的消费性质，戏曲、曲艺及其他娱乐行业，适应了京城悠闲自在的生活节奏。即使在普通劳动者中，也有众多的戏曲、曲艺爱好者。

从辽南京、金中都到元大都，沿着太行山东麓大道北上，不论是进京谋事还是由此前往东北或西北，大多要从北京西南入城而行。元大都建成后，什刹海及其周边成为繁华地带。以什刹海及其周边地区为中心的文学艺术、学术科技繁荣兴盛了几个世纪，长久不衰。元朝统治者问鼎中原，蒙古人在吸收汉文化的同时，也带来了草原上无拘无束的思想与行为方式，为大都文化的活跃提供了良好的土壤，与唐诗宋词齐名的元曲正是在这种历史条件下产生的。

元代通惠河开凿以后，大运河的终点延伸到大都城内，积水潭周围及其相邻的齐政楼（今鼓楼）一带，成为人口众多、经济繁荣的闹市区。在斜街的茶楼酒肆里，文人骚客络绎不绝，简易舞台上唱念之声不绝于耳。元代很多著名曲剧作家长期活动于此。歌台酒馆云集之地，自然也是大都日常演出的聚集区域。《录鬼簿》记载的元大都著名剧作家多达 19 人，包括关汉卿、王实甫、马致远、纪君祥、杨显之等，他们创作了《拜月亭》《救风尘》《窦娥冤》《西厢记》《汉宫秋》《赵氏孤儿》等名作，是砖塔胡同、百米斜街等勾栏瓦舍演出的主要剧目。元末明初，杂剧走向衰落，进入以南曲为主的时代，昆山腔与弋阳腔等争奇斗艳，出现了汤显祖的《牡丹亭》等不朽作品。

清代北京的艺术舞台上，有京剧、昆曲、梆子、评剧等门类的戏曲和大鼓、单弦、相声等曲艺形式。康熙年间，北京的戏曲出现了一次高峰，主要以洪昇的《长生殿》和孔尚任的《桃花扇》为代表。当时有诗云："纵使元人多院本，勾栏多唱孔洪词。"《长生殿》和《桃花扇》都曾在王孙贵族的戏楼里和街巷酒肆的戏园里上演。

清代士人有狎优蓄童的陋习，而旧时的戏曲、曲艺也不乏格调低下的词句。为防止旗人入关后沉湎于享乐而丧失骑射雄风，清代对戏曲和曲艺采取限制戏园数量和地点、监督演出内容等政策。但是，官方的规定无法抵御艺术本身强大的娱乐功能。实际情况是，“满人多游惰不好读书，往往沉溺于此，视同日常功课。至清末叶，内政不修，规律视同具文，上自皇帝太后，下至贩夫走卒，皆嗜戏剧，荒时废业”[1]。

京剧是北京戏曲艺术中最具代表性的种类，北京西城集中了清代至民国时期最多的剧场和著名演员故居。可以说，京剧的形成与西城有着千丝万缕的联系。乾隆五十五年（1790），朝廷为庆祝乾隆皇帝八十岁寿辰，特征召江南徽班进京演出，自此之后，大量徽班进驻京城，不仅为宫廷演出，还为市井百姓娱乐助兴。徽班以其丰富优美的唱腔，博采众长的曲风，通俗易懂、生动灵活的剧目编排，以及演员的高超演技，成为压倒群芳、雄踞京城的戏班。随着徽班，特别是“三庆”班受到欢迎，北京又出现了其他徽班，如“四喜”“启秀”“和春”“春台”“三和”“嵩祝”“金钰”“重庆”等戏班，其中以“三庆”“和春”“四喜”“春台”最负盛名，称为“四大徽班”。

汉剧演员搭入徽班后，徽戏的二黄调与汉剧的西皮调逐渐合流，再加上与秦腔、京腔、昆曲等艺术以及北京地方语言的融合，大约在道光二十年（1840）至咸丰十年（1860）间，诞生了以“皮黄”为主，兼擅昆腔、吹腔、拨子、南锣等地方戏曲腔调和板式，在声腔、曲调、字音、伴奏、表演、剧目等方面都具有规范要求的独立剧种。由于它所采用的艺术语言主要是官话和京白，又诞生于

1 张次溪：《清代燕都梨园史料》，中国戏剧出版社，1988 年，第 883—886 页。

国都北京，光绪二年（1876），《申报》首次称之为“京剧”。

由于康熙十年（1671）有“京师内城永行禁止开设戏馆”的规定，这些徽班就住在了当时前门外的大栅栏一带。《梦华琐簿》载：“乐部各有总寓，俗称‘大下处’。春台寓百顺胡同，三庆寓韩家潭，四喜寓陕西巷，和春寓李铁拐斜街，嵩祝寓石头胡同。诸伶聚处其中者，曰‘公中人’。”当时老北京还流传着这样的谚语：“人不辞路，虎不辞山，唱戏的离不开百顺韩家潭。”当年的“梨园公会”也设在附近的樱桃斜街。要看戏班，要捧名角，就得到大栅栏。同光年间，梨园界出现了程长庚、张二奎等一批较具影响力的京剧昆曲艺人，其中最负盛名的十三名伶被誉为“同光十三绝”。徽班进京为京剧的形成奠定了基础。这些徽班留在大栅栏，大栅栏也因此成了京剧的发祥地。易顺鼎所著《哭庵赏兰诗》曾言：“京师之盛衰关系国家之盛衰，大栅栏之盛衰关系京师之盛衰。”此话虽有言过其实之嫌，但从中可以看出当年大栅栏商业和梨园繁荣昌盛的景象。

由于清代对戏曲、曲艺的限制政策，北京绝大多数的戏园建在前门大街及其附近的大栅栏、珠市口、天桥一带。据《道咸以来朝野杂记》载：“戏园，当年内城禁止，惟正阳门外最盛，属于大栅栏内者五处：曰庆乐，曰庆和，曰广德，曰三庆，曰同乐轩。粮食店之中和。街东之园凡三：肉市之广和楼，鲜鱼口之天乐，抄手胡同内裕兴园。崇文门外木厂胡同之广兴园，朝阳门外之芳草园，鸡市口之隆和园。阜成门外之阜成园，德胜门外之德胜园。当日内城只东四牌楼南之泰华轩，隆福寺之景泰二处，时演杂耍、八角鼓、曲词之类而已。”[1] 历史上西城戏园发达的情形，还可见《金台残泪

---

1 崇彝：《道咸以来朝野杂记》，北京古籍出版社，1982 年，第 8 页。

记》的记载："嘉庆间，御史某车过大栅栏，路拥不前。见美少年成群，疑为旦色。叱之，群怒，毁其车。今大栅栏，诸伶之车遍道，几不可行。"可以说，当时京城最有影响的戏园都集中在今日的北京市西城区域。

民国初期，"无佳戏名角"的小戏园，只需"三钱之座，六枚铜元"。而在大栅栏的大园、名园，则动辄六七吊、八九毛，甚至上一元（按民初汇率，从六枚到一元相差了二十多倍）。从徽班进京开始，这些戏园就成了诸位名伶竞相登台演出的重要场所，"戏庄演剧，必徽班。戏园之大者如广德楼、广和楼、三庆园、庆乐园，亦必以徽班为主"。而后起之秀，如杨月楼、孙菊仙、王瑶卿、杨小楼、梅兰芳、尚小云、谭富英等一大批京剧名角也在此登台献艺。每日这些戏园都高朋满座，喝彩之声此起彼伏，形成了京剧一统京城的局面。进入西城的戏园，泡一壶香茶，摇头晃脑闭目凝神，是所有有钱有闲的满、汉人消遣逸乐、显示身份品位的最佳方式，小小的戏园于是成为整个北京都市繁华的缩影。明清以降，与北京西城相关的戏园繁华的描述不胜枚举。一代代的文人写手在怀念"京味"的同时，也把戏园写进了都市生活的历史记忆。

伶人是一个内部认同感很强的群体，自"徽班"在大栅栏地区扎下根后，一方面为了演出的方便，另一方面出于"类聚"心理，大多将居所安置于大栅栏。于是很多名伶从开始学戏、登台演出，到声名远扬都与大栅栏息息相关。为了演出方便，这些京剧名家也纷纷选择大栅栏地区作为寓所所在地，使这里逐渐发展成为梨园界的中心。光绪十二年（1886），《鞠台集秀录》记载，时小福等5家在猪毛胡同，张天元等5家在陕西巷，余紫云等5家在李铁拐斜街，朱莲芬在樱桃斜街，杨月楼等两家在石头胡同，汪桂芬等5家在百顺胡同，刘赶三等 18 家则集中在韩家潭。[1]剧界有“大老板”之称的程长庚，以及与其并称为“老生鼎三甲”的余三胜和张二奎都住在石头胡同，梅兰芳的祖居在李铁拐斜街。民国初期，易顺鼎的《哭庵赏菊诗》附录统计，京剧名演员居住在樱桃斜街 5 家、李铁拐斜街 6 家、陕西巷 5 家、韩家潭 22 家、百顺胡同 5 家、石头胡同 5 家、猪毛胡同 8 家，共计 56 家、师徒 158 人。

京剧的产生和繁荣，一个重要原因就是人才的不断涌现和表演的推陈出新，在这方面，科班功不可没。京剧形成以后最早的科班，咸丰、同治年间有双庆班、全福班、小和春、小福班、小金奎等六个班。光绪年间成立的科班，有刘赶三、黄三雄的小丹桂，姚增禄的小吉利，余玉琴的小福寿，田际云的小玉成，陆华云的长春班等。事实上，有些科班存在的时间很短，有些虽然建立很早却已经不为人所知，被人们传颂的只有一些培养过京剧杰出人才的科班。而那些流传下来，对京剧发展起到过重大作用的科班很多都与大栅栏有着千丝万缕的联系。这些科班一面传授技艺，一面又给新从艺的学员以亲身实践的机会。其中最具盛名的有：被戏曲界称之为“大老板”的程长庚在百顺胡同创立的“四箴堂科班”；创始于光绪三十年（1904）的喜连成（后改富连成）社，原址在宣武门外前铁厂，后迁至西珠市口西口；1879 年，在百顺胡同俞振庭的寓所内创办的斌庆班；“四大名旦”之一的尚小云在椿树下二条的家中主持建立的荣春社；李万春主持的鸣春社。这些科班培养了大量日后活跃在京戏舞台上的名伶，以及京剧界承前启后的骨干人物。像我们所熟知的梅兰芳、周信芳、侯喜瑞、马连良、叶盛章、谭富英、裘盛戎、袁世海、叶盛兰、筱翠花等。

1 张次溪：《清代燕都梨园史料》，中国戏剧出版社，1988 年，第 629—646 页。

大栅栏地区历来都是商业繁华之地，会馆、旅店、饭庄、银号、老字号商铺林立，诸如翰林院、国子监、修书治史的学术机构，朝廷的六部等也都在这个区域周围，因此这里聚集了众多的文人举子。这些人在官场应酬或是等待发榜之余，都是各戏园子的看客。他们除了消遣，在戏外也与京剧演员有广泛交往。有些文人从艺术的角度，对伶人的精彩演出给予肯定；有些则以一种欣赏的态度，为其品题立传。清中期一些文人作品，如《燕兰小语》《昙波》等，借赠诗以表倾慕之情，客观上却对这些伶人的舞台艺术，如唱腔、唱词、表演手法、舞台处理等方面给予了一定的品评。更有甚者，因为倾心于京剧而抛弃原有的身份官位，亲身下海。

光绪二十六年（1900），正阳门外一场大火延烧了一日一夜，中和园、三庆园、庆乐园、同乐轩、庆和园、广德楼及所有商号全部化为灰烬。三年后，除庆和园改建为商号外，其余各园重建后陆续开业。京师一地戏曲、曲艺的爱好者数量众多且积习甚深，即使遭遇“庚子之变”那样的劫难也依然如故。曹宗儒引日本人小川运平的《北清政教风土记》称：“大破坏后，北京之惨状已臻其极。前门外大栅栏及东交民巷、西什库等处，只是残砖破壁，烧毁遗迹……两宫回銮，平和乃现……前门大街之繁盛，孰能不惊异哉……东珠市口、菜市口、东西四牌楼等处更为繁盛，苟有空隙之地，则张天幕而唱曲、演艺、讲坛，卖技者纷至，观者亦相集如堵。”[1] 艺人要卖艺谋生，看客则为享乐而迅速忘却眼前的痛楚，从而凑成了北京悠闲自在的文化现象。

此后，优秀演员、优秀剧目仍大量涌现，各个行当流派纷呈。1908年，上海建造了直接受到日本新派剧舞台影响的“新舞台”，

---

1 曹宗儒：《庚子役后北京城内之变迁》，《中和月刊》，1941年第2期。

这一与中国人熟悉的戏园不同的剧场建筑一出现，就引起了剧坛内外的关注。1912 年，受“新舞台”影响，北京“第一舞台”在靠近大栅栏的珠市口西柳树井由名武生杨小楼、名旦姚佩秋联合商人建成。继而，在大栅栏附近一带，又有名绅蒲伯英为名旦姚佩兰投资的新明大戏院（1919 年建于香厂路北）、中日商人合资的开明大戏院（1922年建于珠市口大街路南）。还有万胜轩戏园、小小戏园、天乐戏园、小桃园、丹桂戏园、小吉祥戏园等，均建于天桥地区。这些新剧场都有当时较为先进的技术设施与剧场样式，如转台、幕布、介于戏台与西方镜框式舞台之间的半圆伸出式改良舞台等。当时的老戏园为提高吸引力也多少进行了一些剧场空间方面的改良，使得观剧可以更加舒适。表演者们不光在舞台上演绎着戏曲的悲欢离合，更表现着对生活的理解，正如正乙祠戏台台柱上的一对楹联所描述的：“演悲欢离合当代岂无前代事，观抑扬褒贬座中常有剧中人。”

除了京剧，清代、民国时期，北京西城也是很多戏曲形式传播最为广泛的地区。清道光、咸丰年间，西调子弟书艺人石玉昆编演的《龙图公案》驰誉北京。子弟书开始衰落，从全堂八角鼓分解派生出的单弦牌子曲（单弦）、拆唱八角鼓、联珠快书、相声等，成为重要的曲艺形式。京韵大鼓（京音大鼓）、铁片大鼓（乐亭大鼓）、西河大鼓等成为曲艺唱坛的主角。评书艺术发展壮大，名家辈出。

民国时期，评书这一艺术形式得到广泛传播，书馆争相聘请说书名家，双厚坪、潘诚立、群福庆、田岚云、陈士和、袁杰英、品正三、连阔如、陈荣启等，是不同年代的代表。京韵大鼓逐步定型，刘宝全、白云鹏、张筱轩等创造了自己的流派。单弦出现了德寿山、全月如、荣剑尘、常澍田、谢芮芝、谭凤元、曹宝禄等名家。相声在清末的朱绍文之后，相继出现了李德锡（万人迷）、焦德海等“相声八德”，人称“相声大王”的张寿臣及其弟子常宝堃、刘宝瑞，以及张杰尧、侯宝林等各领风骚。北京曲艺中的相声、评书、数来宝、拉大片、莲花落、竹板书及各种大鼓等，都在天桥发展成长，河南坠子、西河大鼓、渔鼓、弹词等艺人也来此演出。城南游艺园、石头胡同的四海升平、前门外观音寺的青云阁茶社、西单游艺社、西单商场启明茶社等，都是艺人演出的重要场所。与商业广告结合在一起的电台播音，促进了曲艺在广大市民中的普及。

清代限制戏园数量，迫使有些剧场以茶园的名义出现，而曲艺也主要是在茶馆、茶园内演出。清末外城有茶馆 233 所，酒肆 360 所，妓寮 350 所。其中的茶馆，还有清茶馆、书茶馆、棋茶馆之分。天桥、大栅栏一带，陕西巷的杨家茶馆，石头胡同的三合成茶馆、四海升平茶园，都是有名的书茶馆。观众从政客、商人到一般平民，涉及社会各阶层。在今香厂路小学一带，1917 年创建的新世界游乐场，有戏剧、电影、魔术、杂技、曲艺等多个演出场地。在今友谊医院所在地，1919 年建造的城南游艺园，包括了剧场、电影场、舞场、旱冰场、保龄球场、曲艺场、杂技场。这两处大型游艺场一度游人如织，1928 年后才逐渐萧条。

戏曲的繁荣也带动了电影业的发展，北京独特的京剧文化传统促进了首部国产影片《定军山》的诞生。在中国电影史上，有一件事情非常耐人寻味：尽管最早放映电影是在上海，早期电影的生产基地也在上海，但标志着中国电影诞生的第一部影片《定军山》却最早出现于北京。

电影初来中国，处于一种寄生状态，与茶园、戏园关系尤为紧密。1902 年，有一位外国商人在北京前门打磨厂福寿堂第一次放映电影。1903 年，中国商人林祝三在天乐茶园进行放映活动。此后，在大栅栏的大观楼、庆乐茶园、三庆园、煤市街的文明茶园、东安市场的吉祥戏园、西城新丰市场的和声戏园等处，都有电影放映。20世纪初期，在日本学习摄影的任庆泰（一名任景丰）回到中国，在琉璃厂土地祠创办了北京第一家照相馆，取名丰泰。除了拍摄人像，还拍摄一些新闻照片，为报社供稿。

1902年任庆泰收购“大亨轩茶戏园”，改建为综合性商场和娱乐场，命名为“大观楼”，成为当时人们休闲娱乐的好去处；1903年开始放映外国电影（时称电光大戏）；1905年正式更名为“大观楼影戏园”。长期经营大观楼这一商场兼茶园、戏园和影院的混合店铺需要本土片源，长期为戏曲名伶拍照积累了拍摄技术、艺术经验和人脉资源，1905年，任庆泰从一家德国商行购置了法国手摇摄影机和胶片，产生了拍摄电影的想法。当时京剧盛行，观者如云，任庆泰遂邀请京剧名宿谭鑫培拍摄《定军山》片段，包括“请缨”“舞刀”“交锋”等三个场面。虽然片长仅17分钟，又是无声的默片，却是中国电影史上第一部影片，为中国电影史掀开了最初的一页。

1908年5月，有着“新剧泰斗”称号的中国话剧创始人王钟声应邀率领中国话剧最早的演出团体——春阳社，来到北京西城天乐园，与杨小楼、梅兰芳等京剧表演艺术家同台演出，推出了时事新剧《官场现形记》《孽海花》《宦海潮》，开创了北京话剧艺术发展的先河。

十二、书肆文化

北京向来为各地读书人所向往，也是全国书籍买卖交易的最大市场。如张次溪所言：“北京书市，著闻全国，以善于搜访古本旧籍为其唯一之特点。盖他处虽亦有收售古书之书肆，而北京之书肆，不独搜集北京之书，亦收全国各处之肆之书也。”[1]

书肆是北京城书籍流通、知识传播的关键环节，其源流自明代已有记载。明代北京，西城的城隍庙街已经成为著名的书肆集中之地。据明人胡应麟所著《少室山房笔丛·经籍会通四》记述：“凡燕中书肆，多在大明门之右及礼部门之外及拱宸门之西。每会试举子，则书肆列于场前。每花朝后三日，则移于灯市。每朔、望并下浣五日，则徙于城隍庙中。”

清代实行旗民分治，汉族官员以及文人学士多居于外城，加之各地在外城设有试（会）馆，各地举子进京赶考、官员到京述职或候补，多住于此地，这在客观上刺激了城南书肆的发展。原来的城隍庙书肆转移到广宁门（今广安门）内的慈仁寺，即今天报国寺旧址。慈仁寺书肆在清前期最为繁盛。陈康祺在《郎潜纪闻·初笔》中称：“考康熙朝诸公，皆称慈仁寺买书，且长年有书摊。”清初著名学者王士禛、朱彝尊、宋荦、丁耀亢等人也在诗文中多次提及慈仁寺的购书情况。如王士禛《居易录》载：“二十五日，朝审毕，过慈仁寺，阅故书摊，买得《陶隐居集》三卷。”其在《古夫于亭杂录》中还载有一件趣事：“昔在京师，士人有数谒予而不获一见者，以告昆山徐尚书健庵（乾学）。徐笑谓之曰：‘此易耳，但值每月三五，于慈仁寺市书摊候之，必相见矣。’如其言，果然。”可见王士禛长期到书摊购书，好友皆知，书摊前竟成了他人拜谒之所。

康熙十八年（1679），北京发生强烈地震，内外城建筑均遭到破坏，慈仁寺书肆毁坏尤为严重，从此一蹶不振。乾隆以后，隆福寺、琉璃厂逐渐成为书业的中心，尤以琉璃厂为最，加之当地风景

1 张次溪：《书市》。

殊胜，堪供流连，逐渐成为文人名士雅游之所，到清代中叶，更是书肆林立，学者辐辏，珍本秘籍遍布。

辽代，琉璃厂地区称为“海王村”，金代改为“海王庄”，元朝因在这里开设官窑烧制琉璃瓦件而逐渐兴盛起来。明永乐年间营建北京城，琉璃厂属于工部所属“大五厂”之一，地位得到进一步提升。嘉靖年间修建外城之后，琉璃厂属于外城区域。清代乾隆年间这里烧制琉璃的官窑逐渐减少。光绪庚子之变后，官窑全部迁至门头沟琉璃渠，但“琉璃厂”的名称得以保留下来。

与神木厂、大木厂、台基厂主要堆放、储藏外地运来的建筑材料不同，琉璃厂是内府器用的生产地。明初的城外相当空旷，作为“大五厂”之一的琉璃厂，占据了今大栅栏街道与椿树街道所在的大片区域，黑窑厂则在今北京师范大学附属中学一带。自内城护城河的响闸桥向南流出的河道，从黑窑厂中间部位穿过，将琉璃窑厂分为东西两部分，其地点相当于今南新华街一线。河上的小桥被称为“厂桥”，向东西两侧分别通达“琉璃厂东门”与“琉璃厂西门”，清代又将厂桥以北、琉璃窑厂以南的三四亩隙地称为“厂甸”。这些原本没有清晰界线的地块名称，后来用以指称琉璃窑厂周围的街巷，成为反映城市发展过程的标记。

明代就有因曾经交易、存放木炭或木柴而得名的“炭胡同”（清代以儿化韵称为“炭儿胡同”）、“柴胡同”（清代称“柴儿胡同”，或称“吴柴儿胡同”，民国谐音变为“茶儿胡同”）。清代供应窑工蔬菜的菜园，依其与琉璃厂之间的相对方位，称为“东北园”“东南园”“西北园”“西南园”，后来也成为各自所在地带的街巷名称。众多有形的与无形的历史遗产，造就了琉璃厂丰富的文化底蕴。

清康熙年间，琉璃厂书肆已经开市。至乾隆时期，随着慈仁寺集市的衰落，书肆逐渐东移，同时，书画、古玩等相关的文化产业也在此应运而生。文献大家李文藻在乾隆三十四年（1769）记载，当时琉璃厂已经有书肆30余家，包括声遥堂、嵩口堂、名盛堂、带草堂、同陞阁、宗圣堂等，四方来京会试举子及朝野文人，“都视之为消遣岁月之地，书商获利既丰”。

乾隆三十八年（1773），朝廷开“四库馆”编修《四库全书》，“四库馆开，文士云集，四方书籍聚于辇下”。“四库馆”的开设，成为琉璃厂书肆繁荣的重要契机，使其发展出现了第一次高潮。很多书肆从小小的书摊或书铺发展成为陈设上格外讲究、经营上也具有一定规模的大店，琉璃厂逐渐成为京师最著名的图书交易市场。乾隆年间朝鲜燕行使者称，“市中多书籍、碑版、鼎彝、古董”，市集周长“可五里，虽其楼栏之豪侈不及他市”，不过市中“珍惟奇巧充溢罗积”。嘉庆时期有诗文言：“琉璃厂甸又新开，异宝奇珍到处排。妇女摩肩车塞路，都言看象早回来。”及至道光年间，竹枝词记载有“新开厂甸值新春，玩好图书百货陈”。

张涵锐的《琉璃厂沿革考》称：“琉璃厂书肆发展时期，当在清乾隆三十八四库开馆之日起。当时参与工作者，多系翰詹中人，且多寓居宣南，而琉璃厂地点适中，与文士所居密迩，又小有林泉，可供游赏，故为文人学士所常至，书肆乃应其需要而设。”参与编撰《四库全书》的学者经常到琉璃厂购书、查书或校对书目。著名学者翁同龢、潘祖荫、李文田等，经常相邀到此逛游。翁方纲记录了当时四库全书馆的运行方式：“每日清晨诸臣入院，设大厨供茶饭，午后归寓，各以所校阅某书应考某典，详列书目，至琉璃厂书肆访之。是时江浙书贾，奔辏辇下。书坊以五柳居、文粹堂为最。”[1] 其他一些藏书家也经常到此购书，即使囊中羞涩，也不惜典

1 翁方纲：《〈复初斋诗集〉自注》。

衣购置。清代中后期，琉璃厂已经成为全国性的图书流通中心。

在四库馆开馆之前，琉璃厂书业已有相当规模。乾隆三十八年清廷诏修《四库全书》对琉璃厂书业的空前盛况，确实具有强烈的推动作用，然而这一繁盛景象的背后隐含着复杂的社会背景，绝非全凭某一事件的刺激使然。明末清初，大量读书人不能在科举路上再进一步，于是转向书业，意在通过经营书肆，暂图安身立命。不少琉璃厂书商就是科举失意的生员，琉璃厂书业的兴盛，正是上述社会、文化及政治诸种因素交织而成的结果。

琉璃厂毗邻翰林院，不少文士寓居于此，宣武门一带又恰是会馆密布之处，由于地缘之便，好学之士，无论寓京抑或旅居者，无不至琉璃厂访书，“旧时图书馆之制未行，文人有所需，无不求之厂肆；外省举子，入都应试，亦趋之若鹜。盖所谓琉璃厂者，已隐然为文化之中心，其地不特著闻于首都，亦且驰誉于全国也”[1]。琉璃厂书肆的形成，不仅加强了宣南与全国各地的文化信息交流，还进一步促进了士大夫向宣南的汇集。

清代后期，一些官宦日趋没落，靠变卖家产度日。据震钧记载：“大抵近来诸旧家皆中落，子弟不复潜心学业。每一公卿即世，其家所出售者，必书籍字画也。市贾有百方，不售不止，售不尽不止。”[2] 琉璃厂的书肆常常以此作为书籍来源，借机大量购入历代典籍。1900 年，八国联军劫掠北京，宫廷、王府及民间私人藏书皆遭浩劫，除被掠走之外，大量散佚于民间。各个书肆抓住机会，大量收购图书，得到很多善本古书。近代著名学者伦明在《续书楼藏书记》中记述：“壬寅（1902）初至京师，值庚子之乱后，王府贵

1 孙殿起：《琉璃厂小志》，上海书店出版社，2011 年，第 231 页。

2 震钧：《天咫偶闻》卷四。

家储书大出，余日游海王村隆福寺间，目不暇给，每暮必载书满车回寓。”

近代中国社会动荡，对于大多书肆而言，外部环境并不平稳，因此各个店肆更替频繁。乾隆年间李文藻《琉璃厂书肆记》所记30余家书肆，到同治年间已几乎全部更迭。据缪荃荪记述，同治年间到宣统初年，琉璃厂的书肆仍为30余家，但更迭的速度更快。其中，老店铺只有10家左右，如石氏的文光楼、曹氏文宝堂、刘际唐的松筠阁、傅氏的二酉堂、张氏宝华堂、丁氏肄雅堂、马氏萃文斋、陈家的来薰阁、孙氏的善成堂和刘氏的会经堂等。

琉璃厂的书肆经营广泛，除了面向学者、藏书家销售古籍，也售卖当时科举考试、翰林院考试等各种辅导用书。书肆的繁荣还带动了古玩业、书帖业、装裱业、笔墨业、墨盒业等向此处集聚。当时朝鲜燕行使者记录：“市中多书籍、碑版、鼎彝、古董。”咸丰年间的《燕台杂咏》载：“琉璃厂畔逐闲人，古玩般般列肆陈。汉玉唐碑宋元画，居然历劫见风尘。”当时的名士大儒经常逛游琉璃厂，这里也成为江浙地区众多书商的聚集地。清代琉璃厂除了有大量书肆，还是重要的古董、碑帖贩售地。尤其是每逢正月初三至十七日琉璃厂庙会开市，宣南士子们往往流连忘返，并因此留下了很多脍炙人口的诗文。

清朝后期，琉璃厂附近的骡马市大街也出现了书肆。1932年北平市工务局印行的《北平市工商业概况》记载，古玩业中的书画业仍旧集中在琉璃厂一带。装潢业与书画业密不可分，聚集于琉璃厂附近之东南园、东北园、西南园、大沙土园、小沙土园、万源夹道、南柳巷、北柳巷、南新华街一带者，有百余家。

为了储备充足的货源，尤其是搜集可获厚利的刊本，书铺主人外出贩书的足迹，遍及山西、山东乃至湖北、江苏、浙江、广东等省，“山西各县，为小说戏曲书籍之出品地，盖清时各县贾人多业银号，豪于财，购书亦多精品；及其家落，子弟不知重视，廉值出卖，故厂肆书贾多往求之……山东黄县、诸城，亦往往发现善本，以白棉纸本及明黑口本为多，故书商出京，多喜就之”。[1]这些商业行为的效应还在于，以琉璃厂为中心的古旧图书交流网络，不仅伸向了京城邻近的北方，还到达了遥远的江南，这在客观上扩大了北京作为文化中心的影响。

《红楼梦》的传播也与琉璃厂有直接关系。《红楼梦》最早是以抄本的形式流传于民间。曹雪芹在世时，仅在其亲朋好友中流传。他去世以后，《红楼梦》的流传范围才逐渐扩展，并成为当时非常流行的小说文本。王公贵人、庶民百姓争相阅读，“几于家置一集”，“家家喜阅，处处争购”。及至乾隆后期，抄本在民间卖到10两银子的高价，当时还流传有“开谈不说《红楼梦》，纵读诗书也枉然”的说法。而琉璃厂就是《红楼梦》早期抄本的重要流传地。

民国以后，随着西方新的印刷技术的传入和现代出版业的兴起，北京的书肆业开始分化为新书业和古旧书业两大系统。新书业以东安市场、西单、隆福寺等地为主，琉璃厂的书肆则继承了传统书肆的经营内容和风格，主要经营古旧典籍。民国初由于大量的新型学校和学术文化研究单位在京建立，加之北洋政府的庞大机构和相应官吏，北京的图书需求量大幅增加，琉璃厂的书肆业在规模和数量上甚至超过了前代。根据琉璃厂通学斋店主孙殿起《琉璃厂书肆三记》著录的内容，清末至20世纪40年代初，琉璃厂区域先后开设过186家书铺，还有29家独自营业者，共计215家，其中常年保持经营的至少有70家。著名的有来薰阁、邃雅斋、通学斋、

1 孙殿起：《琉璃厂小志》，北京古籍出版社，1982年，第48—49页。

文奎堂、松筠阁等。民国以后，一些新式书局、出版社，如中华书局、商务印书馆、开明书局等也在琉璃厂开设门市，经营新版书籍和中文译本及外文书。商鸿逵曾记录了一个有趣的故事：

> 北平的旧书肆区，就我所知，有一厂二寺，厂即琉璃厂，它是具有几百年历史的，迄今未衰。“厂肆”二字在中国藏书史上至少是免不了要提提的一个名词吧……记得去年南方某书店来北平采购旧书，先到隆福寺，进入一家，骤睹琳琅满目，便拣选了些，又进一家，又买了些，顷刻用去数千元，后来又到琉璃厂，见藏书之多且十倍于隆福寺，未见大买，囊资已尽，遂赞叹叫绝而返。[1]

邓云乡回忆20世纪30年代的琉璃厂时说：“数不清的书摊，三大枚、五大枚买本破书，一千两千买本宋版书……其高低相差就这样大，好古的穷教书匠和开着大银行的收藏家，都能徘徊摊头，各有所获。万儿八千是生意，三五大枚也是生意，都受到温和的接待，这是厂甸人的高贵品德，仪容宽厚的书卷气。”[2]在此基础上发展起来的北京西城文化，自然不乏浓郁的书香气息。

书铺业主与文人学者互为依存、各得其所，前者追求商业利益，后者获得治学与收藏的满足。名人、研究机构、高等学校、大型图书馆的购书倾向，成为刺激古旧书籍市场的巨大动力。比较典型的有：民国初年，参众两院议员争相购买诗文集；1914—1915年，袁克文广购宋刊精本；1924年，徐世昌为编《晚晴诗汇》而

1 商鸿逵：《北平旧书肆》。

2 邓云乡：《增补燕京乡土记》，中华书局，1998年，第226页。

广搜清人诗集；1926—1927 年前后，北京图书馆大力搜集清代禁书，清华大学、北京大学等专事搜集近代史料，关外人士热衷于明刻朱批本书及清代开化纸本书；1931 年前后，北京图书馆、燕京大学，及私人收藏家张国淦、任凤苞出重资购明清地方志，胡适大力选购小说、戏曲类书籍。此外，日本人广搜经史考据之书与地方志，使我国多部珍本外流。有财力、地位者提倡在前，附庸风雅者随之争购，书商趁势囤积居奇、待价而沽。原来索价无几的地方志和近代史资料，也开始被书商重视，书价因之大增。

富有、闲适的京城士大夫、民国官员、学者，以及虽不富有却渴求学问的普通知识分子，都有逛书肆的需求；书肆伙计在学徒和向知识分子售书的过程中，学到了比较丰富的版本知识，再加上传统文化和商业道德的熏陶，可以为顾客提供观书、购书的多种便利，无形中便养成许多爱读书之人，也养成了北京独特的学术气氛，在这一过程中，琉璃厂是非常重要的枢纽。1921 年，吴虞应北京大学聘来京，5 月 7 日晨到埠，11 日就“顺道往琉璃厂书铺一览”，发现“好书甚多”。

鲁迅自 1912 年来京至 1926 年南下，15 年间，去琉璃厂的次数达 485 次，采买图书、碑帖 3800 多册。后来鲁迅和郑振铎合编《北平笺谱》，原笺也大半得之于琉璃厂。鲁迅日记里记载琉璃厂遇见熟人的次数也不少，如“午后同朱吉轩游厂甸遇朱先、钱中季、沈君默（1914.1.31）”“观旧书，价贵不可买，遇相识者甚多（1913.2.8）”。周作人《知堂回想录》中，也记了一则学者在琉璃厂的相遇，不过这次买的不是图书而是古玩：“有一年正月逛厂甸，我和玄同叔平大家适值会在一起，又见黎子鹤张凤举一同走来，子鹤拿出新得来的‘酱油青田’的印章，十分得意地给他看。他将石头拿得很远地一看，不客气地说道：‘西贝，西贝！’意思是说假的。”

琉璃厂的气氛是令人亲切而愉快的，唐鲁孙是民初琉璃厂汲古山房主人李锡侯的外甥，他描述当时书肆的经营情形：

> 看书时，抽烟柜上有旱烟、水烟，喝茶有小叶香片、祁门红茶；如果客人想吃什么点心，客人掏钱，小徒弟可以跑腿代买，假如您跟柜上有过交往，由柜上招待，也是常有的事。不但此也，您跟书店相熟之后，酷暑严寒您懒得出门，可以写个便条派人给书铺送去，柜上很快就找出送到府上；放上十天半个月，您买下固然好，不买也没关系，还给他就是了，这就是北平书铺可爱之处。像南京夫子庙左近也有不少书店，您要看了半天不买，他们绕着弯俏皮您几句损人的话，能把您鼻子气歪啦！[1]

从上文可以看出，书肆当时已经有了上门服务，定期给“宅门”和老客户送去他们可能需要的书籍。因此，旧京文化人与书肆有着密切、良好的来往。

因为书肆服务对象是文化人，所以无论是店主还是伙计都有较高的文化水平，对历代的各类古籍图书有大致了解，甚至能鉴定各时代的版本，发现孤本和善本书，能辨别伪书和伪刻，此外，还具备修补和复原古书的技能。有了这样的专业水平，才能为顾客寻书、荐书。在没有公共图书馆的时代，书肆无疑起到了专业图书馆的作用。这些书肆的老板、伙计，也就相当于版本目录专家和专业的图书馆员。值得一提的是琉璃厂书肆通学斋店主孙殿起，从书肆学徒出身，靠刻苦努力，成为著名的目录版本专家。他所著《琉璃

1 唐鲁孙：《北平的书摊儿》。

厂小志》是有关琉璃厂和北京书肆非常详备的史料。

作为服务于文人雅士的琉璃厂书肆业，很注重为前来光顾的顾客提供一个优雅的环境和儒雅的氛围。首先是在硬件的建设上颇为讲究，不管是店铺的外观还是内部的陈列，往往与京城其他的店铺有很大区别。琉璃厂的铺面房都修建得很精致，古色古香、窗明几净、四壁图书。伙计们个个衣帽整洁、举止文雅、有问必答，顾客可以随意翻阅架上图书，熟客还可品茗休息。在爱好旧书的顾客眼里，这样的环境不但适宜购书，而且能怡情养性，体会诗趣：

> 当你踱进一家湫暗低陋的书肆门限时，穿着土布制成的长袍宽袖旧式服装，手里拿着白铜的水烟袋的老主人陪着笑容，打着呵欠迎你出来。也许那笑容是造作的，也许你会讨厌那打呵欠面孔的神色，但在那种静穆的空气笼罩之下，四围尽是些“满目琳琅”的画册，伸手从架上抽出一部经书翻翻，放下再找一套说部读读，看完篇论文的，又寻段话诗的。真是但觉宇宙之大，也不过包综于这几万卷线装里面而已，便不会不使你忘了一切身边的琐事，而感觉到一种莫可言传的趣味，这里竟想不出一个适当的名词来说明这种趣味，姑且叫他做“诗意”罢。[1]

这样一个惬意的所在，组成了民国北京学者生活方式的一部分。在他们的眼中，琉璃厂不仅是一个购书的所在，还是一种聚会交流的场所，或者是他们逃避世俗平庸生活的渊薮。据说鲁迅兄弟寄居在绍兴会馆时，为了躲避星期日的公祭，总是“特别早起，在十点钟以前逃往琉璃厂”，而在琉璃厂的主要内容是“在几家碑帖

1 蔽芾：《从厂甸买书说到北平的旧书业》。

聊天之后，到青云阁吃茶和点心当饭”。

每年正月初三至十七日，琉璃厂庙会开市，学者们一般不会放过这次机会，除了新春放假有暇，书价是一个很重要的因素。年节时分，不仅是琉璃厂的书肆，全城的书店都会到厂甸来摆书摊，廉价倾销大批旧书，所以自然成为文人学者的乐土。朱自清有诗咏厂甸：“故都存夏正，厂市有常期。宝藏火神庙，书城土地祠。纵观聊驻足，展玩已移时。回首明灯上，纷纷车马驰。”

北京西城书肆文化的另一典型代表是位于大栅栏片区的杨梅竹斜街，其东起煤市街，西到延寿街，长不到500米，是前门以南广阔的、迷宫般胡同网络中的一条。民国时期，这里分布着众多出版机构，如世界书局、正中书局、广益书局、环球书局等，近代许多书籍诞生于此，诸多文化名流曾在此流连，梁诗正、沈从文、鲁迅、郁达夫或寓居街内，或是往来常客；乾隆帝御赐给户部尚书、东阁大学士梁诗正的宅邸坐落于此；旧京“八大楼”之一的泰丰楼旧址就在这里，清末民初北京著名的商业娱乐场所“青云阁”也坐落在街边；还有酉西会馆、贵州会馆等。民国时期，北平常常被称为“文化城”，这个称号的获得，除了受惠于遍布全城的大学和图书馆，以琉璃厂为代表的书肆，不能不说也是一个重要原因。由此可见，北京西城书肆文化提升了北京文化的品位。

十三、报业文化

近代报纸的草创和发展与近代中国的政治社会变革紧密相关。报纸一开始就负担着传播新闻的使命，也成为传播知识、启蒙思想的工具。作为近代政治文化中心，北京报刊的发展史是近代中国报刊发展的一个缩影，也是近代中国社会变革的一面镜子。

北京的近代报刊出现较晚，辛亥革命后成为全国报刊发行中心之一。宣南地区，尤其是以琉璃厂为中心的区域，成为中国新闻业的重要发源地之一，这主要受到清代宣南“士乡”文化的影响。一代报人创刊办报，吹响了近代中国救亡与启蒙的前进号角，同时也建立了新的知识与信息传播方式。北京西城在中国新闻乃至世界新闻史上，都有着极其重要的地位。

早在清初，琉璃厂就出现了一家名叫荣禄堂的民间报房。戈公振《中国报学史》记载：“据北京报房中人言，清初有南纸铺名荣禄堂者，因与内府有关，得印《缙绅录》及《京报》发售。”[1]这是纸店参与京报发行的一例。京报的内容基本上是宫门钞、上谕和章奏三大部分。宫门钞主要是刊登当天上午或前一天朝廷的重大政事活动。多数与皇帝有关，内容较庞杂，但文字极简略，基本上可以称为一句话新闻，类似新闻提要。《京报》通常由报房雇用的送报人直接送给订户。在北京负责送报的报贩，山东人居多，这和早期报房多由山东人创办有关。北京城区的订户，一般上午 10 点左右收到前一天印好的报纸，边远省份要一个月以上。当时，还有山东人携带报纸辗转西北各省。

民间报房所出报纸没有官报、邸报那样严格的流程，清廷对这一类报纸的管理在其诞生之初并不一律禁止，也无具体法令例律。只是对他们的传报活动加以约束和限制。在对思想文化控制甚严的清朝前中期，民间京报的发展几乎停滞，至乾隆时才渐渐发展起来。英国第六任公使亚礼国同治年间住在北京，他曾在正阳门外报房地区参观：“报房约有十家左右，印制有数千份。由报房直接分送给订阅者，也有整批发售至外省。报房都是私人经营，以售卖京

1 戈公振：《中国报学史》，三联书店，1955 年，第 133 页。

报谋利。”

乾嘉到光宣，北京报房多时五六家，少时两三家。有史记载或有原报可查的，除了荣禄堂，还有北京的公慎堂。这家报房历时至少 30 年，是乾嘉时代最有影响的一家报房。清末在正阳门外大街西侧的一些小胡同里，尤其在琉璃厂铁老鹳庙巷内，是民间报房的集中地，有聚兴、聚升、合成、杜记、集文、同顺等十余家报房，其中聚兴开业最早，历史最长。这些报房并非同时存在，而是呈现一种时断时续、无序发展的散乱状态。由于京师新闻纸刊刻发行均集中于此，这里便有了“报房胡同”之称，也是新闻史学界界定的清末民间报房发行活动的中心。

清末光绪、宣统年间，官方新闻纸的公开发行，激发了民间办报人的办报热潮，铁老鹳庙西南柳巷路西永兴寺内，就有永记报房经营《京报》等。山东人曹子明将报夫组织起来，形成协会性组织，共同协调报夫送报、订报，并将《京报》等各报引入永兴寺内，设摊批发、代送。随着清末民初报业的兴盛，新闻纸大量涌现，永兴寺内外报摊越来越多，全市及外埠各报均集中于南柳巷及周围胡同。该街报市直到中华人民共和国成立后仍很兴旺。北京邮局成立并接管报刊订阅、邮送后，南柳巷报市才逐渐消亡。

正阳门一带有着庞大的阅读阶层，经济殷实、政治势弱的商贾，往返京城的旅人，游走于政治权力中心的士大夫阶层，供给宫廷用品的城外庞大服务群体，乃至市井之中的平民百姓，都是报刊的潜在市场。

对于民间报房而言，光绪二十七年（1901）和光绪三十二年（1906）是两个重要的年份。在这两年，作为清廷“新政”的产物，《北洋官报》和《政治官报》先后问世，两份官报把清廷的官报制度推到了顶峰。铁路的修建和电报及邮政服务一样，作为现代产物，征服了庞大帝国的物理空间，为印刷媒体的发展提供了契机。但这一切似乎与民间报房无缘，面对先进的清廷官报系统，他们就近抄发谕旨章奏的优势丧失殆尽。1907 年，清廷一纸令下，报房停止活动，民间的报房时代因此终结。

清代宣南士乡的形成为近代士人开展政治活动、创办报刊，提供了理想的条件。1895 年，康有为发动公车上书，创办《万国公报》的活动就集中在宣南后孙公园。《康有为自编年谱》言及此报的创刊："以士大夫不通外国政事风俗，而京师无人敢创报以开知识。变法本原，非自京师始，非自王公大臣始不可。"他们办刊的目的就是宣传变法主张，并把主要希望寄托在京城的王公大臣身上。《万国公报》为双日刊，版式与《京报》相近，每刊有编号但没有出版年月。每刊都登载一篇论说，长篇论说则分期连载。这些论说大部分是从广学会所出书刊上转载的，其余未署名的论说则出自梁启超、麦孟华等人之手。《万国公报》后来更名为《中外纪闻》，成为强学书局的刊物。这是北京第一份由中国人自己创办的近代报纸，也是中国士人从事报刊活动的重要起点。

清末民国时期，琉璃厂地区的一些书店、纸店、刻字铺等也陆续开设了刻书业务，同时出现了一批从事书报印刷的书局、印书局、印字局、印刷所和印报处等，它们往往同时或相继承印多种报刊。位于琉璃厂附近的同益印书局在北洋时期印刷的报刊就不下 30 种。《燕都丛考》称："琉璃厂西门外，南北分名为南北柳巷，中有永兴寺……先时一般书局及裱工作坊多僦居于此，现已改为发行新闻纸之市场。"[1] 正是由于具备这些有利于报刊发行的条件，清末北京由国人创办的报刊，才首先在宣南出版发行，宣南也因此成为北

1 陈宗蕃：《燕都丛考》，北京古籍出版社，1991 年，第 503 页。

京报刊业的中心。

清廷实行新政以后，1906年推行预备立宪，对北京报刊的创办起到了重要的推动作用。据统计，这一年新创报刊34种。此时的报刊重在开民智，发挥着民众启蒙的作用。彭翼仲的《京话日报》和汪康年的《京报》是其代表。《京话日报》发行量最大，最具北京特色。除此报外，彭翼仲还办有《启蒙画报》和《中华报》。《京报》在各报之中“言论超重督责政府，与上海新闻报相呼应，以故在北京报界颇负敢言之名”。至辛亥革命，北京共出版报刊160多种。辛亥革命爆发之后，在仅仅半年的时间内，全国报纸种类猛增至500种，总销量达到4200万份。北京的报刊发展尤为迅速，仅1912年北京新出版的报刊就有50多种，使其成为与上海并立的全国报刊发行中心。

民国创立，改行宪政，一时间各色政党、团体纷纷涌现出来，言论限制也一度松弛，办报之风席卷全国，北京政治空气也为之一变。当时国会中形成国民党和进步党两大阵营，许多报纸亦分属两派。“辛亥”前被查禁、“辛亥”后复刊的《国风日报》由景梅九任主任，是国民党在北京的主要机关报。社址在粉房琉璃街的《亚东新报》，由国民党领袖宋教仁创办、仇鳌任社长，是宣传政党政治十分有影响的报纸。进步党一系的报刊中，较有影响的是由徐佛苏、蓝公武主编的《国民公报》。该报在“辛亥”前已经创办，梁启超和黄远生是其撰稿人。黄远生办的《少年中国》三日刊，还随《国民公报》分送。新办的《天民报》社址初在虎坊桥观音寺，后移至永光寺西街。

在北京的报刊中，有许多是政党政治的宣传者，表达了对共和制度的憧憬之情，那些因政党而设的报刊，同时也成为政党斗争的工具。但“辛亥”后报刊业的繁荣是短暂的，1913年宋教仁被杀，二次革命爆发，与国民党有关的报纸几乎全被封禁。不久袁世凯解散国会，恢复帝制，进步党人也无立身之地。政党政治在袁世凯的专权下瓦解了，北京报纸也随之减少至20余家。这一时期，许多聚集于宣南的报人都已散去，报业的重心似乎一度移向内城。至袁氏失败，再兴议会，各色代表人物重聚北京，北京的报刊数量随之猛增，宣南再度成为报人聚集的中心。1916年，李大钊应汤化龙之邀，和高一涵来京创办《晨钟报》，李大钊任编辑部主任，报社设在丞相胡同。该报在当时“为华北唯一大报，为知识阶级唯一读物”。其副刊更是标新立异，引人入胜，“而影响所及，遂为社会中枢”[1]。

1917年1月，章士钊在京创办《甲寅》日刊，报社在琉璃厂万源夹道。由于他在日本东京办《甲寅》月刊的巨大声望，一时间使新出的日刊颇受世人瞩目。可惜好景不长，数月后他便匆匆离京，报社转手他人。1918年，邵飘萍在北京创办新闻编译社，社址在西城朱巢街，又创办《京报》，自任社长。

20世纪初，北京因国都地位和宣南文化的有利条件而发展成为中国报刊的发行中心之一。虽然报刊发行受到政局的强烈影响，形成起伏的局面，但报刊编辑、印刷和发行活动多集中在以琉璃厂为中心的宣南地区，报人们则像清代宣南士人一样，多来自京外。

对1915年至1917年北京各区新闻记者的分析也表明，新闻记者人数在总体上仍以宣南所在的外右一至五区为最多，其中又以琉璃厂所在的外右二区和丞相胡同所在的外右四区为最多，说明民国初年北京报刊社主要集中于此。1935年马芷庠编辑的《老北平旅行指南》中，曾列出当时北平的42种报纸，其中报社位于宣南的

---

1 吴廷燮：《北京市志稿》，北京燕山出版社，1989年，第470—471页。

23家，内城19家。在内城的19家中，东城3家，西城16家。报社分布最集中的主要有两个地区，一是琉璃厂周围，二是六部口周围。[1]从清末至中华人民共和国成立前后，北京西城出现过的大大小小的报社总数达400余家。

十四、什刹海文化

什刹海由一水相连的前海、后海和西海三部分组成，与西苑三海相呼应，又称“后三海”，集水面风光、寺庙王府、市井胡同和民俗风情于一体，在历史上就以其湖光山色与文化气韵相映、天然野趣和市井风情交融的独特风韵，吸引着无数文人墨客和京城百姓，是京城著名的休闲览胜之处。什刹海东起旧鼓楼大街—地安门外大街，西至新街口南大街—新街口北大街，北起德胜门东大街—德胜门西大街，南至地安门西大街，区域内集中了众多历史悠久的名胜古迹，至今仍保留了基本完整的传统街巷格局。什刹海是北京西城老城文化的又一典型代表性区域，在此基础上形成的什刹海文化是北京西城老城整体文化风貌

夏日什刹海

1 马芷庠著、张恨水审定：《老北平旅行指南》，北京燕山出版社，1997年，第386—389页。

的微型景观。

金代以前，什刹海地区是古高梁河道上一片带状相连的天然湖泊，水面广阔，景色宜人。金朝沿其东南岸修建了规模宏丽的皇家行宫——太宁宫（又称寿宁宫、寿安宫、万宁宫）。周围广布稻田菜地，颇有江南水乡之韵。元朝将都城北移，在这片水域的东岸建立起大都城的中心，以旧金太宁宫的主体琼华岛为核心，把三组宫殿环列在湖泊的东西两岸，构筑了皇城。水域的南半段（今北海和中海部分）被圈进皇城，改称太液池，成为皇家园林的重要组成部分；其北段（即什刹海）则成为重要的漕运码头——“海子”（又称积水潭），也就是元朝南北大运河的终点。当时，沿大运河北上的船队可以通过通惠河直接进入大都城，停泊在海子开阔的水面上。北半部湖泊的沿岸渐渐成为商业中心，也就是元大都“前朝后市”格局中的“市”。

明朝以后，许多勋臣贵族开始竞相在湖边修建寺庙府邸、亭园别墅。如明朝大将徐达的后人修建的别墅太师圃、郑和在三不老胡同建府邸，还有刘茂才花园、米万钟的漫园、苗君颖的湜园、杨园、德胜门北湖旁有方阁老园等。这些达官显贵的别墅花园围绕着宽阔的水面。水面上可以见到各种飞禽野鸟，往来飞翔。每当夏暑傍晚，人们坐在湖边乘凉，迎着徐徐吹来的清风，可以听见寺庙里传出的钟磬之声和庭院、别墅中席间的管弦笙歌。因此，什刹海被士绅文人视为风景绝佳的宅园之地。

明亡清兴，什刹海地区的明代府第、亭园、寺庙有消逝、有凋零，或转变、或留存，新一代的王府、大院、花园再次兴起，并随着时间而演变、生灭、盛衰。这里先后出现了恭亲王府、醇亲王府、庆亲王府、庄亲王府、阿拉善王府、涛贝勒府、棍贝子府、德贝子府，以及纳兰成德的渌水亭、恭亲王的鉴园、盛怀宣的盛园等。什刹海的别墅风景区渐渐转移到了前、后海。许多官邸、豪门，在建筑格局上多采用借景的手法，对朝向什刹海的一面，大门往往精雕细镂，砌一座整砖平摆的垂花门，或者在临湖的院墙上开着扇形、桃形，或圆或方的透窗，可以一年到头，从早到晚望尽湖光山色。而院内楼房的窗户，也大多向着湖面，以便于观赏盛夏时节的荷花。这些借景建筑进一步烘托了什刹海原有的自然景观，并被文人们描绘、发挥到了极致。嘉庆年间，文人得硕亭来到位于前海西岸的天香楼上，曾写诗抒发自己观景的感受："地安门外赏荷时，数里红莲映碧池。好是天香楼上坐，酒阑人醉雨丝丝。"由明到清，人物虽变，建筑虽异，但京城江南的秀丽与温柔仍旧。

银锭桥是什刹海区域最具代表性的景观，位于前海与后海相接处。这是一座汉白玉小石拱桥，有镂空云花栏板 5 块、翠瓶卷花望柱 6 根，因形似元宝而得名。银锭桥东南方向有前海，西北有后海，两岸的高杨翠柳之中，掩映着隐隐约约、高高低低的庙宇、王府、民宅，环境清幽、雅致、丰富、含蓄。银锭桥之妙，一可观赏荷花。桥上赏荷，兼得两海，在视觉上领会两海水上荷花与整个景致的关联。二可远观西山。站在银锭桥上，只要天气晴朗，远处的西山就呈现在视野范围之内，"银锭观山"由此而成京城著名景观。

明代文坛领袖李东阳称赞什刹海为"城中第一佳山水"，于敏中等编纂的《日下旧闻考》誉之"都中第一绝处"。盛夏时节景色最为优美，蒲荷掩映，凫鸟纷飞，屏山叠翠，晓青暮紫，极富诗情画意。河堤上、柳荫下纷纷摆开酒肆、茶社、杂食摊和曲艺棚子，吸引着众方人士来此把酒临风、品尝美味，为美景佳艺而沉醉。

旧址位于北京市西城区什刹海前海北沿 18 号的会贤堂，与京城著名的聚贤堂、福寿堂、天福堂、惠丰堂、福庆堂、同和堂、庆和堂并称"八大堂"。清人崇彝的《道咸以来朝野杂记》中称，会贤堂原是礼部侍郎斌儒的私邸，光绪年间，军机大臣张之洞的家厨王承武买下这块地方，开设了会贤堂饭庄。其占地约 3000 平方米，前部邻海为十二开间的二层楼，可凭栏眺望前海风光，大门门簪上镌刻“群贤毕至”四字。楼后分东西两进院落，有房百余间，还有花园和戏台，可以北望鼓楼钟楼，南观琼岛白塔，夏末秋初，一片蓝天，门外窗边，看岸边柳、水中荷，别有情趣。

清末至民国间，梨园界著名演员，如陈德霖、梅兰芳、余叔岩、尚和玉、陈继先（仙）、李万春、王少楼等都曾到此出堂会戏，是当时达官贵族、文人墨客宴请聚会、听戏观荷的场所。沈尹默的《减字木兰花·赠友》称：“会贤堂上，闲坐闲吟闲眺望。高柳低荷，解愠风来向晚多。冰盘小饮，旧事逢君须记省。流水年光，莫道闲人有底忙。”

历史上，众多人物或在什刹海留下足迹，或在诗作中写到什刹海，比如元代的赵孟頫，明代的李东阳、袁宗道、袁宏道、袁中道，清代的查慎行、纳兰成德、郑板桥、麟庆、曾朴，近代的齐白石、鲁迅、郭沫若、老舍、张大千、张伯驹、陈垣、梁漱溟等。这里至今保留着宋庆龄、郭沫若、梅兰芳、张之洞、梁漱溟、陈垣、张伯驹、老舍、萧军、溥杰等众多历史名人的故居。他们在此留下的经历、传说、轶事和历史遗迹等，给什刹海的水光山色增添了文化底蕴。

自元代始，什刹海地区逐渐成为大都城最大的商业区，各种服务行业也随之兴盛，历经明、清、民国直至当代。元朝时，由于漕运的繁盛，海子北半部的沿岸已成商业中心。据《析津志》记载，齐政楼（即鼓楼）左右排列着米市、面市、柴炭市、铁器市、绸缎市、皮帽市、珠宝市、鹅鸭市、果子市等各种店铺，饭铺、茶馆、理发店、洗澡堂等在周围街巷胡同里随处可见。这里四时游人不绝，异域乡音相闻，南来北往客商云集。对这里的繁华景象，意大利商人马可·波罗在他的游记中予以高度赞扬。

明朝扩建皇城，将通惠河一段圈入皇城，使漕船无法再驶抵积水潭，昔日的码头荒废，岸边商业较前萧条，但钟鼓楼地区及新街口、德胜门关厢一带仍为繁华的商业区。清代以后，商业区的中心又南移至鼓楼南至地安门外大街一带，香蜡铺、瓜果摊、绸布店、古玩店、油盐米面铺、日用杂货铺以及书局、茶楼、戏园子等各种商铺鳞次栉比，成为当时京城最热闹的“西单、东单、前门、鼓楼南”四大街区之一。随着什刹海周边王府、寺庙的扎堆出现，酒楼茶社等也兴盛起来。明清至民国间这一带出现了很多著名的老字号，如柳泉居、烤肉季、庆云楼、会贤堂、庆和堂、集贤居、通河轩茶馆等。民国期间，什刹海地区形成的固定市场有鼓楼市场、新街口市场、德胜门市场（晓市）、荷花市场、果子市场（果子市），庙会市场则有北药王庙市场和护国寺市场。这些市场不仅进行商业贸易，也是各种民间文化展示、传播的舞台。

烟袋斜街是一条并不宽阔的胡同，是从什刹海通往鼓楼的必经之道。明朝时称“打鱼厅斜街”，两侧有很多用于出租的铺面房，专门供人做各种小买卖。清朝这里成为专门经营旱烟、烟袋以及各种烟具的烟铺一条街，烟袋斜街由此得名。最有名的店铺是同和盛、双泰盛两家，传说为慈禧太后提供过服务。作为烟铺的特殊招牌和幌子，家家门前都竖着特大的木质大烟袋，由此产生了老北京的一句歇后语：“鼓楼前的大烟袋——一窍不通。”清末至民国时各种其他店铺也增加进来，吃、穿、玩、赏、用的应有尽有，著名的老字号有烤肉季、庆云楼、爆肚张、合顺居、黎光阁等。由于附近王公府邸众多，这里又陆续成为古玩商的聚集地，著名的有抱璞山房、宝文斋、敏文斋等。

位于前海西岸（原前海西部长堤，俗称“河沿儿”），清末光绪年间渐渐形成市场的雏形。据清末《燕京岁时记》《天咫偶闻》等文献记载，在清朝同治、光绪以前，每年夏季因什刹海的荷花盛开，引得无数游人前来纳凉赏景，做小生意的也随之聚集，各色摊贩沿着河堤陆续排开。清人潘荣陛、富察敦崇所著的《燕京岁时记》谈到此地时说：“什刹海在地安门迤西，荷花最盛，六月间仕女云集……凡花开时……绿柳丝垂，红衣腻粉，花光人面，掩映迷离。真不知人之为人，花之为花矣。”[1]

1916年，官方略做整顿，规定了以前海中间的长堤为中心，于每年农历五月初一至七月十五（或延至八月初一）定期开办集市。从此，一个平民化的小商品市场——荷花市场正式形成。荷花市场虽为集市，但气氛与庙会差不多。除了卖东西的各种小摊，更多的还是大众小吃和民间娱乐。后者主要包括杂耍曲艺、什不闲莲花落和“文明新戏”三大部分。在长达数百米的长堤上，中间是一条土路，路东为茶棚区，茶棚一律开向水面，搭在岸边的斜坡上，一头在岸上，一头在水里，像是古雅的水榭。茶棚供应从小叶花茶到极品龙井的各种茶饮，连带花生、瓜子、点心、冷饮和风味小吃。西侧是一家紧挨一家的摊贩和吃食店，一幅幅旗幌连成串。头顶是遮日的柳荫或连在一起的席棚。游人摩肩接踵。树上的蝉声与买卖的吆喝声，交会成一曲夏日交响曲。荷花市场上出售的“冰碗”河鲜——菱角、白藕、莲子、鸡头米，以及用土法制作的冰激凌、雪花酪、酸梅汤、杏仁豆腐等，是当时享誉京城的消夏食品。

历史上，什刹海周围名刹林立，见诸记载的各种寺庙达165处，

1［清］潘荣陛、富察敦崇、查慎行、让廉：《帝京岁时纪胜·燕京岁时记》，北京古籍出版社，1981年，第73页。

民间也流传着“十刹九庵一座庙”的说法。什刹海地区的庙宇，最早可以追溯到隋代的汉寿亭侯庙，随后，唐代的火神庙、佑圣寺，元代的护国寺、广化寺等，都是著名的古刹。从明代始，庙观多了起来：广福观，寿明寺、双寺、净业寺、普济寺、拈花寺、汇通寺、瑞应寺、什刹海寺、清虚观、大藏龙华寺……虽然后来清代又修建了一批寺庙，如天寿庵、三官庙、真武庙、永泉庵、丰泰庵、三元伏魔宫……但什刹海寺庙林立的景观，主要形成于明代，是北京老城中寺庙密度较大的地区。这里优美的景色营造出一种别致而清幽的氛围，从而吸引皇家和一些僧人在此建造寺庙。明代刘效祖的《净业寺看莲》：“雨过尘心净，风来爽气偏。净生闲自惜，不是为逃禅。”刘荣嗣的《游净业寺四首》“尘事溪边净，游思雨后浓”，均表达了在什刹海周边庙宇所获得的清心雅意。在水域美景的映衬下，什刹海一带的宗教文化空间格外富有禅意，可谓意蕴深厚。

什刹海不仅庙宇众多，还有众多名园如定国公园（又称太师圃）、英国公新园、刘百川别墅、刘茂才园、方园、萄园、杨园、漫园、湜园、李广花园等，有远处的青山、碧绿的湖水、幽静的古刹、秀美的花园，再加上供雅集的莲花社、供清赏的古墨斋、供美食的虾菜亭……有明一代，什刹海作为京城之江南，是文人雅士的吟咏对象，时人认为其兼有“西湖春、秦淮夏、洞庭秋”之美。

因为有相对广阔的水域，什刹海一带是适合社会各个阶层休闲、游览的开放性公共空间。同时，作为北京城内重要的市民活动休闲空间，有着丰富的民俗活动。自元、明、清以来兴起的各种时令习俗，加上在这里定期举办的庙会，使什刹海充满了活力。每到正月十五元宵节，什刹海都会举办灯会。上巳春禊、浴象洗马、盂兰盆会、滑冰床、观莲赏荷等活动也都成为民间的传统民俗。元代赵孟頫就在《海上即事与李子构同赋》中写道：“游骑等闲来洗马，舞靴轻妙迅飞凫。”关于冰床、盂兰盆会等民俗活动，也多有文人吟咏，如明代吴惟英在《冬日北湖冰船》中所写“铿铿一叶能多载，滑滑双桡亦屡摧”；清代文人黄竹堂《放河灯》诗云“中元善果盂兰会，净业湖边放河灯”。

十五、天桥文化

历史上，天桥曾经是北京的平民文化中心，藏蕴丰富的文化遗产，包孕浓厚的人文内涵。

关于“天桥”名称的来源，主要有两种说法：一种认为天桥是明清帝王祭告天坛时的必经之路，故名“天桥”；另一种说法源自其附近的天坛。两种说法其实差异不大，实际指向都赋予了“天桥”一层特殊的权力背景与文化象征。

天桥地区在历史上有两个标志：一是石桥，一是明渠。石桥即天桥，明渠即龙须沟，天桥位于龙须沟之上，是沟通正阳门与永定门的津梁。天桥原为一座单孔拱桥，建于明代，其上设有四道栏杆，将桥面分为三部分。栏杆与桥身为汉白玉，桥面两侧铺花岗岩，中间铺青石——也就是供天子行走的御道。在清代，天桥两端设三角形木架将中间的道路封闭，只有皇帝去天坛与先农坛祭祀、籍田之时，才将其撤走。天桥的弧度较大，可以把视线遮住，张次溪在《人民首都的天桥》中记曰：“若从桥南之处向北望，不见正阳门。同时，在桥北之尽处南望，亦不见永定门。”

清朝定都北京后，限令内城汉人及商贩迁往城外，正阳门外商业日益繁华，成为全城重要的商业、娱乐中心。此时，天桥一带仍是一派田园风光。清乾隆时期，曾经对河道进行疏浚，在两坛之外的隙地开挖池沼、植莲种柳。嘉庆时有一个叫张问陶的诗人在《天桥春望》中写道："种柳开渠已十年，旧闻应补帝京篇。天桥南望风埃小，春水融融到酒边。"清末，齐如山描述："当光绪十余年间，桥之南，因旷无屋舍，官道之旁，惟树木荷塘而已。即桥北大街两侧，亦仅有广大之空场各一，场北酒楼茶肆在焉。登楼南望，绿波涟漪，杂以芰荷芦苇，杨柳梢头，烟云笼罩，飞鸟起灭。"[1]这种乡野景观很符合久居京城的文人们的审美趣味，他们经常在此组织诗酒雅集，吟风弄月。

清初，以天桥为界，其南是禁区。据《北京琐志》记载：在那里"只有楼房十间，分列东西，系属官产，此地不许民间搭盖房舍"。桥的北面虽然可以开设店铺，但都是"小酒馆，饺子铺之类"。由于这个原因，天桥一带多旷地，是锦衣少年、扶风豪士竞车走马的地方，"轮雷乍惊，驹电交掣。飘风一过，忽以远逝"。道咸年间，天桥地区陆续出现茶馆、鸟市，一些梨园行人士在此喊嗓、练把式，但尚未形成很大规模。附近虽有估衣摊、饭市，及说书、杂耍艺人等，但为数不多。

光绪末年，天桥一带开始发生变化，逐步形成了以娱乐、百货为中心的平民市场。其范围大体从西城的香厂，到东城的金鱼池，面积甚广，以天桥为界，其东叫东市场，其西叫西市场，主要集中在今之永安路、天坛路以南，南纬路以北，天坛西门以西，西经路以东一带。其中永安路以南、永定门内大街以西、北纬路以北的三角地是天桥最热闹的地方，摊商、杂技、说唱者麇集，每日游客不下万人。

天桥文化的兴盛，主要依赖于三个因素：一是民间艺人撂地卖艺的多；二是供演戏的戏园多；三是供说书、唱鼓曲的书茶馆、落

---

1 张次溪编：《天桥一览·序》，中华印书局，1936 年，第 1 页。

子馆多。锣鼓之声，无日不响；杂艺表演，无处不有。正因有品类繁多的娱乐项目，加上花钱少和不受约束的随意观赏性，故日日游人如织。形式多样的娱乐活动，不仅使天桥市场游人骤增，也为相关行业带来商机。鞋帽、百货、估衣旧货、京味小吃、旅店客栈、镶牙卖药、蔬菜瓜果，以及命馆、卦摊、人市等几十种行业，纷纷来到天桥摆摊设点。天桥市场集吃、住、玩、购物于一体，愈发繁华热闹。士绅文化里体现出的优雅大气，市井文化中透露出的勃勃生气，是其延续至今的气韵所在，也为西城老城文化增加了更多底蕴和内涵。

天桥商业的日渐兴起与清末民初北京城市空间结构变动和市场体系的兴衰密切相关。当地安门、东四、崇文门、花市等曾一度繁盛的商业区域相继衰退，天桥则借助于靠近正阳门的区位优势，逐渐吸引一批摊贩以及曲艺、杂技卖艺者，天桥市场初具雏形。庚子年间，天桥地区的商业曾一度受到冲击，但旋即恢复。

民国之后，天桥地区的商业功能更加丰富，除了众多摊商，还新增了戏园、落子馆等娱乐场所。1914 年，京都市政公所对正阳门实施改造，督修工程处把围绕正阳门月墙的东、西荷包巷各商铺房屋以及公私民房约 60 处作价收购拆毁，转移至天桥西沟沿龙须沟旁隙地，即今至永安路东南角，这就是天桥市场之始。拆迁工作，1914 年 6 月开工，1915 年 6 月竣工，历时一年。

1929 年改造龙须沟，需要大量城砖，于是拆掉先农坛外坛的北墙。以后又陆续拆掉外坛的东西围墙，在外坛一带规划道路，兴建房屋，天桥地区日益兴盛，先后出现了水心亭商场、公平市场、先农市场、城南商场、惠元商场以及城南游乐园。其中，水心亭商场原是先农坛东北一片 20 余亩的隙地，1917 年在这里开挖池塘，在池塘中心建造了一座小楼，称“水心亭”。“楼以席木构成，而有玻璃窗，东南西北，皆可远眺。楼南之旷地，则引水种莲稻，夏景最佳。东北三隅，各建草亭，其形为八角六角三角。”围绕水心亭设三座木桥，游人可以通过木桥走到水心亭，也可以划船而至。池塘四周开有不少茶社、饭馆、杂耍馆等。1920至1921年间，天桥着了三次大火，水心亭逐渐萧条，后来改为公平市场。公平市场属于临时性质，只能搭建席棚一类的简易建筑（不可以用砖瓦，只能用木材、铅、铁、芦席等），而且高度也有规定。虽然房屋简陋，公平市场却是小商贩与艺人演出的集中之地。公平市场撤销后，改为公平东胡同、公平中胡同和公平西胡同，而公平中胡同就是原来公平市场的主要通道。

天桥在日渐繁盛的同时，区域内环境也在发生变化，与前文齐如山所述之光绪年代景色已截然不同。京都市政公所建立后，平垫香厂，修成经纬六条大街，如华仁路、万明路等，开启了香厂新市区建设，这在很大程度上改善了天桥周边区域的环境。香厂位于永安路以北、板章胡同以南、仁寿路以西、阡儿胡同以东，原是一片空旷之地，偏东是一洼水塘，有明渠与龙须沟相通。清末，香厂开始出现茶棚戏棚杂技小贩。民国元年厂甸改建道路，而将当年的年例集会转移至香厂。“伶人俞振庭者，乘闲”于香厂北部支起一个棚子“演奏成班大戏，并约女伶孙一清串演”。原定一月为期，期满后移至金鱼池南岸，不久再“迁至天桥，此实天桥有戏园之始”。同时，有关部门对香厂一带进行规划，招商建房气象为之一新。

1916年，在香厂路与万明路交会处，效仿上海“大世界”，兴建北京第一个大规模的室内游艺场——新世界商场。这座大型建筑由英商通和洋行设计，高七层，建筑面积两万余平方米。随后，城南游艺园也在香厂建成，为天桥带来了大量客流，天桥的经营面积大大扩张，“香厂由草昧慢慢的开化，连带着天桥的面目也渐渐改

天桥电车站

变起来”。香厂与天桥地区原有的市场连成一片，和平门外马路的拓展也是一个积极因素。1924 年电车开通后，天桥成为通往东西城的第一、二路电车总站，“东自北新桥，西自西直门，东西亘十余里，瞬息可至”，“交通既便，游人愈夥，而天桥遂极一时之盛矣”。[1]

天桥地区基本可以分为娱乐场和市场两部分，一般以一、二路电车总站为标志。“在东则率多布摊及旧货摊、估衣棚，北连草市，东至金鱼池。善于谋生之经济家，每年多取材于此。至其西面，则较东为繁盛，戏棚、落子馆为多，售卖货物者殊少。”“其北建有天桥市场，内多酒饭店、茶馆之属，其他营业总难持久，颇呈寥落状况。惟此处收买当票及占算星命者异常之多，亦殊为市场中之特色。”[2] 至 20 世纪 30 年代以后，北平因国都南迁而市面空虚、百业萧条，天桥地区则因定位低端、消费廉价而迎合了特定的消费群体未受太大影响。“而往游者非完全下层市民，至中上级亦有涉足其间者。因之艺人如蚁，游人如鲫，虽在此平市百业萧条、市面空虚中，而天桥之荣华反日见

1 张次溪编：《天桥一览 · 序》，中华印书局，1936 年，第 4、1、3 页。

2 陈宗藩：《燕都丛考》，北京古籍出版社，1991 年，第 641 页。

繁盛。”[1]

天桥地区的商业逐渐发达之时，曾经的“天子之桥”的命运也几经波折。清末铺筑正阳门至永定门之间的碎石子马路时，天桥已经丧失原有功能，桥身也为适应马车、汽车通行而降低变成矮桥。1929年，正阳门外大街开始修建有轨电车，天桥变成平桥，但桥栏板仍存。至1934年，为展宽正阳门至永定门道路，天桥作为一座石桥彻底被拆除。

对于众多卖艺者而言，天桥是他们重要的谋生之所。但是，穷人的消费者仍然是穷人，有限的铜板基本上仍在这个封闭的空间中实现着内循环。那些贫困的卖艺者在这里赚取一家人一天的吃食，并在这里消费，然后所剩无几。对他们而言，“天桥是一部活动电影，是一部沉痛人生的悲剧，虽然，你从他们的脸上，可以看到他们都有笑容。这笑容，是从他们重压下的心上和身上榨出来的。为了生活，他们便把自己的悲剧来反串喜剧，把自己的眼泪滴成歌曲，自己的技术作为商品，自己的精力变成娱乐……天桥写出了这社会穷苦者的真实面目，匍匐人生道上，流血出汗洒泪珠，是为了生活，是为了应付不断抽上身来的铁鞭，每个人，在这把生命渐渐支还上帝去，他不会知道自己一生是为着什么，也不知道自己为什么要这样生活。他承认命运，那人骗人的荒谬的语言，使他们不作声息过下这一生。”[2]

民国时期，天桥一直被视为北京城内贫贱、卑微与肮脏的符号，是“下等人”的聚集之地，是自恃为“上等人”不愿去的地方，是北平的贫民窟。在众多知识群体的描述中，天桥代表着粗鄙、

1 马芷庠著、张恨水审定：《老北平旅行指南》，北京燕山出版社，1997年，第260—261页。
2 衷若霞：《天桥》，《宇宙风》第21期，1936年7月16日。

杂乱，甚至污秽、肮脏，他们普遍抱有高高在上的俯视心态。对初到这里的游览者而言，飞扬的尘土与污浊的气味是天桥带给他们的第一印象。

进入 30 年代中期，天桥市场的规模不断扩大，经营环境也有所改善，一些演出场所“渐趋文明”。张恨水小说《啼笑因缘》中善于游历的富家子弟樊家树，因为玩遍了北京的名胜古迹，“转而到下层人士常去的天桥游玩”，由此还发展出一段凄婉的爱情故事。

天桥享誉海内外，被视为老北京平民文化的典型缩影。正如著名学者齐如山在《天桥一览・序》中所述：“天桥者，因北平下级民众会合憩息之所也。入其中，而北平之社会风俗，一斑可见。”至 1936 年云游客写《江湖丛谈》时，说：“天桥市场地势宽阔，面积之大，在北平算是第一。”天桥因市场的兴起而繁荣发展，而这一市场，主要面向平民大众，集文化娱乐和商业服务为一体，文商结合，互为促进。它的兴起不仅是一个经济现象，也是一个文化现象。天桥在发展过程中，逐渐形成了独特的平民文化，又因生根于平民百姓之中，虽历经沧桑，却能持久不衰。

天桥虽是近代北京的平民文化中心，却藏蕴丰富的文化遗产。说唱与杂技的代表人物，清朝末年时有穷不怕、醋溺膏、韩麻子、盆秃子、田瘸子、丑孙子、鼻嗡子与常傻子，统称“天桥八大怪”；民国以后，出现了新的“八大怪”，即要蛤蟆教书的老头儿、老云里飞、花狗熊、耍金钟的、傻王、赵瘸子、志真和尚和程傻子；后来又出现了更新的“八大怪”，即云里飞、大金牙、焦德海、大兵黄、沈三、蹭油的、拐子顶砖与赛活驴。

除了这些被列入“八大怪”的艺人，还有许多著名人物：说书艺人双厚坪及《三侠五义》的作者石玉昆，“谈唱皆雅，声价极高。当时约他说书的茶馆，有接待神仙之势”；抖空竹的麻瑞子，空竹范则可以“舞大空竹，小者五六十斤，大者百斤，可抖至五六十米高，背面接着，腰腿灵活，与从前麻瑞子不相上下”；还有耍坛子的坛子王、耍飞叉的谭俊川、玩车技的金业勤兄妹、表演硬气功的朱国良兄弟；张宝忠不仅能耍数百斤大刀，还能拉开四张硬弓；耍中幡的宝三，不仅力大而且身手敏捷，曾与沈三掼跤角力，“对于耍中幡，更有惊人的绝技”。当时这一带戏剧演员也很多，如京剧演员梁益鸣、评剧演员新凤霞等。

天桥平民文化之所以有长久的魅力，主要是因其适应平民百姓的需要。天桥市场面向平民百姓，为大众服务；天桥的文化娱乐活动，百姓喜闻乐见。这就是它的生命力所在。据1945年《中华周报》记载：“天桥东边在每天早晨，真够热闹，有粮食摊有干果摊，还有蔬菜摊、烟卷摊，简短截说，开门七件事，天桥东边的摊子上，样样都有，只要有钱，什么都不愁买不到。据说，天桥东边无形的已成为北京市场有力者的一环，百货杂陈，贩者云集。北京市一般生活必需品物价的伸缩，至少有百分之五十，系在这群买卖人的两条腿上。他们如果集团地休息几天，北京市的物价马上便有影响。”因此，即便在北京商业萧条时期，天桥仍能生存发展。

天桥平民文化深深植根于当地百姓的日常生活中。天桥附近有灵佑宫、精忠庙等十余处神庙，民间祭神和与之相关的民俗活动是天桥一大胜景。灯会是重要的节日民俗活动，清人在《凤城新年词》中写道：“才了歌场便买灯，三条五剧一层层。东华旧市名空在，灵佑宫前另结棚。”《上元杂咏》诗中有：“灵佑宫前市，鳌山万树花。千金争字价，卖入五侯家。”对灯市活动做了生动的描述。天桥的精忠庙是梨园行会所在地，戏曲艺人在这里聚集，与官场及各界人士交往。梨园行很讲义气，昆曲艺术大师韩世昌年轻时与报界先驱邵飘萍友好，邵飘萍因揭露北洋军阀的反动统治，被张作霖枪杀于天桥，即是韩世昌出面为他收尸，并举行了隆重的葬礼。凡此种种都可以透视出天桥文化的平民性。

第四章
北京西城老城文化的基本内涵

北京西城老城文化是以北京独具特色的地域环境与城市地位为基础，融会贯通多民族、宗教等元素，充分吸收农耕与游牧、本土与外来各种文化形态而形成的精神观念与物质呈现的集合体。北京西城老城是北京文化的主要孕育之地，是北京文化精髓的典型代表。北京西城老城内部，无论是坛庙王府、庙宇寺观、苑囿园林，还是街巷胡同、河湖水系，整体上都构成了恢宏壮丽的皇城气派。作为首善之区，特殊的地理位置以及漫长的历史演进使北京西城老城文化具有非常深厚的内涵。

一、忠贞报国

秦汉以后，中国封建政权的形式是中央集权专制主义制度，其核心是皇权。“天地君亲师”，皇帝代表“天”统治人间，故称“天子”，是现实生活中的绝对权威。由于家国一体，朕即国家，对皇帝个人的忠诚即等同于对国家的忠诚。

紫禁城中轴线

第一个把“忠”提到重要地位的是孔子。他不仅阐发了“忠”的各种含义，而且把“忠”列为教育弟子的四科（文、行、忠、信）之一。“六王毕，四海一”，秦王嬴政实现了建立统一的专制主义中央集权的任务，采传说中三皇五帝的称号，始称“皇帝”，制定了一套尊君抑臣的朝仪和文书制度，把皇权提升到绝对的高度。此后，经汉代董仲舒进行的理论论证与道德阐述，构成了一个完整严密的体系，使皇权在独尊儒术中被授予特殊地位。

明清时期，大一统格局下的中央集权和皇权专制登峰造极，君臣关系随之愈加失衡，忠贞观念亦被推崇到极致。天子自称“君父”，百官亦称“父母官”，君臣、官民关系通常与父子关系纠缠在一起，形成了一种类似于法律上的“血亲”关系。君主与臣民之间本来并没有血缘关系，但在礼法制度上却被认为具有与“血亲”（父亲）相同的礼法地位，忠贞报国观念从此成为中国传统政治文化的核心特征之一。

封建帝制时代，忠诚与忠贞是对官僚士大夫的基本要求，是能够从事政治活动的首要条件与品格。北京西城作为皇城重地，留下众多相关史迹与故事。法源寺的前身“悯忠寺”就是唐代为纪念东征殉国将士而兴建的大祠堂。以此为传统，明杨椒山祠、赵譔祠，清阎若璩祠、吴柳堂祠，历代忠臣良将、文人雅士环绕建祠，经年不衰，备受推崇。

忠贞报国是一种重要的精神取向，如果将其与“辨善恶、讲气节”的思想品质结合起来，就形成了巨大的影响力。明末北京历史上的首善书院就是典型代表。首善书院建于明天启二年（1622），毁于天启四年（1624）。首善书院的创办人，是当时的都察院御史邹元标、冯从吾、周宗建等人。御史的职责就是提意见，指出朝政和朝官的错误，一般都由刚正不阿、敢于直言进谏的士大夫担任。邹元标、冯从吾等人是当时名望很高的学者，与南方的东林学派交往密切。首善书院院址选在宣武门内大时雍坊，大学士叶向高在为书院撰写的《首善书院记》中写道：“额曰‘首善’者，以在京师为首善地也。”礼部尚书、大书画家董其昌还为书院题写了碑额。

首善书院创立后，与南方的东林书院遥相呼应，讽议朝政，抨击“阉党”，引起了“阉党”及趋炎附势者的恐慌、嫉恨和攻击。天启四年六月，朝廷下令查封首善书院。在明代整个北方地区，首善书院像颗流星划过夜空，虽然短暂，但却留下了耀眼的光芒。

达智桥胡同内，经历数百年风雨的杨椒山祠隐没在胡同深处。杨继盛（1516—1555），字仲芳，号椒山，河北容城人，明嘉靖进士，任职兵部武选员外郎。嘉靖三十年（1551），杨椒山仗义执言，向皇帝上《请诛贼臣疏》，弹劾当时颇受宠信的权臣严嵩，历数严嵩“五奸十大罪”，后被严嵩投入刑部大狱严刑拷打，高压威逼，受尽酷刑折磨。临刑之前，有人送他蚺蛇酒，被其拒绝，“椒山自有胆，何蚺蛇胆为！”并留下名句：“浩气还太虚，丹心照千古。生平未报国，留作忠魂补！”

清康熙时的内阁中书乔莱赞美杨椒山：“一封早定捐国志，九死难消疾恶肠。”乾隆五十二年（1787），后人在松筠庵设立杨椒山祠，纪念他的“忠魂”。祠内立有清代书法家刘墉书丹的石碑和乾隆皇帝御制的《旌忠祠诗》。清末大臣黄体芳位于下斜街的私宅，有一自撰门联“卜居雅近评花市，入直常过谏草庐”，道出他每当“入值”朝房，必经先贤祠堂，以示敬重、缅怀之情。杨继盛的感人事迹一直激励着黄体芳，使其立志做优秀的谏官，以致其多次揭发朝中匿灾不报、官商勾结等为官不廉和徇私枉法的行为。

慈仁寺位于今北京西城广安门内大街，是千年古刹，始建于辽代。明代成化二年（1466）在原寺旧址上重建，名为“大慈仁寺”。清乾隆九年（1744）重修，改名为“大报国慈仁寺”，俗称“报国寺”。报国寺规模宏大，现存中西两路建筑群，中路四进院落、西路六进院落，单体建筑总计34栋，总建筑面积约3000平方米。寺中存有成化二年御制碑和乾隆二十一年（1756）御制重修报国寺碑。一代名儒顾炎武在京19年，大部分时间寓居于此。他撰写了《天下郡国利病书》《日知录》等，提出：“保国者，其君其臣肉食者谋之；保天下者，匹夫之贱，与有责焉耳矣。”后来，梁启超将其著作概括为“天下兴亡，匹夫有责”。

出于对顾炎武学问、志行的倾慕，清道光二十三年（1843）十月，张穆、何绍基等选址于报国寺之西偏，筹建顾亭林祠，次年二月举行了首次公祭。此后30年间，每年春季上巳日前后、秋季重九日及五月二十八顾炎武生辰日，都在顾祠举行公祭。至同治十二年（1873），共举行祀事85次。前后参与过祀事的京师士大夫共有286人，人称“自道光甲辰以来，京朝仕宦之号称名士者，几无一不与此祭”。顾祠修葺为宣南士人抒发忧国之情，砥砺志行，扩大经世致用思潮在京师乃至全国的影响，提供了重要的舆论空间和活动平台。

近代以来，报国精神和民族气节是儒家文化的崇高境界，也是北京西城老城文化不可分割的一部分。震撼中外的禁烟运动，就源于北京西城宣南一代开眼看世界的先进士人林则徐、魏源、龚自珍等忧国拯时思想。为反对签订丧权辱国的《马关条约》，以救亡图存为宗旨的强学会的成立，直至戊戌变法运动，都发起于宣南。正是这些遗迹、遗风的存在，为北京西城老城文化注入了浓重的政治色彩，也使忠贞报国成为北京西城老城文化最具代表性、时代性的精神内涵。

二、崇礼重道

北京是中国传统社会文化发展的集大成者，是传统文明融会交错的地域，是金、元、明、清800年来的政治中心，具有讲求礼制的城市空间秩序，由此也衍生出鲜明的崇礼意识。北京作为元、明、清三朝的首都，以皇城为中心，错落起伏的城市布局、左右对称的中轴线，反映着君臣有别、长幼有序的秩序观念。

作为延续数百年的皇城，北京在人际关系上，特别讲求一个“礼”字。“礼”是维护社会等级秩序的准绳。封建社会以教化和法律两种手段贯彻实施“礼”，令全民遵守。三纲维护皇权和宗法制度，五常则用仁、义、礼、智、信规范人的伦理道德，北京西城受

意大利人马可·波罗肖像

此影响非常明显。作为天子脚下的臣民，西城人有一种与生俱来的优越感和自尊心，行为方式上一直力求庄重大气，显出一定的规矩来。

北京早在13世纪建大都城时，便将土地划分成若干方块，分别动工，兴建住宅。其时，街道笔直，线划齐整，廊舍民居，鳞次栉比。《马可波罗行纪》载述，大都“全城地区规划，有如棋盘，其美善之极，未可言宣”。在大都城基础上兴建的北京城，似棋盘方格，网络鲜明，“通衢交错，列巷纷纭”。受此格局影响，西城的主次干道也形成了正交方格网，方格网中每个单元与街道，都有数条胡同，胡同两侧分布着大小不一的四合院，确立了非常严整的街巷格局，并对生活在北京西城的居民在思想意识以及行为方式上产生了全方位的影响——西城居民对“秩序”有更加深刻的体验与认知，并自觉或不自觉地内化为自身的行事准则。

明清北京城是在元代大都城垣基础上发展而来的，是中国传统都城建设史上的巅峰之作。作为封建皇帝治居之所，君王为主，臣民为客；君权为主，神权为客，构成了北京城设计的思想主题。它以一条长7.8千米的子午线，即中轴线纵贯南北，皇宫位于全城的中心。城池宫殿、坛庙苑林、衙署寺观、市井民舍，都在中轴线两侧依次对称展开，格局严谨，主次分明。它的城垣依次由宫城、皇城、内城、外城分为四个方阵，层层相套，等级森严，界限分明。北京城的园囿——宫城的御花园、皇城的太液池、内城的坛庙苑林、近郊的三山五园，远及避暑山庄和木兰围场，也都布局有序，呼应相连。北京西城作为古都西翼，作为北京严谨工整城市布局的重要组成部分，文化传统深受其影响。从立体造型来看，西城域内不同高度的建筑物形成了错落起伏的立体轮廓线。这种总体规划与布局不但符合传统礼制，突出政治主题，也达到了整齐庄重、和谐美观的建筑艺术效果。

北京西城商业发达，有一批始建于明清的店铺，其商品享誉全国，像同仁堂的丸散膏丹，即选择上乘原料，经过严格工序制成，疗效显著。这些店铺具有顾客至上的经营思想，不但货真价实，而且礼貌待客，非常讲求礼数，以周到的服务，同顾客建立起和谐关系。如瑞蚨祥绸布店，对职工接待顾客有严格要求：夏季也要穿长衫，不准吃生蒜等，避免招致顾客反感。这些信誉卓著的老字号是展示北京西城老城崇礼意识的重要窗口。

北京人向以凡事讲究礼数、“有礼有面”著称，“彬彬有礼”四个字早已融入北京文化的每一个“细胞”里。老舍先生曾经不无自豪地说，北京城中“连走卒小贩全另有风度”。由于历史原因，清代以来居住在西城的旗人很多，他们讲究礼法，也因此影响了西城人平时生活中待人接物要注重礼数，言语行事注意不失身份。大多数西城人还具有关心时局、诚实礼貌、遵伦理、重自律、讲文明、守秩序的良好习惯。西城人讲“礼”、懂“礼”、重“礼”，这反映出其思想行为上的“庄重”与精神世界里的“守正”。西城人好脸面，有的人虽“家徒四壁”，但“一出门，珠翠满头，时装衣服，长短合宜，居然大家风范”。一些普通人家陈设简单，却摆放整齐，一尘不染。平民妇女没有华丽的服装，然而即使旧布衫，也要洗得干干净净，叠得平平整整。

西城人的“崇礼”也与他们的居住环境有着密不可分的关系。

一条条胡同围起来的四合院本身就是一个个独立的小社会。四合院是相对封闭的，保守而稳定，这就使人们往往注重这个小社会圈子里的和谐气氛。崇礼、热情与他们努力营造这种四合院之间的和谐统一密不可分。

北京西城老城文化推崇“道统”。一般认为，“道统”特指儒家的价值观传统及与之相关联的思想体系。“道统”作为儒家学说思想系统传承的观点最早出自朱熹，但从内容上说，道统说的创立者应首推韩愈。韩愈创立道统说，直接目的是要通过抑制佛老在当时的社会地位，从而为儒家争立正统。朱熹重提道统说，目的也是要确立正统。

位于北京西城的历代帝王庙是体现西城老城文化“重道”内涵的典型建筑。以异族身份进入华夏之地并建立统治的清王朝，始终面临着政治合法性和文化影响力的双重质疑，因此，重建“道统”秩序尤为关键。清朝统治者从皇朝建立伊始，就主动对中华历史一脉传承的政统和道统表示自觉认同。康熙初年，海内承平后，朝廷将“崇儒重道”升格为国之大事，力图以“道统”来更好地维系“治统”。清朝首先在政治上，找到了自己的位置；其次，在文化思想上，强调是中国这片土地主体思想文化和价值体系，即道统的继承者和担当者。

清朝统治者对中国历史几千年政治统绪的认同，可以从他们对待历朝统治者的尊崇态度中显示出来。历代帝王庙是明清两朝国家祭祀体系的重要组成部分。其创立于明初，改建于明中叶，清朝则沿袭了历代帝王庙的祭祀传统，且倾注了更多的关注。明太祖确定的帝王入祀标准基本限于创业之君。周文王因为没有推翻商朝，被撤出了祭祀。至于唐高祖，虽然创立了大唐并基本统一了华夏，却因为其子唐太宗在唐朝统一的过程中出力甚多而被撤出了祭祀。明太祖在帝王庙的入祀标准上坚持宁缺毋滥。其以后的帝王，除了明世宗对帝王庙祭祀略做修改，在入祀标准上并无创新。

清朝时，帝王庙入祀范围不断扩大。顺治初年，将明太祖、元世祖、辽太祖等人列入祭祀。康熙末年，再次计划扩大祭祀范围，只要不是无道被弑和亡国之主，都可入祀，并在雍正初年得到执行。而到了乾隆朝，又增祀了25人。入祀人数的不断增加，体现了帝王庙所代表的价值观念的转变，即从明初时入祀标准严格、体现开国之君创业艰难、具有单一象征性和朝代不连续性的祭祀场所，逐渐过渡为入祀标准宽松、供奉清朝以前大部分帝王牌位、朝代前后相接的祭祀场所，最终成为祭祀自三皇到明末历代帝王的场所。但无论是何种象征，都有一个共性，即对帝王庙的祭祀是为了彰显本朝代的正统性，并体现其对中华历史文化遗产的继承。

清朝的历代帝王庙，一方面使得朝代前后相接，更能体现“历代”这一词语的含义；另一方面又将北魏、辽、金、元等朝列入祭祀，体现了清朝帝王认为“汉人”政权和“非汉”政权同属中华的历史观。乾隆帝在增祀庙中帝王时曾言：“夫天下者，天下人之天下也。”故清朝的帝王庙祭祀体系更贴合现今我国的“中华民族多元一体”理论，也更符合我国历代王朝统治者所追求的“大一统”这一政治目标。从这个意义上说，清朝对历代帝王庙祭祀的改革，为我国“统一的多民族国家”这一历史叙事模式提供了深刻而有说服力的依据。

三、聚贵尚雅

清末，震钧在《天咫偶闻》中称：“京师有谚云‘东富西贵’，盖贵人多住西城，而仓库皆在东城。”“东富西贵”折射出来的是区域特征，反映旧时北京一种特殊的社会情况，同时也可以看出老北京内外城商业、经济、政治、文化分布的基本态势。西城的王府、官邸、富家宅第数量之多，在京城形成了一道独特的风景，北京西城老城文化最能体现这份“贵气”。

冯其利著《寻访京城清王府》中统计，京城清代王公府邸132处，包括亲王府、郡王府、公主府，还有贝勒、贝子的宅第等，其中位于北京西城的约有70处。清代13位皇帝，有118位皇子。其中被封为亲王、郡王的有53人，被封为贝勒、贝子、镇国公、辅国公、镇国将军的有24人。他们的宅第百分之八十以上设在北京西城。

明代不少公侯阁臣居住在皇城以西，当今西城的许多地名即与此有关，如西四北二条，原称帅府胡同，明宪宗时为广平侯袁瑄宅第，正德年间永寿伯朱德私第在此，武宗南征时，在此设帅府，因而得名；西四北七条，原称太安侯胡同，明代，泰宁侯陈珪的宅第在此胡同内，故名“泰宁侯胡同”，到了清代，由于道光皇帝叫旻宁，为了避讳，改为“泰安侯”胡同；西四北八条，明代称武安侯胡同，因武安侯郑亨的府第在此；西城富国街3号，明清时称为祖家街，为明末清初辽东大将祖大寿故宅，后改建为祠。

明代王公大臣喜欢把宅第选在北京西城，除了这里有四季皆景的什刹海等宜居之地，更重要的是，明朝的皇帝平时也喜欢在“西城”活动。王世贞《皇明异典述》卷六“赐禁苑直舍”载：“上在西城，因赐诸入直大臣庐于无逸殿之左右厢。”于慎行《谷山笔麈》卷十载：“嘉靖中，上在西城，召太医令徐伟入诊龙脉。”《明史》卷一百一十四《张居正传》载：“帝尝在西城曲宴被酒，令内侍歌新声，辞不能，取剑击之。”这里的“西城”就是指皇城西部的“西苑”，无逸殿则是西苑内的宫殿。皇帝偶尔还邀请大臣同游西苑。天顺朝名相李贤的《赐游西苑记》载："天顺己卯首夏月，上命中贵人引贤与吏部尚书王翱数人游西苑。入苑门即太液池……循池东岸北行，花香袭人。行百步许，至椒园，中有圆殿，金碧掩映，四面豁敞，曰崇智。南有小池，金鱼游戏其中。西有小亭临水，芳木匝之，曰玩芳。"王公大臣们住在西城，从西华门进出宫城也更加方便。

清代由于受满、汉分城居住制度的影响，什刹海周边区域曾是满族八旗之首正黄旗的领地，进驻者都是当朝皇帝的直系血亲。清末三个世袭罔替的铁帽子王——恭亲王、醇亲王和庆亲王都居住在这里。贵戚多住西城的现象，也影响了一般官吏。

"贵气"催生出"雅气"，西城的贵胄朝官、市井百姓多风气渊雅，北京西城老城文化也成为"雅化"的典型代表。中国北方城市若拥有大片水域，则该水域必然会是城中稀少的美学景观。在古河道基础上形成的什刹海，岸线呈现蜿蜒之美；苇塘、荷塘与岸边的垂柳呈现高低错落之美，是北京老城中最具旖旎风光的地区，丰沛的水系带来了灵动之美。以什刹海为代表的大都水系，反映了与自然环境相合的思想理念，体现了西北草原文化与中原农耕文明的完美结合。元代马祖常《御沟春日诗》描绘了春天的什刹海："春波十顷碧琉璃，白日楼台照影时。"这无疑是一幅色彩丰富的什刹海景观图。夏季，人们则可以在什刹海泛舟赏荷，看接天莲叶的数里繁盛。清代《燕京岁时记》载，"什刹海俗呼河沿，在地安门外迤西，荷花最盛。他处虽有荷花，无人玩赏也"。《旧都文物略》载，"前海周约三里，荷花极盛"。清代北京流行的竹枝词中也有对什刹海赏荷盛景的记载："地安门外赏荷时，数里红莲映碧池。"韩弘达《秋日集漫园》中的"秋气不可暮，园园散空朗……楼影与湖光，摇若山俯仰"，则描写了什刹海在秋高气爽的时节所拥有的朗阔之美。明代吴惟英《冬日北湖冰船》中所写的"寒凝湖面镜平开，小艇犹拖古树隈”，展现了什刹海的冬日景色以及人们滑冰的场景。[1]

什刹海虽无山，但可“银锭观山”，与远处的西山，近处的琼华岛、瀛洲岛和万岁山有视觉上的联系；什刹海水体的开阔和其灵动韵律与中轴线的规整、秩序和封闭格局对比强烈、相得益彰，富有情趣，孕育了北京西城老城文化的隽秀之味，堪与江南水乡媲美。江南文人墨客来到大都，多会慕名流连于积水潭。赵孟頫作有《大都红墙外海子即事》诗称：“白水青山引兴多，红裙翠袖奈愁何！只从暮醉兼朝醉，聊复长歌更短歌。轻燕受风迎落絮，游鱼吹浪动新荷。余杭溪上扁舟好，何日归休理钓蓑？”

北京西城老城文化，精致典雅与雍容大度相辅相成，优雅趣味与闲逸气度相辅相成，这一点在士绅层面表现得最为明显。另一方面，大量汉族士绅聚居于外城的宣南地区，逐渐形成“宣南士乡”，进一步丰富了西城老城的文化生态。

北京市西城区因紧邻皇宫禁地，加之域内什刹海沿岸风光旖旎，成为士绅集中之地，“两岸多古寺，多名园，多骚人遗迹”。这些因素成就了西城区独特的士绅文化。士绅饱读诗书，满腹经纶，重家学，人才辈出。明代，以李东阳为代表的“茶陵诗派”，李梦阳、何景明等“前七子”，李攀龙、王世贞等“后七子”，以袁氏三兄弟为代表的“公安诗派”等著名文学流派都是在什刹海的风景滋养下发育成长起来的。清代著名词人纳兰性德就诞生在什刹海岸边的醇亲王府里，他的词清新隽永，承婉约派遗风，成为清代词学的中流砥柱。

北京西城浓厚的士绅气息也影响了居住其间的普通百姓，使各

---

1 周尚意：《发掘地方文献中的城市景观精神意向——以什刹海历史文化保护区为例》，《北京社会科学》，2016年第1期。

阶层共同营造出一种儒雅的氛围。胡同里一座座精美的小四合院，虽没有王府、官邸的气派，却也磨砖雕花，很是考究。

儒雅甚至还体现在北京西城的商业氛围中，西城古朴的店堂门脸，名人书写的牌匾，柜台内摆放着的精工细做的特色商品，老字号店员讲诚重信的经营作风，都烘托着儒雅的气氛。以经营古旧图书、古玩字画及文房四宝闻名的琉璃厂更具特色。据清光宣年间文献记载，这条街上名人书写的坊肆匾额多达80余块，“字体不一，极尽琳琅壮观之致”，尤以茹古斋（翁同龢书）、松华斋（徐颂阁书）、清秘阁（阿克敦布书）、松古斋（胡浚书）等的匾额最为精彩。夏仁虎在《旧京琐记》中记载：“其掌各铺者，目录之学与鉴别之精往往过于士夫，……此中市佣亦带数分书卷气，盖皆能识字，亦彬彬有礼衷。”[1]这种商界儒风使市井中亦弥漫着浓郁而典雅的文化气息。

四、经世济民

“经邦济世、强国富民”是中国历代有志向、有作为的知识分子的崇高理想和可贵精神品质。北京作为封建时期的都城，仕宦汇集，名流涌至。他们在落寞时可以潜心向学，闭门著述；在国家民族的危急时刻则心忧天下，弃笔从戎，关注家国命运，兼济天下苍生。

北京西城老城文化的“经世济民”内涵非常明显。明清时期，北京西城一带留下了大量士人活动的踪迹。他们生活在国家的政治中心，彼此间的交流、沟通又有空间上的便利。植根于宣南士乡文化的传统，在共同的价值理念支配下，在国家民族生死存亡的

---

1 夏仁虎:《旧京琐记》卷一、卷九。

紧要关头，特别是清末以来内忧外患的形势下，直言敢谏，倡经世之学、奏时代先声，发起维新与改革，探索强国御侮、社会转型之路。

“诗可以群”，文士之间的诗文赠答、诗酒唱和，除了个体之间的交流，最为常见的是诗社。清代的宣南，以文会友、诗酒唱和，蔚为风气，构成了士乡文化的重要内容。它具有古老的传统，既是文人进行文学创作和学术交流的途径，又充分表现了士大夫的儒雅风致。

京师作为全国政治中心，也是重要的文化空间。各地士人因应考、任职或入幕而滞留京城，士人交游频密，其中最著名的诗社是嘉庆、道光年间的宣南诗社：士大夫们借以诗会友之名，以经世济民之论相交流。

宣南诗社，初名“消寒会”，后也称“宣南吟社”“宣南诗会”等。创建于嘉庆九年（1804），延续至道光十二年（1832），诗社屡举屡辍，前后近30年，可考集会有60余次。诗社成员多住在宣南一带，可考者有20处，米市街、保安街、兴隆街、椿树胡同、虎坊桥、宣武门大街、烂缦胡同、上下斜街等地，都有诗社成员的寓所。诗社常在士人寓所中活动，嘉庆年间曾先后在董国华花西寓圃、陶澍印光书屋、朱珔小万卷斋、谢阶树未信斋，胡承珙瘦藤书屋、陈用光太乙舟、钱仪吉衎石斋、吴嵩梁寓所等处集会。此外，也在万柳堂、崇效寺、龙树寺、内城的后海及城外的丰台等地聚会。

“宣南诗社”在当时的作用和意义，主要还不是诗酒唱和——那种赏花看碑、诗酒文会对身为文学侍从之臣的翰林而言，只是展示风雅之才的一种方式。更重要的是，其后有着“求经世济民之学”的志同道合与声气应求。这种借诗社形式结成的联盟，在诗社同人离京后的经历中有更明显的体现。宣南诗社成员在获得外任以后，多数人表现非凡。有一些人迅速升任督抚，统揽一方；另一些人则久任布政使、按察使及知府等职，谙悉政事。这一现象与宣南诗社成员多年交游形成的各种关系网络，便于从政的因素相关，更与他们长期互相切磋，砥砺志行，陶养和增长经世才学不可分割。

能够应时而起、脱颖而出者，一般具备两个条件：一是自身的经世之才得以施展和表现；二是得到朝廷大员的赏识和举荐。道光四年（1824）以后，宣南诗社主要成员大多离京，或出使，或归田，或去世。与之代兴的，是稍后以徐宝善、黄爵滋发起的“江亭展禊”圈子。

清代中后期，社会危机日趋严重。面对日益深重的内忧外患，一批聚集在宣南、思想敏锐的士人对乾嘉以降脱离实际的学风进行反思。他们将目光聚焦时代，将思想化为行动，积极倡导富国强民之学，主张“开眼看世界”，经世思潮随之兴起，客居宣南的林则徐、龚自珍、魏源等是其中的杰出代表。

清代前期，由于我国西北边疆形势严峻，激发了清朝官方和私家学者对西北史地研究的兴趣，沙皇俄国对我国西北边疆的觊觎和侵略，直接刺激了西北史地研究。道光年间发生了张格尔叛乱，同光之际发生了阿古柏侵占新疆事件。嘉道以来，京师兴起了一股热衷于西北地理、蒙古史研究的新风气。代表人物有祁韵士、徐松、龚自珍、张穆、何秋涛等。他们或整理史地文献，或撰写史地专著，或记述清廷在西北的武功，或记载中俄在西北的界务，撰写了一批重要的著述。他们大多居住在宣南或来往于宣南，通过对边疆问题的研究，进而关注世界大势，推动了经世致用学风的形成，成为一股引人注目的士林风尚。面对西北边疆的危机，学术界关注西北边疆、研究西北边疆，使“西北舆地之学”成为时代显学。“西北史地学”的重要特点就是“经世致用”，龚自珍、魏源等人对西北史地的研究，就是为了解决西北的现实问题。“西北史地学”主要兴起于宣南地区，改变了清前期注重考据的学术风气。

第一次鸦片战争爆发后的十余年间，中国思想界出现了一种引人注目的新动向。一部分学者开始“开眼看世界”，编纂了一批介绍外部世界史地知识的著作。这些著述域外地志的学者继承了嘉道年间所盛行的经世致用思想，在他们看来，鸦片战争期间及战后，如何对付掌握着先进武器的侵略者，是尤为重要的经世内容之一。由于时代的变迁以及研究对象的不同，经世致用思想必然反映出新的时代内容并透露出某些新的信息。“开眼看世界”的主要贡献，在于通过对世界各国的描述，相对完整地展示世界大势，从而提供一种关于世界的新观念。

位于宣南的番禺会馆是龚自珍的故居。他当年经常和魏源、林则徐、黄爵滋等在一起歌咏酬唱，慷慨论天下事，曾写下了多篇动人的诗文。其诗风气势磅礴，瑰丽奇伟，文博纵横，自成一派。龚自珍是变法的倡导者，在他的代表作《乙亥杂诗》中曾极力劝导统治者重视人才：“九州生气恃风雷，万马齐喑究可哀。我劝天公重抖擞，不拘一格降人才。”

北京西城也是引领近代中国政治变革的重要策源地。1895 年，中国在甲午战争中战败，清朝全权代表李鸿章在日本马关春帆楼与日本签订《马关条约》，被迫割让台湾，赔偿巨款，清政府在战争中的惨败给朝野上下带来了巨大的影响。面对时代的剧变，聚集在宣南的一代知识分子不再坐而论道，空谈诗文，而是爱国思想付诸实践，为在风雨中飘摇的衰败中国寻求出路。当时正在北京参加会试的全国十八省上千名举人拍案而起，聚集在宣南达智桥松筠庵，康有为等起草上皇帝万言书，提出“拒和、迁都、变法”的主张，即著名的“公车上书”。戊戌一代知识分子提出了进行整体改造的文化革新方案，开辟了民族振兴和社会转型的探索性道路。戊戌变法标志着中国文化和西方近代科技法制文化全面融合时代的到来。

当年八月，康有为在南海会馆创办《万国公报》，宗旨为“日以翻译西书，传播要闻为事”。公报创刊之初，日刊千份，由送报人随《宫门抄》分送诸官宅。内容主要选登阁抄，译录新闻，推介西方政治、社会、文化、科学知识，一时间影响极大。不少官员“识议一变”“渐知新法之益”。康有为联络户部郎中兼军机章京陈炽、翰林院侍读学士文廷式等人，在后孙公园共同成立强学会筹备会。康梁将《万国公报》改为《中外纪闻》，成为强学会的机关报。光绪二十三年（1897），康有为组织成立“粤学会”，南海会馆成为宣传变法维新的中心。光绪二十四年（1898）三月二十二日，康有为、梁启超等在南横街粤东邑馆成立保国会。

1898 年，朝廷上下经历了一次新的冲击。先是德国人占胶州湾，继为俄国人向中国索要旅顺、大连。士人们再次激愤起来，康有为、梁启超、谭嗣同等来到宣南开展活动，粤学会、闽学会、关学会、蜀学会、滇学会等众多组织纷纷在宣南的会馆中成立。士人们的活动激励光绪皇帝颁布《明定国是诏》，揭开了“百日维新”的序幕。光绪皇帝任用谭嗣同等维新人士，罢黜部分守旧官僚，颁行一系列法令，在政治、经济、军事和文化教育方面施行改革。从“公车上书”到六君子喋血菜市口，宣南既是戊戌变法的民间策源地，又见证了“百日维新”（公历 6 月 11 日至 9 月 21 日）从轰轰烈烈到志士流血失败的全过程。戊戌变法虽然没有成功，但仁人志士要求时代变革的呼声与行动，敲响了清王朝走向灭亡的丧钟，成为五四新文化运动的前奏。他们为了国家兴旺与民族昌盛所表现出来的牺牲精神，成为北京西城老城文化中的重要组成部分。

谭嗣同，字复生，号壮飞，湖南浏阳人。中国近代著名思想家、被誉为清末思想界之彗星，是与康有为、梁启超、严复齐名的戊戌维新运动的杰出代表。同治四年（1865）二月十三日，谭嗣同诞生于宣武门外懒眠胡同（又称烂面胡同，即今烂缦胡同），被害于宣武门外菜市口，是生于宣南、死于宣南的中华奇男子。

戊戌政变发生之后，谭嗣同原本可以出逃，但他已决心献身，便留了下来。他的挚友大刀王五曾想挟之出亡，他没有听从。日本友人劝他东渡日本，也为他所拒："各国变法，无不从流血而成，今日中国未闻有因变法而流血者，此国之所以不昌也。有之，请自嗣同始。"八月初十（9月25日），谭嗣同在宣武门外北半截胡同浏阳会馆莽苍苍斋被捕入狱。他在狱中从容自如，面对死神的降临，在墙上题诗抒怀明志，可惜多未录下，唯一留下的一首题壁诗，"望门投止思张俭，忍死须臾待杜根。我自横刀向天笑，去留肝胆两昆仑"至今为人所传颂。光绪二十四年八月十三日（1898年9月28日），谭嗣同在宣南从容就义，卒年34岁。临刑，神色不变，留下"有心杀贼，无力回天，死得其所，快哉快哉"的绝唱，实现了自己为中国变法维新流血牺牲的誓言，为中国、为北京、为西城写下了可歌可泣的壮丽诗篇。

戊戌变法是中国近代史上一次影响深远的政治事件和文化运动。作为政治事件，它虽然失败了，但作为文化运动，维新思潮对西城近代文教事业产生了重大影响。变法结束之后，一批新式报馆、学堂等文化机构迅速在西城兴起，北京西城也因此成为近代北京文化转型之先声。

五、兼容并包

北京是中国历史上各个民族相互融合的大熔炉，把燕山南北、长城内外连为一体。中国传统文化讲究兼容并包，国都之地尤其如此。多元性与包容性在北京历史上的体现无所不在，大到城市居民的民族多样性及语言、文字、建筑、服饰、文化、习俗的多样性，小到墓葬或房间内不同谱系器皿的共存，细到同一件器物上兼有的不同文化因素。这种包容性与多样性在北京西城表现得非常明显。自古以来，西城的开放带来了交流，包容带来了互鉴，不断自我丰富、自我革新和自我发展，孕育出丰富的人文精神和道德理念。

北京处于农耕与游牧两大自然区域的临界处，自古以来就是农耕文明与游牧文明相互融合的重要中心点。从先秦时期的蓟、燕古国与山戎部落的融合，到汉唐时期中原百姓与匈奴、鲜卑、突厥等游牧部落的交往，再到契丹、女真、蒙古等少数民族政权南下，并以这里作为民族融合的中心，最终到明清时期的中华民族融为一体。北京既是历史上人口汇集和民族矛盾焦点所在地，也是人口来往和民族融合的交会点，海纳百川，多元共生，形成了博大包容的气度。

纵观北京西城老城文化的发展进程，兼容并包贯穿始终。首先，是对各族文化的包容。这种包容，最早是蓟地族群与燕地族群的融合，从而形成了燕蓟文化。后来，越来越多的少数民族纷纷汇入幽州边塞文化的发展行列。从辽、金时期的契丹族、女真族以这里为主要融合场所，到元代的蒙古人、色目人融入大都城的多元文化之中。特别是到了清朝，满族、蒙古、汉军三部分人在八旗组织下的融合，把民族融合推到了一个空前的高度。今天我们见到的多民族共同生活在北京，就是以上述融合为基础的。

其次，是对各地文化的包容。这种包容是从北京成为都城之后开始的。辽朝，北方草原上的游牧文化不断南下，并以北京为主要场所，与中原地区的农耕文化逐渐融合。金中都建立之后，这里又形成东北的女真族文化与中原地区北宋文化的相互融合。

第三，是对域外文化的包容。位于西城的大圣寿万安寺白塔就是这种文化精神的体现。该塔为尼波罗国（今尼泊尔）建筑师阿尼哥主持修建的，是尼泊尔式佛塔。阿尼哥是王室后裔。尼波罗国工匠擅长建筑、雕塑、绘画。蒙古中统元年（1260），忽必烈召尼波罗国工匠在吐蕃建黄金塔，阿尼哥作为领队进入吐蕃，后被八思巴收为弟子，并推荐给忽必烈。这座至今仍然屹立的白塔已经成为北京不同国度建筑风格融合的代表性标志。

北京西城老城文化的包容性，最具代表性的特征就是宗教。宗教是一种具有一定排他性的文化形态。但是在北京西城，寺、庙、观、堂各种宗教建筑鳞次栉比，这不是某种宗教的一枝独秀，而是道教、佛教、伊斯兰教、基督教、天主教与民间信仰的共在共荣。在漫长的历史长河中，各种宗教的发展不无曲折，兴衰起伏，各有变数。无论是土生土长的道教，抑或最早传入汉地的佛教，无论是外来的伊斯兰教，抑或基督教，受各种因素的影响，它们都遭遇过不止一次打击。但总的结果是，它们有惊无险地一路走来，在北京西城这个极具包容性和多元性的舞台上，分别找到了生存发展的空间。

北京作为都城，是一个特殊的政治、文化凝聚点，集天下之大成、荟萃四方之精华成为北京老城文化的主要特点。由于统治者在其统治意识上拥有天下四方，全国各地均为都城的统治阶层服务，且都城人口的汇集和不断流动，各地的生活习俗、饮食习惯、社会时尚乃至商品品种的丰富汇集等，均在北京这座都城中反映出来，使得北京在其文化的包容上，更具有吸纳的能量和创新的基础。历史上，北京西城因特殊的地理位置与政治地位，成为中外各民族文化沟通交流的重要场所。同时，西城也以其海纳百川的胸怀、开放包容的气度接受不同的文化类型，并在此基础上逐渐形成特色鲜明的文化样貌。有些今天看来地道纯粹的老城文化，曾经也是不同区域文化交融的产物。仔细研究北京西城老城的语言、建筑、饮食、礼仪、曲艺等领域，不难发现其他地域的踪迹。大家各有坚守，又相互借鉴、广泛合作，才融会发展出缤纷绚烂的北京西城老城文化。

被誉为国粹的京剧，缘起于200年前的徽班进京，北京西城被认为是京剧的发源之地。乾隆五十五年（1790），为了给皇帝祝寿，将在杭州演出的三庆徽班选调进京。随后到嘉庆年间，苏州的四喜徽班、扬州的春台徽班、武汉的和春徽班也先后进京，形成京城“四大徽班”。这些徽班以唱徽调为主。徽调是产生于安徽安庆地区的一个声腔剧种，是在吹腔、高拨子基础上演化出来的二黄调，是一种不同地域声腔融合的剧种。徽班进京后，为适应北京的文化环境，迎合京城观众的欣赏趣味，在戏曲的唱腔、念白、语言上，剧本、表演形式、舞台体制等方面，不断吸纳各个不同剧种的养分，经过由杂到纯的提炼、由博到精的矫正，逐步形成一定的艺术表演形式和戏曲文化体系。特别是京剧音韵念白方面，在长期的表演艺术过程中逐步形成了一定的音韵规范。这种规范并不是完全的北京语音，而是在京腔、昆腔和汉调等基础上形成的北京听众乐于接受并听得懂，又富于京味特色的戏曲语音。应该说，京剧通过吸收各个方面的文化营养，逐渐发展成为具有典型北京特点的新戏剧形式，并被冠以“京剧”之名。以京剧为代表，源自大江南北的艺术形式逐渐成为北京文化的重要组成部分。

位于今文津街7号的北平图书馆旧址（即国家图书馆北海分馆）也是北京西城兼容并包文化内涵的重要体现。该馆由民国时期的中华教育文化基金董事会资助，其从建筑设计阶段就实行大范围征集制，以选择最佳方案。中基会先委托北平长老会建筑师丁恩（S.M. Dean）丈量基地，拟绘设计草图。丁恩提出两种设计方案：一为中国宫殿式，一为古希腊式。考虑到馆舍周围有故宫、景山与北海，为了与周边环境协调，最后特选择中国宫殿式。再委托协和医院建筑师安那做顾问，主持征募图案事宜，丹麦人莫律兰获一等奖。随即聘请丹麦人莫律兰为建筑师、美国人安那为监督工程师，成立了包括周治春、任鸿隽、丁文江、刘复等七人的建筑委员会，负责新馆建设。

新馆在建筑上很好地将中国传统文化与西方现代范式结合起来，进行建筑风格的革新。整个建筑秉承“古代建筑、现代设备”的原则，注意将外在美观与内部功用相结合。新馆正楼是中国宫殿式建筑，框架采用当时欧美最新材料，屋顶采用绿色琉璃瓦，外观十分精美，古色古香，与周边古城风貌浑然一体。屋檐、大厅和室内顶棚油饰中国传统图案，典雅华丽。并将圆明园旧存华表、石狮、雕龙台阶、乾隆御笔石碑、文渊阁《四库全书》碑记、石象、铜鹤等移至馆内。北平市政府为了纪念新馆建成，将北海桥以西、府右街北口以东一段街道改称文津街，馆舍为文津街 1 号。

在澎湃向前的历史长河中，北京西城老城文化内涵逐步深化，外延不断扩展，载体愈加多样，始终注重从外部吸收养分，从自身激发动力，实现着文化与政治、文化与经济、文化与社会、文化与人文的互动，不断丰富文化内涵，影响日益深远。多元文化的共生共存、交流互鉴，既体现了北京厚德载物的包容气度，也进一步促进了其文化的开放胸襟。

六、开放进取

北京是一座开放的城市，来自各国、各地的人士，带来了各国、各地的民风民俗，他们在交流中相互借鉴，形成独具风味的京师民间文化。这种文化在西城积淀、传承，并形成了西城老城特有的民风民情。

北京地区不同文化的交流与融合早在远古时期就已经开始了。自新石器时代起，北京地区及其周边就存在不同的文化形态，各种和平与战争形式的文化交流不断，最终都汇聚到西城老城区域。这种文化既受中原农耕文化的影响，又有明显的北方草原文化、东北森林文化的痕迹。到战国时，多元文化的影响使北京这一地域文化初步具备了开放进取的价值追求。

秦汉至五代时期的北京是中国东北方的军事重镇，中原政权将北京作为抵御北方草原民族南下的重要军事支撑点，也是掌控东北地区的重要前哨阵地。辽金时期北京在历史发展中的地位和作用自不待言，来自北方的女真人入主中原，在莲花池畔建立了金中都，北京从一个中国北部的区域性政治文化中心逐渐发展为大一统王朝的中心。

元大都的建设，使得原来位于今宣南地区的辽、金都城向东北方向转移，围绕着什刹海水系建立新城。纵跨中轴线的元代皇宫及其西侧至北、南、西城墙的广大地区，构成今天西城区的范围。这里不仅包括全国最高的政治中心，还包括元大都的商业中心和文化中心——鼓楼和西四地区。明清以后，这里还相继出现了大量的王府、名人故居、会馆、戏院，历代帝王庙和民间的城隍庙，外来的教堂南堂、北堂、西堂及牛街礼拜寺等。如此众多的政治、经济和文化建筑坐落于西城，直接或间接地为文化的交流和传播提供了场所和机遇，从而对全国乃至世界的文化发展都产生不同程度的影响。

元大都的建设，是北京作为北方草原民族与中原汉民族文化交流中心的继续与发展。北京文化在中原汉文化与北方草原文化交流过程中进入了一个新的、更高的发展阶段。元大都作为全国的政治中心，万方辐辏，各种外来文化在此展示风采、交流融合。以基督教文化为特征的西方文化也在此时期广泛传入中国，天主教、景教都曾在大都传播，这种演进脉络在北京西城留下了非常鲜明而深刻的历史印记。与此同时，蒙古民族立足元大都，不仅吸纳、聚拢了全国各个民族，而且欢迎中亚乃至更远地方的国家和民族前来访问、贸易。一时间，元大都成为享有盛誉的国际化大都市。

明代北京城，无论是城市规划、建筑式样，还是各种政治制度、社会经济乃至哲学思想，都堪称中国传统文化的集大成者。与长安、洛阳相比，北京的城市规划、建筑式样、文学艺术，虽然缺少了中国封建社会早期的粗犷、质朴，却更加精细、完美，社会政治制度、哲学思想也更加缜密、成熟。明末清初，耶稣会会士来华，不但得到了中国统治者的封赏，而且由于利玛窦、徐光启等人的共同努力，中西文化在北京的第二次交流呈现出取长补短、和平交流的趋势。

有观点认为，到明清时期，中国传统文化开始趋于“封闭、保守、停滞”，北京作为国家首都，也呈现出类似的发展趋势，其实并非如此。明王朝是中国封建社会后半期唯一定都北京的汉族统治政权，一直面临着与北方草原民族的激烈冲突。但在南北方文化交流与冲突中，仍然继续体现出开放进取的特征。清王朝比较妥善地解决了中国历史上延续数千年的北方草原民族与中原农耕民族的冲突。清王朝的这一历史贡献，对北京西城老城文化内涵的形成产生了极其深远的影响。

清末民国时期，西城是北京最早开启城市化进程的重点区域，市政、道路、沟渠等的建设，都走在前列。连接新华门与南城虎坊桥的新华街，是京都市政公所成立之后进行城市改造的重点工程。民国北京重要的城市示范区——香厂新市区，也位于西城。香厂出现了北京第一处交通岗亭，周边商业业态也比较新颖，是城南地区比较集中的化妆品、烟草、百货流通中心，与内城的王府井、西单等地类型相似。作为示范区，香厂也引入了一些新的制度，如在土地利用方面，采取招租形式，承租人如果中标，可以获得 30 年使用权，并会得到法律保护，但在具体用途、房屋建造等方面也须遵循相关规定，原有住户可因出让土地获得相应的经济补偿。可以说，香厂承担了探索现代城市建设的新使命。在香厂附近的新世界游艺场，借鉴了上海“大世界”的经营方式与内容，是 20 世纪北京最早、最时尚、最前沿的综合性商业场所。

第五章

北京西城老城文化的典型特征

北京西城老城是北京帝都气派的集中展示区，其多区域、多民族、多国度、多时代的文化形态也最为突出。回顾北京西城老城发展史，2000 多年前的燕蓟文化、1000 多年前的幽州文化、800 多年前的国都文化，三者一脉相承，兼容并蓄，呈现出鲜明的特征。北京西城老城文化，传承有序，连绵不断，书有所载，物有所证。这种悠久历史所蕴含和展示出来的精神特质，是历代西城人共同创造的精神财富，是今天西城人的“文化路标”，更是未来西城发展的不懈动力。与此同时，在一定程度上也构成北京文化的主脉与根基。

一、帝都气派

作为封建时代的天子之都，帝王居住的紫禁城庄重高华，以其王者气象、帝王风范泽被京师。北京西城作为辽、金、元、明、清五朝帝都的核心区域，重重庭院透露出王族气派和官府威仪。生活在其中的西城民众，或多或少受到皇家文化的影响，形成了特定的思想特征和行为习惯。可以说，有着深厚历史文化积淀的北京市西城区是最能体现北京帝都气派的区域。

中国古典园林的意境主要来源于两个神话系统：一个是西北山岳文化，另一个是东部海洋文化的海岛神话。二者随着秦汉以来国家的统一也逐渐融合，产生了蓬莱仙境的审美意象。这种意象兼顾山水精髓和君主神性的双重特征，被后世的统治者沿用。北京在元代成为大一统王朝的政治中心，西城作为北京内城中具有相对广阔水面的区域，成为皇家御苑的首选之地。以西苑三海为例，最初元代以此为“大内”所在，后经过明清两朝的营建，封建帝王精心构筑出一个带有象征意义的栖居圣地，封建皇权的神圣性借助这一独特景观得到进一步突显。

西苑太液池中的琼岛本是金代离宫太宁宫内人工开挖堆筑的“海上仙山”。元代附会蓬莱神话原型意象，拓宽太液池，增添圆坻、西山二岛，再现“一池三山”。在明代的太液池扩建过程中，圆坻、西山并为半岛，琼岛成为太液池中心的唯一岛屿。永安寺白塔是典型的藏传佛教建筑，以其为标志的琼岛位于北海中心，四面环水，形成极具观赏性的景观效果，不仅成为帝都北京整体意象的画龙点睛之笔，还融会道教“蓬莱仙境”的神话原型，反映了统治者的政治观、文化观和宗教观，并反映出多民族和谐共处、多元文化熔铸一炉的繁华形象。这些都是西城帝都气象最直观的展示。

从政治上讲，西城是皇统、道统的延泽之地，并在此基础上形成了卓越的首善意识。西城拥有琼山碧水的独特景观，白塔山、北海、中南海、什刹海的山水风光尽收其中。区域内的皇家宫廷禁苑、府邸寺庙建设延绵不绝，表现出大气磅礴、深邃高雅的气质风格。历代帝王庙、大高玄殿、月坛、先农坛、先蚕坛分列西城，其中的礼制建筑体现着封建帝王对国家统一和农业立国的追求。这些建筑无不体现着皇家的威严，代表国家的最高规格，并折射出中国古代社会的伦理观、审美观、价值观和自然观，是最能表现北京皇家风范的区域。

紫禁城角楼

除了皇家宫室，王府及衙署建筑也是北京西城国都气派的重要组成部分。王府是中国古代社会中建筑规格和豪华程度仅次于皇宫的贵族府邸，蕴含着丰富的历史、文化和艺术价值，是皇家文化的重要组成部分。西城王府主要是清代的王府，繁盛时曾多达30座，包括醇亲王府、恭亲王府、庆亲王府、塔亲王府、愉郡王府、诚亲王府、礼亲王府、郑亲王府、庄亲王府等。显贵们在王朝落日的回光返照中，展示了最后的显赫。因拥有什刹海及高梁河水系的天然优势，西城的王府大多依水而建，享受“引活水进园”的特殊礼遇，王府园林建设达到登峰造极的程度。这些王府是中国建筑文化的艺术杰作，在建筑风格、艺术价值等方面，都有独特之处，是西城的一道特殊景观。

西城古建筑和园林很多，大多是以往的皇家宫殿、坛庙和御园，红墙、黄瓦、汉白玉石阶，都是皇家规制。这些古建筑不同于江南园林秀景，更有别于自然山川风光，它们是礼制与美学的巧妙结合，壮丽中显出庄严，秀美中显出肃穆。散落在城乡各处的御制碑文，使人们仿佛看见当年“天子”的足迹。端午节在老坛根儿赛马，重阳节去北海登高是民间的节日习俗，以昔日宫禁之地作为民俗活动场所，这在全国是绝无仅有的。

明清时期，什刹海一带有“海天佛境”之称，其中的诸多佛寺多由明帝赐额，如寿明寺、正觉寺、龙华寺、瑞应寺、广化寺、拈花寺、普济寺、广济寺（北）、嘉福寺、护国德胜庵、什刹海寺等，其建筑格局、规制不一，但都具有帝都气派、皇家流韵。这些赐建的寺庙虽然使什刹海地区成为九门红尘之中的佛境，但最终仍然超脱不了红墙黄瓦的皇家景观。

二、首善境界

“首善”一词最早出现在东汉班固的《汉书·儒林列传》中，“故教化之行也，建首善自京师始，由内及外”。班固认为，“首善”应以京师为出发点，而后波及全国各地。要教化全国，京师应当成为天下各地之楷模，“京师乃首善之地，忠义之士籍籍”。京师作为首善之区，其文化建设在国家文化建设中具有明确的指向性和引领性，有着不可替代的重要作用。

相对于边远乡村来说，城市的文化优势显而易见。尤其是在封建时代的京师，统治者以其政治上的强势，不仅使京师成为全国的政治中心，而且成为全国的文化中心。政治上的强势通过一套文化制度规范，在相同的文化环境下建立起一套约束标准体系，使个体和社会按照相同的模式发展，遵守共同的规章、伦理。正是依靠这种制度，吸引全国各地区、各民族的文化汇聚京师，使其在相互交融、相互影响中演化成一种为统治阶级所认可和支持的京师文化，并成为代表一定时代要求的主流文化。而这种主流文化又会对弱势文化群体和边远地区相对落后的文化产生潜在而深远的影响。文化的汇聚和发散正是京师文化重要功能的体现。如果说，国都为国家的首善之地，北京西城则为首善之区。历史上的西城长期位于北京皇城的核心区域，在社会治理、文化秩序方面都树立了最高标准。同时，“天子脚下”的潜意识也构成了北京西城老城文化发展的重要心理基础。

“首善之区”中的“善”是一个不断发展的概念，并伴随着社会的发展而逐渐丰富和完善。汉代班固首次提出“首善”，旨在宣扬儒家传统文化理念，教化民众向善。此处的“首善”代表道德伦理上的“善”，是一种至高的境界，是需要不懈努力才可能无限接近的目标。中国古代社会长期以来重农抑商，一直保持着农业社会的传统。随着时代的变迁、生产力水平的提高，人们对物质的需求日益增加，对完美社会状态的憧憬也不再限于道德伦理或者文化方面。“首善”的概念由此得到了拓展与延伸。后来的人们一般把各方面做得最好的地方称作首善之区。从这个意义上说，“首善”代表了最高标准，意味着主流文化及意识形态，意味着在相同文化形式中处于最高等级，居于最具代表性的地位。

首善也意味着追求审美标准的整齐划一。明代的北京西城曾存在“首善书院”。《帝京景物略》中称：“天下所脉系，在于天患民病，杂然至日，人确乎有固志耳。立司牧，立准理，立学校，所以为固也，仍听立书院讲学焉。故讲学以赞治朝之听，详辟雍之教，喻孝弟忠爱之性，涣奸利朋比之群，綦详于成业授谕。”[1]北京西城自视为京师首善之地，自然有立准则于天下之义，从朝廷到文士，及至一般百姓，都把京城的规范有意或无意地强化、泛化，扩展到言行举止和审美活动之中。

西城老城作为北京文化中心、教育中心的地位，让不同文化基

1《帝京景物略》，第 149 页。

因的融合传播变得更加顺畅。明清时期，各地举人要来京师参加科举考试，绝大多数居住在西城。每三年一次，每次的规模一到两万人。这些人来自全国各地，拥有学识、志向和影响力。他们在当时不仅参加考试，客观上也将自己在北京、在西城受到的礼仪法治、文化典籍、建筑园林、风土人情等熏陶带回各地，从而成为引领全国文化风向的鲜活载体。

京师是礼仪教化的首善之地，北京西城是京师首善之区，是“首善”之中的“首善”。在社会、经济、文化等方面，尤其是社会风气和道德风尚方面走在前列，率先达到更好的状态与更高的标准，并对其他区域发挥引领和示范作用。西城人有“首善”的自我期许，并始终朝着“首善”不断努力。

“首善”既是一种绝对的正面价值判断，也是一个与时俱进的相对概念，它代表着在不同领域追求“一流水准”的心态与意识，是全社会所需要的进取建设精神。“首善”代表着永无止境的奋斗生涯。

在城市的规划和建设中，西城体现出作为首善之区的规整和典雅。胡同四合院保护区布局完整，排列整齐，保存着清晰的“城市肌理”；门类齐全、形态完整、风格各异的园林、王府、官宅、民居、寺庙，生动地展现出京城的典型文化特征，潜移默化地影响着一代又一代西城人。皇家文化、士绅文化、市井文化和谐共处，整个地区呈现出既统一又多元的文化气息。长期经济活动中累积深厚的文化底蕴，形成独特的商业文化品牌；文学艺术、教育教化的成熟引领区域内部的文化品位。

将“首善”之名赋予京师，不是简单的一个说法，而是包含着对京师性质与功能的肯定和期许。中华人民共和国成立后，作为首都，北京各项工作都具有代表性和指向性，正是这种文化的力量，凝聚起 2000 多万首都人民磅礴的精神力量。作为社会主义先进文化，爱党爱国是嵌入首都文化血脉的永恒基因。无论在革命时期，还是建设发展时期，西城都始终保持讲政治、顾大局、谋发展、重自强的不变底色，忠诚担负着为党中央放好哨、站好岗的光荣使命，矢志展现树立标杆、争当表率的首善意识和首善标准。

三、多元共生

中国幅员辽阔，民族众多，文化差异十分显著。各地区的文化，既有区域的不平衡性，又有各自的特色。北京位于华北大平原的最北端，是中原地区的北方门户。作为中原与塞北之间的交通枢纽，自从有人类活动以来，北京就处在一个五方杂处、多民族混居、融合的人文地理环境之中，汇聚了来自全国各地的不同族群与文化，兼容并蓄，多元共生，从而形成自己独特的文化风格和宽厚的文化格局。

北京作为元、明、清三代全国的政治中心和文化中心，长城内外，燕山南北，珠江黑水，四域八方，各种精粹，汇聚京师，再以此为平台，向各地散播。元代陶宗仪在《南村辍耕录》中写道，北京“右拥太行，左注沧海，抚中原，正南面，枕居庸，奠朔方，峙万岁山，浚太液池，派玉泉，通金水，萦畿带甸，负山引河，壮哉帝居，择此天府”。日后，北京之成为元、明、清三代大一统王朝的国都，正因它是天地之合、文脉之汇——南襟河济，北连朔漠，东濒大海，西依太行，位于中原农耕文化、西北草原文化、东北森林文化、西部高原文化、东部及南部海洋文化的交会之地。四方民族，杂居北京，他们的衣食住行、坊里风情、宗教信仰、岁时习俗，使北京的市井生活更加色彩斑斓。

从地理因素考察，北京汇平原、草原、森林、水乡为一区，形成了多元的文化体系。外来文化进入北京后，均有“似曾相识”之感。不同时期的北京文化，也受到多元文化的影响，包括来自北方的少数民族文化、来自南方的水乡文化、来自西方的欧洲宗教文化等。各种文化相互交融，相互渗透，最后实现了有机融合，北京西城老城文化正是这种文化融合的集中反映。

以西苑三海为例，在继承传统园林文化的基础上，大量吸收江南园林的诗画意境和造园手法，既保留北方林莽的浑宏气概，又体现江南水乡的婉约多姿，博采南北之长，兼具东西之优，成为中国园林文化史上的一个高峰而垂名后世。再以京剧为例，其本身是“徽班进京”的产物，是文化融合的经典杰作，吸取昆曲、徽剧、梆子、汉剧和秦腔等各剧种的华韵，在剧目、音乐、表演、服装上进行革新，并结合北京的地方语言和风俗习惯，最终在西城的宣南地区逐渐形成。

西城老城在北京文化发展史上起着融合交流、吸收发散，开辟风气、倡导先行的作用。全国各地许多伟大学者、诗人、艺术家和科技专家，都曾经生活在这里；契丹、女真、蒙古族、汉族、满族相继在此建都，都留下了自己的文化遗存。在中外文化交流方面，北京西城也处于领先地位。如明清之际，耶稣会士群聚北京，带来西方文化，这股浪潮持续了 100 多年，至今西城区域还安眠着众多致力于中西文化交流的传教士。

北京西城老城文化具有集大成性。其民风民俗里，留下了北方少数民族的传统；园林建筑上，融进了江南园林的印迹；商业文化中，渗透着徽商、晋商的儒商精神；水乡文化，包含着江南神韵与塞上风情；语言中，隐藏着大漠南北不同民族的记忆。北京西城老城文化的集大成性还表现在不同文化类型的融合方面。仅就皇家文化与市井文化这两种代表性的文化形态而言，西城区域内既有坛庙、祠堂、衙署、学校、王府，又有平民街市、会馆烟云、百年老店、胡同小巷、新型市区这些生动体现市井文化的历史痕迹。皇家文化与市井文化分别从不同层面叙说着京城文化的丰富多彩，从不同角度展示着北京文化的不同特色；在功能上，两种文化同时满足各种社会群体千差万别的文化需求。

北京西城老城文化是一个有机的整体，这里有金戈铁马的时代狂飙，也有小桥流水的静思低吟；汇聚着天南海北的风云，走动着三教九流的人群。北京西城老城文化是多种文化类型的融合体，是汉族与其他民族文化的融合体，是南方文化与北方文化的融合体，是草原文化、森林文化与农耕文化的融合体。这些文化元素始终处于一种相互影响、相互作用的动态过程中。因此，来自不同国度、不同地域、不同民族、不同宗教、不同信仰的人们都能在西城找到自己的归属感。在各种文化的长期发展与交流融合中，西城形成了具有极大凝聚力、向心力、整合力和辐射力的老城文化共同体，为生活在这一区域的百姓提供了精神家园。正是通过多种形式、多条渠道的交流，不同区域、不同层次、不同类别的文化在借鉴中互补、在交融中充实、在互动中提高，为地区的长期、稳定、健康发展提供了持久的文化心理支持和良好的外部社会环境。

北京西城老城多种文化形态并存，不同文化元素既相互关联，又因时因地而不断发展变化，它们既有文明恬静从容的瞬间，又有生动蓬勃持续的律动，分别从不同的侧面解读着京城文化的悠久历史和深厚底蕴，传承于先人，丰富于当代，惠及于后世，从不同角度诠释着西城的精髓与精神实质。

北京西城老城文化的丰富性建立在多元共生基础之上，但绝不是各种文化要素的简单排列组合，在不同的历史时期，均有不同的主体类型。在西城老城体现的多层次、多内容的文化元素中，尽管各个民族的差异性依然存在，同一性却是主流。

四、雅俗并存

“雅”与“俗”是从文化角度审视评价人们的思想、言行和外在生活环境的一种标准。“雅”指高雅，以传统伦理道德及渊博的知识为基础，常为社会上层和知识分子所有，宫廷文化和士绅文化即属雅文化；“俗”指通俗，为平民大众所喜闻乐见。另一方面，所谓的“雅”与“俗”又是相对的，只有加工粗细、流行范围等方面的区别，没有层次上的高低之分。

一般情况下，“雅”与“俗”总是相互依存、相互促进、相互制约、相互转化的。雅文化的新收获，慢慢普及演变，可以成为俗文化；俗文化可以经再加工而成为雅文化。二者相得益彰，共同前进。任何文化都来自生活，本源于民间，雅文化也不例外。如朝廷祭天、祀祖、拜社稷等礼仪，就是从古代民间习俗演变而成，有些官场礼仪直接源于农事生产。再如清宫御膳制作考究，既保留满族食俗，也吸纳了其他民族和地区的饮食精华。上层社会的音乐戏剧、婚丧嫁娶、语言文学等方面均不乏其例。可见，雅文化最初也是产生于民间，只是后来根据上层社会的需要，经过文人筛选、加工，才逐渐升华为高雅文化。

另一方面，有些雅文化也经历着由雅到俗的转化过程。产生于帝都的雅文化与政治关系密切，因而不可避免地带有浓重的王气和官气。“旧都人民习见官仪，礼貌是尚，故宾客往来应时周旋，虽中下社会亦无不中程式。”[1]北京西城王公子弟多，士绅也多，老百

---

1 北平市政府秘书处编：《旧都文物略 · 杂事略一 · 礼俗习尚》，1935 年。

姓耳濡目染，经济宽裕的人家娶亲时也常常仿效官家礼制，普通民众自觉不自觉地接受了雅文化的影响，并在思想行为和生活习俗中表现出来。

北京西城老城历史上一直是北京各种文化类型的集散地，皇家文化、士绅文化、商业文化、平民文化等和谐共存，相互影响、交织、吸收，它们之间没有相互竞争、替代，而是形成良性互动。雅俗共存、融合发展是北京西城老城文化最典型的特征。西城老城文化是皇家气象与市井风俗的融合，是人与自然的融合，是宗教与世俗的融合，是本土文化与外来文化的融合，内涵丰富，载体多样。北京西城老城文化是特定社会历史条件的产物，具有鲜明的雅俗二重性。

士绅文化指的是官僚士大夫阶层的文化。一般而言，士绅群体既包括入仕的辅弼重臣、六部九卿、中下层京官，也包括无意仕途或尚未入仕的笃学之士。他们喜欢诗歌酬唱、文人聚会，忘情于古董古籍、碑帖收藏、古玩鉴赏。他们生活、集会、寄寓的场所，不仅是一座座宅院，还因文化蕴含独特而成为北京独有的人文景观。士绅阶层集知识文人角色和职业官僚角色于一身，始终占据着社会生活中的重要地位。在中国传统的宗法制家天下的封建社会里，皇室人员构成相对固定，皇室文化相对封闭。而官僚士绅阶层具有很大的流动性，平民可以通过入仕而改变自己的社会地位，所以士绅文化相对于皇室文化是开放的。士绅阶层介于皇室贵族和平民之间，上承皇家文化、下启平民文化，起着传承转换的重要作用。

位于宣武门外的宣南地区，很多著名的诗人、学者、政治家、艺术家在这里留下了足迹。清代由于受满汉分城居住制度的制约，除少数获准居住内城者外，汉族士绅只得聚居于外城的宣南地区，因而形成“宣南士乡”。一代又一代的文人仕宦聚居于此，并通过中国传统士人的生活趣味和文人习性，为这片区域打上以士文化为特色的人文烙印。宣南没有皇城内的宫殿巍峨、楼阁辉煌，也没有京西的水木清幽、园林秀色。这里地处湫隘，房舍简陋，但“山不在高，有仙则名”。由于荟萃众多文化精英，留下了许多可资观览、纪念的痕迹，会馆、庙宇、戏楼、书肆、园林……触目皆是。

封建王朝的国都不可能只是皇帝居住，必然还有大量的世俗百姓在此生活。首先就是维系皇权的士大夫和准士大夫（举子等），对于清王朝来说，还有贵族和八旗子弟，他们不仅严格遵守着皇家规制，还不断在宗教、礼仪、文学、艺术、戏剧、生活习俗等方面诠释、丰富着皇家文化，并衍生出独特的京城士子文化。围绕着皇家和士大夫，必然要有人数众多的服务阶层，诸如商贾、僧侣（有些社会地位很高）、工匠、兵勇、贩夫、艺人、差役、城市无业贫民等。他们也是世俗人等，其文化是与士大夫文化之雅相对的俗，故可谓之市井文化。

市井文化主要指一般市民的生活状态、品格气质。胡同、四合院、茶馆、戏园等是北京西城市井生活的场所和地标。岁时节令、婚丧嫁娶，婴儿“洗三”与“满月”，老人寿辰及遛鸟、放鸽、养花、种草、扎风筝、抖空竹，都是老百姓的生活习俗与情趣。市井文化融会多元、植根百姓，具有极强的亲和力。这种亲和力，使来自天南地北的人们很容易将北京视为自己的精神故乡，产生浓重的归属感与认同感。

天桥一带三教九流人迹混杂，其中虽然夹有地痞恶霸、帮会势力、赌棍娼妓等丑恶内容，但是更有众多民间艺人和小商小贩在此营生。他们正直善良，靠技艺维生。清末至民国，天桥先后有三拨人称“八大怪”的民间艺人，个个身怀绝技。还有一些说唱艺人日后成为表演艺术家，如侯宝林、魏喜奎、新凤霞等，均为民族艺术的发展做出了贡献。天桥不仅是民间艺术的摇篮，也是作家和艺术家创作的源泉，像张恨水、张次溪、老舍、李桦等，都以天桥为背景创作出家喻户晓的文学艺术作品，反映了北京的社会风貌。

正因为北京西城老城文化雅俗共赏，其文化活动才能得到社会各阶层的认同和参与。岁时节令习俗早就成为全民参与的活动。清代至民国，正月初一至元宵节，琉璃厂厂甸例有会市，日用百货、书画古玩、儿童玩具、风味小吃等皆有销售，游人众多，远胜各处庙会，其中风车、空竹、大糖葫芦和整挂山里红是厂甸的象征，不分贫富老幼竞相选购。北京各界均有京戏迷，清宫、王府和大会馆建有戏楼，大栅栏有许多大小戏园，天桥北戏园多供上层人士欣赏，天桥南小戏园供下层民众娱乐。

五、豁达大气

在性格气质层面，城市与居住其间的人融为一体。一座城市无论多么辉煌、多么繁荣，本质上都是一代代市民精神世界的外在反映。

北京地处华北平原、东北平原、内蒙古高原交会之处。华北平原以农耕种植业为主，是中原地区的农业经济文化区域，属于以家庭为单位的小农经济，人们直接与自然界打交道，子孙万代继承了祖宗的生活方式，由此强化了家族宗法观念，直接影响到人伦关系，并深受儒家学说影响，注重礼法。内蒙古高原以游牧为主，游牧民族经常南下劫掠。公元 5 世纪，鲜卑拓跋部落统一黄河流域；公元 13 世纪，蒙古人建立元朝；17 世纪，满族人建立清朝。游牧文化与农耕文化在北京相互碰撞，但大部分的交往是非对抗性的，且经常以和亲、迁徙、互市等形式，达到不同文化、民族的融洽与聚合。在这个互相影响的过程中，游牧民族的刚劲活力，为中原的农耕文化所吸收，成为其儒雅稳健的补充和强化。另一方面，游牧文化被农耕文化同化并汉化，使中国传统文化得到更广泛的传播。东北平原气候寒冷，土地辽阔，形成了独特的地域文化。东北人尚武好勇，性格火暴，路见不平则拔刀相助，这种性格也深深影响了北京地区。

北京地处燕赵之地，自古以来受燕赵遗风濡染，尤其在很长一段历史时间内，受北方游牧民族影响，民风粗犷、大气，不拘小节。早在先秦时期，燕地地处北国，天远苦寒，多奇侠烈女、慷慨悲歌之士。地处其核心的北京西城区域则聚合了来自五湖四海的人，是各种文化碰撞最剧烈的地方。元代以前，北京是中央政府设置的边陲重镇。元、明、清三代，北京成为汉族文化与其他民族文化、异国文化交流的舞台，不管是来自塞外草原的蒙古文化，还是来自东北森林的满族文化，或者异域他国的洋文化，都深刻影响了北京西城人的文化气质与性格特征。

相对于国内许多其他城市，北京作为一国之都的气场，首先就是“大”。从北京城市建设数千年的历史看，其形成了空间开阔、稳健端庄、气势恢宏的整体风格，这也是北京市民豁达、宽厚、包容的内心世界的外在反映。西城人正是这种性格的典型代表。北京人特有的大气、豪爽的性格在西城百姓心里扎下了根，也对外来人口产生了潜移默化的影响，影响着一代又一代的北京西城人。西城紧邻皇城，皇城根下的百姓，接收了更多的政治信息，经历了更多的政治风雨，看朝代更迭，看时代变换，有历史眼光、人间阅历，底气深厚、见多识广、处变不惊，同时也有“天子脚下臣民”的优越感与自豪感。

六、绵延不绝

北京城具有悠久、持续、递进、多元、一统的文化特性，在人类文明史上独树一帜。作为孕育了远古人类、新石器文化和华夏文明的地方，它蕴积着极为丰厚、深刻的中华文化内涵。北京西城作为北京营城建都的肇始之地，从先秦一直到当代，始终占据北京的核心位置，其命运与北京城市发展脉络相伴相随。

早在 3000 多年前，燕蓟文化就在今北京市西城区兴起。秦汉之后，蓟城成为中央王朝在华北地区的军事重镇，开始驻扎大量军队，形成了一种独具特色的边塞文化。这种文化以蓟城为中心而形成了一种特定的诗歌体裁。如唐代著名边塞诗人高适曾作有多首《蓟门行》诗，其中一首称："幽州多骑射，结发重横行。一朝事将军，出入有声名。纷纷猎秋草，相向角弓鸣。"生动描述了以蓟城为中心，农耕王朝与游牧部落之间的战争情景。这种边塞文化的出现，是与蓟城的军事要塞地位相适应的。

辽金时期，以今西城区域为核心的北京已经脱离了中原王朝的疆域，成为少数民族政权的陪都和国都，民族冲突与融合遂成为其突出的文化主题。建立辽朝的契丹族统治者长期生活在大草原上，占有幽州城之后，虽然把这里定为陪都，却没有迁移到这里定居。他们不像其他进入中原地区的少数民族人士一样，逐渐改变自己的生活习俗，而是保留了大量游牧文化的习俗，对于中原地区的农耕文化，只是采取了学习的态度，从而形成两种制度并存的特色文化。金代海陵王迁都北京之后，大力推行"汉法"，迅速完成"汉化"的进程。迁居到北京的大批女真族民众，也很快融入农耕文化之中。

元代北京成为全国的政治中心之后，文化发展出现一个飞跃。

这时进入中原地区的蒙古族民众，特别是蒙古统治者，有意识地保留并大力推行在草原上盛行的游牧文化；而从西域及域外来到大都的民众又带来了藏传佛教文化、伊斯兰教文化和基督宗教文化等多重不同特色的文化，使得大都城成为以农耕文化为主体、多元文化并存的混合体。

明太祖朱元璋强力清除以游牧文化为代表的各种非农耕文化因素。明成祖即位后仍然坚持这种文化政策，使得重新成为都城的北京城打破了多元文化并存的局面。不过，文化的“单一性”并不是绝对的，许多以前存在过的文化因素仍有所保留，只是发展兴盛的程度远远不如此前的元代。

清代统治者定鼎北京之后，从宫殿格局到坛庙设置，大体继承了明代的模式，只是增添了一些满族及蒙古族的少数民族文化特色。城市居民习俗给城市文化的发展带来了巨大影响，而原来居住在内城的大量民众被强行迁移到外城，内城与外城之间形成了较大的文化差异。随着岁月的流逝及居民之间的文化交流，这种差异逐渐被消除。清朝后期，西方文化的进入及传播，又成为北京西城老城文化发展演进的一大特色。

国家层面的祭祀活动维系了中华民族的统一与传承，民间层面的祭祀活动对于文化的延续也同样具有重要作用。如前所述，北京历史上的会馆有相当一部分坐落在西城，会馆的一项重要功能就是祭祀，由祭祀仪式所产生的祭厅、祠堂数不胜数。时过境迁，如今它们大多已经消失，但仍有一小部分被保留下来。在今法源寺一带，先后就有过畿辅先哲祠、中州先哲祠、山右三忠祠、越中先贤祠、蜀中先贤祠、湖南先贤祠等。它们与京城皇家祭拜 188 位帝王、80 位功臣的历代帝王庙，相辅相成、相得益彰，共同构成了纪念历史精英的“圣殿”，体现出“中华统绪，不绝如线”的民族精神。

源远流长的祠堂是中国古代供奉祖先、景仰圣贤的地方，也是传统儒家伦理道德在宗族、乡里的表现。北京西城会馆通过一系列祭祀仪式维系乡情、凝聚人心、激励后辈，因此馆内外多设立祠堂。这里祭奠的大多数对象不是神仙，而是历史上真实存在并得到公认，或为本馆做出过重要贡献的古圣先贤、名宦乡贤。总体而言，无论在哪一个阶段、北京城址如何变迁，其核心始终未曾脱离今日的西城区域。北京西城老城文化也从涓涓细流发展到浩瀚的大江大河，绵延数千年未曾中断，构成了古都北京文化传承的精神谱系。

北京西城老城文化，是一个脉动的过程，具有久远的延续性。千年古都一线牵，西城老城文化的发展演变描绘出北京城数千年的历史脉络，展示着北京人一路走来的艰辛和自豪。在老城文化的滋养下，西城区必将更具气质、更富情趣、更加灵秀、更添魅力。

第六章

北京西城老城文化的当代价值

西城区是北京营城建都的肇始之地，历史上曾是古蓟城、唐幽州、辽南京、金中都的核心地带，元、明、清三朝古都的西半部，不可移动文物数量及历史文化街区面积均为北京之最，是北京古都风貌的集中展示地，千年文脉绵延不断。北京西城老城文化展示了海纳百川、兼收并蓄、多元一体、雅俗共存的气度与精神，是北京首都风范、古都风韵和时代风貌标识的重要组成部分。

一、全国文化中心建设的有力支撑

文化是北京的魅力之源。北京作为国家首都，一方面体现在它作为全国政治中心的特殊功能上，同时也体现在其作为全国文化中心无可取代的地位方面。没有强大而雄厚的文化实力作为依托，其政治中心的作用也很难实现。尤其是在世界各民族的文化传统与历史特性对现实的经济、政治产生潜在的制约作用，对社会发展具有重要意义的今天，北京作为全国文化中心的地位与价值正越来越明显。北京是这样一座城市，它能使每一个居住，甚至经过的人强烈地感受到其文化吸引力，感受到它那浑然一体、渊深博大的文化氛围。

北京西城老城的文化存量非常丰富，传统街区都有其独特的美学意义，是北京建设全国文化中心的主要阵地。《北京城市总体规划（2016年—2035年）》中指出，全国文化中心建设要充分利用北京文脉底蕴深厚和文化资源集聚的优势，发挥首都凝聚荟萃、辐射带动、创新引领、传播交流和服务保障功能，把北京建设成为社会主义物质文明与精神文明协调发展，传统文化与现代文明交相辉映，历史文脉与时尚创意相得益彰，具有高度包容性和亲和力，充满人文关怀、人文风采和文化魅力的中国特色社会主义先进文化之都。

北京西城属古都西翼，在长期的历史演进中，一直位于北京城的核心区域，具有独一无二的地理优势。这种特殊的区位优势和政治地位造就了西城区独特的物质景观与街巷格局，是北京老城文化的集中展示区，历史文化街区占全区面积超过20%。从一定意义上说，北京全国文化中心建设的成败，主要取决于老城文化的复兴程度。

北京西城老城历史文化资源分布广泛、类型多元。北京悠久的建城史与建都史为西城留下了数量宏富、品位极高的文物古迹。截至目前统计的最新数据，北京市西城区现有三级文物189处、普查登记文物179处、全国重点文物保护单位40家，包括妙应寺白塔、北海及团城、宋庆龄故居、恭王府及其花园、郭沫若故居、牛街礼拜寺、天宁寺塔、大高玄殿、历代帝王庙、南堂、景山、白云观、法源寺、先农坛、安徽会馆、报国寺、北京国会旧址、北京鲁迅旧居、北平图书馆旧址、醇亲王府、大栅栏商业建筑、德胜门箭楼、关岳庙、广济寺、国立蒙藏学校旧址、国民政府财政部印刷局旧址、京师女子师范学堂旧址、利玛窦和外国传教士墓地、清农事试验场旧址、西什库教堂、月坛、中南海、万松老人塔、克勤郡王府、基督教中华圣公会教堂、西交民巷近代银行建筑群、辅仁大学本部旧址、盛新中学与佑贞女中旧址、李大钊旧居、梅兰芳旧居等。这些文物设施，既是北京西城老城文化的重要载体，也是全国文化中心建设的重要基础。

白塔寺庙会

北京市西城区还有成片的历史文化街区，包括什刹海、大栅栏、白塔寺、西四北头条到八条、琉璃厂、法源寺、南闹市口等。在文化类型上，从坛庙文化、王府文化、会馆文化、园林文化，到宗教文化、教育文化、戏曲文化及商业文化等，整个西城老城呈现出既统一又多元的气质，或庄重大气，或粗犷雄劲，或文质彬彬，或通俗质朴，并在此基础上形成了最具北京地域特征的重要符号与文化风景。

近年来，北京市西城区始终以习近平总书记视察北京重要讲话精神为根本遵循，十分重视历史文化保护，持续保持工作力度，把历史文化名城保护工作与疏解非首都功能、优化首都核心功能、提升城市品质、创造城市美好生活结合起来，使西城区域内的历史街区风貌整体得到明显改观。2011 年，北京市西城区成立历史文化名城保护委员会。2012 年，制定区名城委工作规则和专家制度，成立西城区历史文化名城保护促进中心，提出构建“四名”（“名城、名业、名人、名景”）工作体系，启动了自中华人民共和国成立以来最大规模的文物腾退工作，从直管公房入手，启动 52 处直管公房文物腾退，云吉班旧址、梨园公会、福州新馆等 27 处文物实现全部腾退，北京坊惊艳亮相，老城保护和复兴取得了显著成效。

在老城保护方面，西城区积极探索文物和历史建筑活化利用的机制。在前些年陆续腾退、修缮、开放恭王府、历代帝王庙、白塔寺、广福观、火神庙、天宁寺、长椿寺、李大钊故居等众多文物的基础上，2011 年，又在大栅栏杨梅竹斜街启动了全市第一例自愿登记腾退的试点项目，按照试点示范、社区共建、全面发展三个阶段持续推动。杨梅竹斜街项目对小规模渐进推进历史文化街区保护和有机更新，最终实现建筑共生、居民共生、文化共生，起到了积极的示范作用。

北京市西城区一直积极通过引入社会力量参与文物的活化利用，砖读空间（万松老人塔）、红楼公共藏书楼、司法专题博物馆（沈家本故居）、椿树书苑（林白水故居）、《京报》馆旧址（邵飘萍故居）等相继修缮完成并对外开放，取得了较好的社会反响。通过总结多年探索的经验，2019 年出台了《关于促进文物建筑合理利用和开放管理的若干意见（试行）》，明确了社会化利用的申报、决策、管理机制，确定了腾退后文物建筑主要用于展览展示、参观游览、文化交流、公共服务、文化体验服务、非遗传承和公益性办公等的使用方向。

目前，北京市西城区正以中轴线整体申遗保护为重要抓手，探索历史街区更新途径，实施街区更新，积极推动区域内部文物腾退，带动名人故居、会馆、四合院等文物有序腾退，持续推进文物周边环境整治，加强老城公共空间景观建设，以线带面，在精致、特色上下功夫，进一步加大老城整体保护力度，努力守护千年古都的“城市之魂”。如今置身西城

今日什刹海

区，无论是漫步在景色优美的什刹海，或是信步在繁华热闹的大栅栏，抑或是走进天桥艺术中心、雁翅楼，无不传递出一种独特的韵味，让人可以感受古都北京别样的气息与魅力。

另一方面，北京全国文化中心建设是一项综合性、系统性工程，不仅包含有形的物质景观的维护与提升，也需要无形的价值引领。北京西城老城文化所蕴含的忠贞报国、崇礼重道、崇贵重雅、经世济民、兼容并包、绵延不绝等独特内涵构成了重要的精神力量，构成了城市文化发展的鲜明底色，是建设全国文化中心的根脉所系。

二、首都文化形态的显著标识

文化是城市的灵魂。一座城市的历史文化是城市风范的展示，是城市风韵的表达，是城市风貌的象征。西城作为首都的核心区域，文脉悠悠千年，绵延不绝。

北京自元代起成为大一统王朝的政治与文化中心，其间虽有短期中断，但总体上延续了这种地位。长期作为国都的历史使北京文化超越了单纯的地域文化范畴而上升到国家层面，形成“首都文化”。“首都文化”主要包括源远流长的古都文化、丰富厚重的红色文化、特色鲜明的京味文化和蓬勃兴起的创新文化这四个方面。国家首都，四方观仰，“首都文化”承文明之血脉、集八方之精粹，是中华文明的典型代表。对于北京而言，“首都文化”的精华主要集中在老城区域。相对而言，北京西城老城作为首都文化形态的标识更为显著。

北京市西城区是北京营城建都的肇始之地，历史文化遗存十分丰富，不可移动文物数量及历史文化街区面积均为北京之最。北京西城老城文化的地方性色彩是让位于国家性的，不仅是首都文化形态的显著标识，也是塑造国家认同的重要资源。以法源寺为例，以此为中心，元谢叠山祠，明杨椒山祠、赵譔祠，清阎若璩祠、吴柳堂祠等，历代忠臣良将、文人雅士环绕建祠，经年不衰，备受推崇。这些人物都是国家忠良的典型代表，通过对他们的祭祀仪式，可以产生强烈的向心力与凝聚力，提升社会责任感，强化民族共同体意识。

从北京的城市发展沿革来看，今西城区的行政区划和辖域虽有多次变化，但始终处于北京的核心区域，且多为宫禁延域之地、百衙升署之所。侯仁之在《北京城市历史地理》中曾论述："最早的北京城，从春秋战国时代的蓟城，一直到金朝的中都城，前后两千年间，都是在今莲花池以东同一原始聚落的基础上逐渐发展起来的。城市的范围虽然不断扩大，但是原来的城址始终没有改变。"

西城是北京文化发展的源头所在。先秦时期，今北京市西城区的广安门一带为燕都蓟城所在，后为唐幽州城的北隅。辽代建陪都南京，今北京市西城区的南部为其核心区域，北部为其北隅。金中都是北京建都史上的一个重要节点，北京城从此成为真正意义上的国都之城。今北京市西城区的南部为其核心区域，北部为其北郊。元大都的建立，使得原来位于今宣南地区的辽、金都城向东北方向转移，围绕着什刹海水系建立新城。纵跨中轴线的元代皇宫及其西侧至西土城的广大地区，构成今天北京西城的范围。这里不仅包括全国最高的政治中心，而且包括元大都的商业中心和文化中心——鼓楼和西四地区。明清以来，这里相继出现了大量的王府、名人故居、会馆、戏院，历代帝王庙和民间的城隍庙，外来的教堂南堂、北堂、西堂以及牛街礼拜寺等。如此众多的政治、经济和文化建筑坐落于西城，直接或间接地为文化的交流和传播提供了场所和机遇，从而对全国乃至世界的文化发展都产生了不同程度的影响。中华人民共和国成立后，北京市西城区成为党和国家首脑机关所在地、中央办公区，是全国政治、文化中心的核心承载之地。

从先秦时期的蓟城到明清北京城，从北方诸侯国都城转变为中央王朝的北方军事重镇，从少数民族割据政权的陪都上升为大一统王朝的国都，主体位置虽然发生了一定的迁移，但核心区域一直没有偏离今西城区域。历经几千年的历史演进，北京西城老城迄今仍保留较为完整的传统规制与街巷格局，展示出清晰的城市肌理，体现出京师之地的规整和雄浑。北京西城老城众多历史遗存超越了地域文化色彩而上升到国家层面，包括传统城市中轴线、“凸”字形轮廓和四重结构、皇城、河湖水系、棋盘式道路网骨架和街巷胡同格局、平缓开阔的空间形态、重要景观线和街道对景传统建筑色彩和形态特征等，无不是传统皇权在城市空间中的物质表现。此外，如代表中华统绪、连绵不断的历代帝王庙，象征立国之本的先农坛与先蚕坛，体现民族融合的白塔寺，代表宗教多元共融的诸多宗教活动场所等，也都构成了首都文化形态的显著标识，生动展现出北京作为大一统王朝都城的文化特征，潜移默化地影响着一代又一代西城人的思维方式与行为方式。

清朝满族入主中原，定都北京，中国封建文化发展至顶峰。北京作为社会政治、经济、文化、学术中心，具有集天下之大成、荟萃四方之精华的天然优势，全国各地的才士精英聚集在北京，极大地促进了北京文化的繁荣。中国传统的审美文化形式，如诗、文、词、曲、绘画、书法、建筑等，发展至清代已经积累了丰富的成果并形成了较为完善的艺术形式。

北京西城老城文化是京师文化和地方文化交融的产物。北京作为帝王之都，元、明、清三朝的政治、经济、文化中心，吸引了来自全国各地的文化艺术精英，他们或为谋生，或为科举，或为游幕，或为做官，从四面八方奔赴京城，同时将不同地域特色的文化形态带到京城。以京剧为例，国韵京腔的京剧虽然孕育、成熟于西城，却集中了各地方戏曲的精粹，并经过综合、丰富、融合、提高得以形成。乾隆年间，各地方剧纷纷进京献艺，北京成了全国戏曲的中心。京剧是在四大徽班进京之后，在徽班内部孕育而成的，广泛地吸收了汉剧、昆剧、梆子等声腔剧种的特点，形成了以皮黄为主要声腔，以北京语音为主要语言规范的新剧种。京剧是南北戏曲高度融合的产物，宣南的戏曲舞台为这种融合提供了不可缺少的重要条件，清朝贵族的审美趣味和北京市民的审美需求则加速了徽调和各剧种之间的融合，使京剧成为积淀着深厚民族文化底蕴的国粹大戏。

北京西城城市肌理完整，文化遗产丰富，历史脉络清晰。对于今日的西城而言，棋盘式的街道、纵横交错的胡同、青砖白瓦的四合院、尽显自然风光的园林，以及茶馆、会馆、祠庙、钟鼓楼、牌楼、牌坊等，都依然展示着它们深厚的人文内涵，依然诉说着绵延不尽的历史故事。可以说，北京西城老城集中了代表中国乃至整个东方世界最高水平的建筑精华与文化理想，并已成为全人类的宝贵遗产。

得天独厚的地理优势，赋予土生土长的西城民众与生俱来的气质。他们在言谈举止中无不流露出一种从容不迫的乐观和通达，知书达礼，明辨是非，包容随和，坦率直白，将强烈的社会意识化作生活中的淡定与诚然，流露出一种大气。因为见过大世面，他们更加内敛沉稳，不会随市井的大惊小怪而骚动；因为见过大世面，他们更加取舍自如，尤其是在物质追求上不那么功利，而是更多追求精神上的格调和雅致；因为见过大世面，他们更加宠辱不惊，沉稳、内敛、谦和、洒脱。

北京西城的“老北京”乐天、幽默、大方、自尊、悠然自得。他们提笼架鸟、喝茶、聊天、斗蟋蟀，其生活方式与休闲功夫，体现了古都所孕育出的一整套文化观念与文化理想。这种文化特色与皇家文化的民间化不无关系。清政府对旗人的优养政策极大地促进了整个社会的享乐气氛，而清王朝的覆灭又使宫廷艺术、贵族文化大量流入民间，在提高北京市民文化素质的同时，影响到他们的文化价值观念，从而对北京的文化面貌产生了深远影响。

三、西城文化自信的重要源泉

文化自信是一个民族对自身文化价值的充分肯定，是对自身文化生命坚定的信仰和认同，是对自身文化内涵的充分认知并积极践行，是国家长远发展中最基本、最深沉、最持久的力量，文化兴则国运兴。北京要建设成为彰显文化自信与多元包容魅力的世界文化名城，建设成为具有广泛和重要国际影响力的全球中心城市。文化作为民族凝聚力和创造力的重要源泉，在综合国力竞争中的地位和作用越来越突出，成为国家核心竞争力的重要组成部分。

如果把当代的西城文化比作一棵硕果累累、饱经风雨而不凋的参天大树，老城文化就是土壤下默默汲取养分的根脉，是北京西城文化自信的重要源泉。这种文化自信，既受惠于西城悠久的老城文化历史，从传统文化中汲取精髓，又与当代西城各方面的实践相结合。

北京历史，脉络清晰，虽然城址边界不断变动，但核心区域一直位于今天的西城。尤其是元、明、清时期，北京西城老城涵盖了皇城的大部分地区，北部形成了以王府、宫殿等文物资源为特色的皇城文物区，南部形成了以会馆、商业、民俗为特色的文化资源区，北京800年建都历史在西城留下了深刻的烙印，体现了中国历史上民族团结、宗教和睦、中外共处的优良传统。早在唐代，幽州城里的厨宾（西域古国名）坊和肃慎（东北古民族名）坊就居住着许多从北方和其他地区迁入的少数民族居民。来自中国和世界各地各种不同文化区域的人在西城和睦相处；各种生活方式和思想方式都有自己的发展空间；人类历史的所有重要宗教传入北京之后都立足于西城、发展于西城；王府内外、宣武门南北的居民都以北京西城作为自己的共同家园。

西城是北京多元文化的集中展示之地，也是北京传统文化的重要传承之地。仅就皇家文化与市井文化这两种具有代表性的文化形态而言，西城既有坛庙、衙署、学校、宗教庙宇、王府和官员居住的府邸宅院、名人故居，以及各种文化、商业设施等皇城文化的重要标志；同时又有朦胧的蓟城、幽燕标志、辽金遗存、南城“龙脉”、巨刹踪迹、坛庙兴亡、城南公园、平民街市、会馆烟云、名人祠堂、市井风貌、百年老店、胡同小巷等这些能生动体现市井文化的历史遗迹。精心保护好这份珍贵的历史文化资源，打造富有北京特色的文化标识；以皇家宫殿、园林、王府、坛庙、衙署等腾退修缮保护为重点，保留古都印记；突出胡同、四合院特色，打造保护传承利用样本，城市留住记忆，让人们记住乡愁，充分挖掘展示北京西城老城的文化内涵和独特价值，探寻镶嵌在北京西城老城中的文化珍珠。

在“天子脚下”发展起来的北京西城老城文化，“地气”深厚。作为北京建城和建都的肇始之地，作为元、明、清三朝国都所在，西城经历了朝代的风云变幻，生活在这里的民众心胸开阔，见多识广。在气质上，西城的皇家文化里自有一份他人难以效仿的大气和优雅，市井文化中则透露出旺盛的生机；在内容上，西城皇家文化与市井文化分别从不同层面叙说着首都文化的丰富多彩；在载体上，西城皇家文化与市井文化从雅、俗两个角度展示着首都文化不同的特色，构成当代北京人、西城人文化自信的重要资源。

老城文化是西城文化自信的重要源泉，是西城人确立自我认同的重要方式。这种来自历史深处的文化自信，经过漫长时间的积淀、洗礼和岁月磨砺，形成了西城人特有的思维认识、整体价值取向及道德情感追求，是北京西城发展最为基础、最为根本，也最为稳固、最为磅礴的动力。

文化自信也是国家认同的重要基础。习近平总书记在党的十九大报告中指出，没有高度的文化自信，没有文化的繁荣兴盛，就没有中华民族伟大复兴。要深刻认识到，国家认同是民族复兴的前提，文化自信则是国家认同的基础。只有让那些平日里“阳春白雪”般的文化“飞入寻常百姓家”，只有让那些优秀的传统文化和创新的当代文化“化入”人们的日常生活变成切身体验，文化才能真正成为建构坚实国家认同的基础，才能成为社会变革、进步的重要驱动力量。

四、西城文化创新的丰厚土壤

老城文化资源是北京西城文化创新的重要基础，北京西城老城文化需要伴随时代步伐的前行不断发展，不能墨守成规，要始终保持自身的丰富性、创造性与拓展性。

城市和人一样，有其内在的气质与风韵，而这主要由其贯穿始终的历史特性决定。北京历史文化悠久、持续、递进、多元、一统的发展，充分证明这是一座极具创新性、恒久性、进取性、开放性和统一性的城市，西城在历史上一直是北京城市文明发展的根脉所系，在北京文化发展的不同阶段，西城始终走在前列。

北京历史上大体经历过三次文化大融合，辽、金、元时期是华北平原文化与北方草原文化的大融合，明朝是黄河文化与长江文化的大融合，清朝是关东文化与京师文化的大融合。这几个时段也是关键的文化创新期，通过吸收各民族、各地域的文化传统进而在城市的核心之地——西城，汇聚成一种非常多元的文化形态。

文化创新是全国文化中心的重要基石。习近平同志指出，对优秀传统文化要处理好继承和创新发展的关系，重点做好创造性转化和创新性发展。北京作为全国文化中心，不应只是保护与传承的文化中心，也应是创新与引领的文化中心。在新的时代条件下，老城丰富的文化资源为西城文化创新提供了大量创意素材与丰厚土壤。老城文化的影响力、感召力和鲜活度，不是躺在博物馆中、立在书架高阁里、停留在故纸堆中；而是“活”在人们的日常生活中，体现在寻常百姓家中。只有科学理性地将北京西城老城优秀文化资源融入当下，服务当今，继承性发展，创新性超越，才能使其真正“活”起来。

2014 年，万松老人塔及其小院实现腾退、修缮，正阳书局迁址于此。该书局创办于 2009 年，原位于大栅栏廊坊二条，主要提供与北京历史文化相关的各类书籍、老照片、地图等。迁址之后的正阳书局，既是一个兼具图书馆和实体书店功能的阅读空间，也是北京历史文化的一个重要展示与传播空间。从 2018 年开始，正阳书局设定的正阳文库项目陆续策划了喜仁龙《北京的城墙和城门》（*The Walls and Gates of Peking*）、朱祖希《北京城：中国历代都城的最后结晶》以及徐家宁的《两代摄影师 一座北京城》等图书的出版工作。2021 年 3 月 31 日，话剧《正阳书局》在天桥艺术中心迎来首轮首场公演。该剧以正阳书局为载体，从普通人的视角，讲述身在其中的人们悲欢离合的人生，为观众展开了一幅展示北京百年历史风情变迁的画卷。这里有百年前的北京胡同、北京人，也有当代的北京城与北京人，更有百年未变的北京魂。正阳书局是北京西城文物活化利用的典型样本，也为北京西城老城历史的文化创新提供了重要启示。

位于广安门外的天宁寺历史悠久，是北京较为古老的寺庙之一和全国重点文物保护单位。天宁寺塔作为北京地区现存最高、最古老的辽代密檐塔的杰出代表，塔身造型优美，砖雕十分精美，极富层次和韵律感，具有较高的建筑艺术和文物价值，也见证了北京城作为六朝古都，近千年来的历史变迁。20 世纪后期，随着北京城市的快速发展，天宁寺周边兴建了大量中高层住宅及工业厂房，对其文保环境均造成了一定程度的破坏。

20 世纪 70 年代，北京第二热电厂在天宁寺西侧始建，1977 年第一组发电机组发电，主要承担着中南海等重要地区的供热任务。随着时代的发展，热电厂于 2009 年关停发电机组，大量厂房、车间被空置。此后，原厂址逐渐转型改造为“天宁一号”文化创意产业园区，成为西城工业遗产改造再利用的一个样本。文创园基本保留了原有厂区工业风貌，并融合了天宁寺历史文化元素以保护周边的文化环境，尤其是在园区之内，能够看到相隔近千年的“双塔”（天宁寺塔与原发电厂烟囱）并列耸立的景象。

“二热”电厂从工业厂房到文创园的转变，吸引众多关注的目光，对天宁寺带来了直接影响，也带来了更多的人流。下一步，应探索将天宁寺的管理融入文创园及周边社区管理机制中，通过定期举办关于天宁寺的图文展览及文化活动等，进一步扩大天宁寺的影响力。且寺庙与文创园仅一墙之隔，可以开通天宁寺至文创园的专属通道，实现工业遗产与传统文化的融合，实现历史记忆和空间景观的相互渗透，使得人们在了解文创园的同时，可以更加深入地了解、体验传统宗教文化，真正培植西城文化创新的丰厚土壤。

五、西城建设与发展的坚实基础

老城文化是西城建设与发展的坚实基础与强大的内在动力，也是推动当代北京西城建设和发展取得预期成效的重要保证。

在漫长的历史演进中，文化传统无时无刻不在影响着人们的思维模式和社会行为，同时也是生活在当下的人们获得民族认同感，增强国家向心力、团结力的思想源泉。国家如此，城市如此，城市中的某一区域也是如此。

历史上的北京西城，紧靠中央政府办公地，为历代高官显贵聚居之处，商业服务业十分发达，为市民宜居的首选之地。这一得天独厚的区位优势，促使本区域的文化在与其他文化的碰撞中相互融合，在交流中实现互补，在比较中得到升华，由此形成了丰厚的历史积淀，构成了西城社会与文化发展的坚实基础。

北京作为首都，对外展示国家文明形象，对内具有非常积极的示范、引领作用。北京市委市政府一直高度重视这项工作，2017年8月成立的推进全国文化中心建设领导小组，明确了“一核一城三带两区”的工作重点，提出把北京建设成为弘扬中华文明与引领时代潮流的文化名城、中国特色社会主义先进文化之都的总体目标，进一步强化全国文化中心功能，从京津冀区域、全国、国际三个层面，从重大项目谋划、重大活动带动、文创产业辐射、体制机制改革创新四个方面加强功能建设，不断提升北京作为全国文化中心的地位和作用。

北京西城在全国文化中心建设中占据重要地位，必须充分发挥老城文化的特殊优势。一般而言，北京老城特指明清北京护城河及遗址以内（今二环路以内）的城市建成区，面积约 62.5 平方公里，其中涵盖了西城区的大部分范围。随着通州城市副中心建设以及北京市级行政机关正式搬迁，首都功能核心区概念逐渐明朗。《北京城市总体规划（2016 年—2035 年）》对此表述为：涵盖东城区、西城区，总面积约 92.5 平方公里，是全国政治中心、文化中心和国际交往中心的核心承载区，历史文化名城保护的重点地区，展示国家首都形象的重要窗口地区。服务中央、政务保障是首都功能核心区的首位职能，这也对西城工作提出了更高的标准与更明确的方向。可以说，老城文化是西城建设与发展的力量之源、自信之源。只有站在这个坚实的历史基石上，才能看见未来，走得更远，进而获得更稳固、更长久的动力。

北京西城老城位于首都功能核心区，二者不仅在空间上高度重合，在发展目标上也具有高度一致性。在北京的“四个中心”建设体系中，有三个中心主要落实到以西城、东城为中心的北京老城范围内。老城文化是西城建设与发展的重要驱动力量，在新的时代背景与要求下，要将西城老城保护与首都功能核心区建设紧密配合，通过非首都功能疏解，降低人口密度与建筑规模，从根本上缓解居住、办公、交通、商业等建设需求对老城文化的冲击。同时，通过基础设施改善，为核心区营造优美的政务环境。

加强老城文化保护与利用作为为西城建设与发展提供坚实基础，探索具有西城特色的老城更新模式，纵深精细推进街区更新，提升街区城市设计水平，注重基础设施、人居环境改善，以非首都功能疏解为契机，重塑城市文化空间、涵养文化生态，留住老街坊和老砖、老瓦、老物件、老风貌、老韵味提供了制度支撑与保障。尊重并保持西城老城内的街巷胡同格局和空间尺度，一般情况下不再拓宽老城内现有街道，修补街道肌理，利用绿化景观优化街道尺度，严格控制建筑高度，使其总体上保持平缓开阔，提升政务安全，从而为国事外交活动提供更多设施优良并具有文化品位的场所，有助于真正把西城发展与首都发展紧密结合起来。

西城是北京传统的金融街区。位于大栅栏地区的“钱市胡同”的形成与命名，显示了西城金融业在北京的传统地位。这条长 55 米、东口宽 0.8 米、最窄处 0.4 米的小巷，是北京最窄的胡同，却也是清代官办的银、钱交易场所，各大钱庄、商号每天清晨集中到钱市，确定当日金银元宝、银圆、铜钱、钞票的兑换比率，因而有“钱市”之称。从清代中叶始，北京城内最具代表性的炉房、钱庄等大多聚集于前门外大栅栏地区，服务于各店铺之间的汇兑业务。此后，大栅栏商业活动走向繁荣，商铺、旅店、餐饮、娱乐各行业不断发展壮大，商品和劳务交易的发展必然导致货币流通量的增加，带动相关金融业的发展、壮大，直至清末民初开始创办银行、证券交易所等现代金融业。从上述意义来说，现代北京的金融街崛起于西城，具有深厚的历史渊源。

北京西城的文化事业要发展，文化产业要繁荣，就要不断丰富西城人民群众的精神文化生活，满足其日益增长的精神文化需求，提供更多内容丰富、形式多样、有品位、有质量的文化产品，让百姓实实在在感受到文化发展带来的益处。老城文化资源可以在这方面充分挖掘潜力，如由万松老人塔旧址改造而成的砖读空间，被评为 2014 年北京最美阅读空间，中国书店琉璃厂店荣膺 2017 年十大“最北京”实体书店之一。

同时，北京西城通过传统节日、品牌活动，宣传和弘扬优秀传统文化。如打造“京剧发祥地”品牌，举办海棠诗会、丁香诗会、百姓戏剧展演、西城胡同文化节、天桥民俗文化节、什刹海文化旅游节、中国广内杯空竹邀请赛等群众性文化活动。西城区设立文化艺术创作扶持专项资金，开展天桥音乐剧演出季、中国原创话剧邀请展等有国际影响力的品牌文化活动。位于南中轴的天桥艺术中心，国际一流高品质剧目在此精彩呈现，已成为北京文化演艺新地标。

天桥艺术中心选址于北京中轴线南端，地处代表着天桥文化的城市中心区域，结合了北京的中轴线申遗计划。天桥艺术中心自 2015 年建成开放以来，一直致力于构建优质的中国音乐剧发展和服务的产业平台，在经典演出引进、原创作品孵化、艺术普及活动、专业人才培养、行业交流等方面，取得了明显成效。中心紧紧抓住“国内领先音乐剧剧场”的市场定位，以“音乐剧之王”《剧院魅影》为启幕，先后有法语原版音乐剧《罗密欧与朱丽叶》，香港话剧团精品音乐剧《顶头锤》，百老汇原版音乐剧《魔法坏女巫》《窈窕淑女》《芝加哥》《金牌制作人》，世界经典音乐剧《妈妈咪呀！》中文版，原创粤语音乐剧《朝暮有情人》等一系列国内外精品音乐剧陆续登台，吸引了观众，赢得了口碑。为了“让大众走进艺术，让艺术走进生活”，让走进剧院享受艺术成为更多人的生活常态，天桥艺术中心采取“开放式”办剧院的策略，提出并逐步打造“全天候”艺术中心运营理念。通过演出、开放日、艺术展览、“周末艺聚”、诗意生活节、生活艺术坊等多种形式的主题活动，分时段、分空间地逐步开放，直至实现剧院 5000 平方米公共空间的全天候开放。

目前，天桥艺术中心已经从一个西城区域的地标性建筑逐渐发展成为北京文化的新符号。历史上的天桥是北京平民文化的经典代表，在中国非物质文化遗产中占有重要地位。然而，随着城市的发展，天桥诸多传统样式的文化形态面临逐渐消亡的危险。天桥艺术中心的建设，在一定程度上恢复西城南部地区作为北京传统文化展示中心的历史地位，努力唤醒民众心中的天桥记忆。同时，让亲近艺术成为时尚的生活方式，增加北京传统文化的展示空间，也实现了传统文化与当代文化的有机融合。每年的开放纪念日，天桥艺术中心都会举办各种主题纪念活动，向北京市民发出邀请，开放大剧场和公共空间，并以多场公益活动回馈大众。天桥艺术中心的建成开放是北京西城文化发展的一次典型探索。

西城还利用北京国际设计周，促进历史街区与现代艺术新生活的融合，从大栅栏到白塔寺、什刹海、天桥、法源寺，逐渐遍布全区。扶持文化创意产业，十余处老旧厂房转型升级为文化产业园区。始终保持正确导向，通过对老城文化资源的科学、合理利用，最大限度发挥老城文化的综合价值，使其成为西城经济建设与社会发展的坚实力量。

六、“红墙意识”的深邃基因

“红墙意识”是北京市西城区广大党员干部群众从中南海周边的特殊地理位置、厚重的历史文化传统和坚定的理想信念出发，基于朴素的自豪感、获得感、幸福感而在长期社会实践中形成的一种思想境界和价值追求，是党中央提出的“四个意识”在西城区的集中体现，是习近平新时代中国特色社会主义思想在京华大地上的生动实践。

“红墙意识”作为一种特有的政治意识，孕育于地处党中央所在地的北京市西城区，有着特定的历史文化内涵。1999 年，西城区西长安街街道首次提出“红墙意识”，经过十多年的发展，2014 年，其已成为全区的重要思想理念和工作理念。在实践过程中，“红墙意识”的内涵不断得到深化和丰富，其核心要义包括三个方面：

绝对的政治忠诚，是“红墙意识”的本质属性；强烈的责任担当，是“红墙意识”的核心内涵；卓越的首善标准，是“红墙意识”的价值追求。“红墙意识”不仅体现在干部群众政治思想的高度自觉上，还体现在他们全心全意为人民服务的行动中。忠诚、担当、为民等核心内容，既是对红色精神的继承，也是顺应时代要求的行为准则，更是对未来许下的庄严承诺。

红墙意识之所以能够在北京西城生根发芽，与西城长期以来作为中国政治权力核心之地的特殊地位息息相关。从元大都建成一直到清朝灭亡的绝大部分历史时间中，西城一直是天子脚下的宫禁之地，皇统、道统合一，皇权、政权一体，体现出帝王礼制的气势恢宏、宫廷禁苑的深邃莫测、衙署庠序的正统儒雅。由于一直紧邻皇宫禁地，西城对于拱卫皇城安全具有非常重要的意义。传统政治体制对于西城官绅在行为规范上有非常高的政治要求与标准，在此基础上确立的文化形态，最突出的特点在于强烈的正统性，其主要表现就是忠贞报国理念及礼法意识、规矩意识等。

对于生活在北京西城的普通百姓来说，他们的思想观念中，深深地烙印着“道统”“德治”“儒范”。他们的行为较少偏离规矩，形成了礼法谨严、尚善崇德的文化风范。在耳濡目染中，皇城根下的居民更有一种沉稳之气，能自觉与“官统”“道统”保持一致，自觉向中心看齐。

在这种文化精神的影响下，西城人的政治中心意识、崇礼重道思想和胸怀天下气度表现得特别明显。近代以来，随着洋务运动、戊戌变法、辛亥革命等民主革命运动的发展，民族革命思想得到了广泛的传播，唤醒了中国人的国民意识和民主意识。1919 年五四运动的爆发，使中国工人阶级登上了历史舞台，中国革命也进入一个崭新的阶段，在北京、在西城，以李大钊为代表的早期共产党

北海朝霞

人，大力宣传马克思主义，推动成立了中国共产党，为西城红色文化历史书写了厚重的篇章。中国共产党一经成立，犹如黎明前的一道曙光，为在黑暗中摸索的民众开启了一条指向光明的道路。为中国人民谋幸福，为中华民族谋复兴，经过 28 年艰苦奋斗，中国人民终于推翻了三座大山，建立了中华人民共和国。

无论是革命、建设，还是改革开放，中国人民都深切感受到，我们的党是全心全意为人民服务的政党，我们的政府是为人民谋幸福的政府。西城人也深切地感受到，我们离党中央最近，党中央和我们心连心。忠诚党的事业，服务党中央成为西城人的神圣使命和责任。“红墙意识”中绝对忠诚的观念也由此产生。

忠贞报国、经世济民，北京市西城区的历史文化传统中，始终具有以天下为己任、为国家鞠躬尽瘁死而后已的精神，西城人把这种思想归纳为责任担当，并赋予其新的时代内容，提出必须始终坚持党的原则第一、党的事业第一、人民利益第一，努力做到平常日子看得出来、改革攻坚站得出来、关键时刻冲得出来、危急时刻豁得出来，敢于担责，勇于尽责，为党分忧、为国干事、为民谋利。牢牢把握立足新发展阶段、贯彻新发展理念、构建新发展格局、实现高质量发展要求，以“功成不必在我”的精神境界和“功成必定有我”的责任担当，努力建设政务环境优良、文化魅力彰显、人居环境一流的首都功能核心区。

历史上，京畿之地一向就有“首善之区”之称，是国家道德和教化的典范场所，标准的制定之处。在新时期，北京市西城区把首善标准作为“红墙意识”的内涵之一，这本身就是对西城文化传统的继承和发扬。西城人把首善作为一种价值追求和工作标准，以敢为人先的思想状态、舍我其谁的精神风貌、永争一流的工作作风，干在实处，走在前列，精致规划、精心建设、精细管理、精准服务，全面提升城市品质，让人民生活得更美好、更幸福。

“红墙意识”是新时代西城人的思想意识和价值追求，但它离不开西城深厚的传统历史文化滋养，是在老城文化的浸润下，在优秀传统文化的影响下脱颖而出的。老城文化是“红墙意识”深邃的文化基因。

后　记

北京西城是北京营城建都的肇始之地，见证了北京历史发展的全过程。北京市西城区一直非常重视对本区域历史进行挖掘与阐释，先后推出《北京西城文化史》《北京西城历史文化概要》等一批优秀著作。近年来，北京大力推进全国文化中心建设，西城区作为首都功能核心区，承担的任务非常繁重。尤其是“老城”概念提出之后，“老城”保护及其文化复兴问题需要从更新的维度与更宽广的视野继续进行研究。在这一背景之下，北京市西城区社会科学界联合会组织相关专家学者编写本书，力争为老城保护与文化复兴、为北京全国文化中心建设提供学术支持。

本书由北京市社会科学院历史研究所副所长王建伟研究员作为执笔人。经过反复论证，几易其稿，终于付梓。

在本书的编写过程中，西城区社科联党组书记、常务副主席张新华全程参与，组织多次专题审稿会，对主题、框架、体例、内容、观点等进行具体指导和总体把关。北京市古都学会会长王岗、武汉大学考古专业原主任王光镐、北京历史文化研究资深专家朱祖希等参与研究讨论。西城区社科联主席吴元增，副主席刘光耀、窦淑龄以及常委戴时焱、叶宝祥等同志进行细致审读，进一步提升了书稿的规范性与丰富性。初稿完成之后，时任西城区委书记卢映川同志做出肯定性批示。在本书的最后定稿阶段，叶宝祥同志再次对全书进行了校订，对各位同志的辛勤付出，表示深切谢意。

北京市西城区社会科学界联合会
2022 年 2 月

图书在版编目（CIP）数据

北京西城老城文化研究 / 北京市西城区社会科学界联合会编著. -- 北京：北京联合出版公司, 2022.5
ISBN 978-7-5596-5910-1

Ⅰ. ①北… Ⅱ. ①北… Ⅲ. ①文化史—西城区 Ⅳ. ①K291.3

中国版本图书馆CIP数据核字（2022）第022368号

北京西城老城文化研究

北京市西城区社会科学界联合会　编著

出 品 人：赵红仕
出版监制：刘　凯　赵鑫玮
封面题字：张新华
责任编辑：周　杨
封面设计：穆祥童
内文排版：聯合書莊

北京联合出版公司出版
（北京市西城区德外大街83号楼9层　100088）
北京联合天畅文化传播公司发行
北京华联印刷有限公司印刷　新华书店经销
字数211千字　710毫米×1000毫米　1/16　17.5印张
2022年5月第1版　2022年5月第1次印刷
ISBN 978-7-5596-5910-1
定价：68.00元